江海年鉴

江门市江海区地方志编纂委员会　编

方志出版社
Publishing House of Local Records

图书在版编目（CIP）数据

江海年鉴. 2019/江门市江海区地方志编纂委员会编. --北京：方志出版社，2019.12

ISBN 978-7-5144-4111-6

Ⅰ. ①江… Ⅱ. ①江… Ⅲ. ①区(城市)-江门-2019-年鉴 Ⅳ. ①Z526.54

中国版本图书馆CIP数据核字(2020)第011749号

江海年鉴2019

编　　者： 江门市江海区地方志编纂委员会
责任编辑： 黄　彦

出 版 人： 冀祥德
出 版 者： 方志出版社
地址　北京市朝阳区潘家园东里9号（国家方志馆4层）
邮编　100021
网址　http://www.fzph.org
发　　行： 方志出版社图书经销中心
电话（010）67110500
经　　销： 各地新华书店
印　　刷： 江门市江海区艺朗彩色印艺有限公司

开　　本： 889×1194　1/16
印　　张： 14
字　　数： 302千
印　　数： 001～600册
版　　次： 2019年12月第1版　2019年12月第1次印刷

ISBN 978-7-5144-4111-6　定价：220.00 元

编 辑 说 明

一、《江海年鉴》以马克思列宁主义、毛泽东思想、邓小平理论、“三个代表”重要思想、科学发展观和习近平新时代中国特色社会主义思想为指导，坚持辩证唯物主义和历史唯物主义的立场、观点和方法，存真求实，全面客观反映高新区（江海区）的政治、经济、文化及社会各项事业的发展和基本情况。

二、《江海年鉴》是中共江门高新区党工委、管委会和江海区委、区人民政府主持编纂的地方综合年鉴，作为记述高新区（江海区）行政区域政治、经济、文化和社会等方面情况的年度资料性文献，为社会公众了解和研究高新区（江海区）提供基本资料。

三、《江海年鉴·2019》为一年一鉴，记述时限从2018年1月1日至2018年12月31日。采用分类编辑法，结构分为篇目、类目、分目、条目4个层次。全书条目标题统一使用黑体字加【】标示。篇目设有特载、大事记、概况、党政机关、群众团体、法治·军事、经济管理与监督、城乡建设、教育·文化·体育·卫生、社会事务、街道、附录。

四、内文涉及国民经济和社会发展的统计数据，入书时以区发展改革和统计局公开发布的数据为准。统计数据采用法定计量单位。条目中的数字由于统计口径和时限范围，或与统计部门数据不一致的地方，使用时应参照《江门市江海区统计年鉴》所示数据。有关数据比照上年同期增加或者减少，统一以“增长”或者“减少”表示之，前缀不另使用“同比增长”或者“同比减少”字样。

五、本年鉴资料由江海区各街道、区直各单位和区内有关单位部门提供。

会议仪式

2018年4月16日，江门高新区（江海区）招商引资突破年落实大会暨2018年春季重大工业项目集中签约仪式

2018年11月28日，江门高新区（江海区）举办招商引资突破年落实大会暨2018年秋季重大工业项目集中签约、集中动工活动

2018年6月12日，全国第一个工业互联网示范基地和培训中心“工业互联网产业联盟实训基地”揭牌仪式

2018年12月12日，全国博士后创新（江门）示范中心高新分中心、高新区博士后科研工作站分站揭牌仪式

2018年7月30日，新时代红色文化讲习所揭牌仪式暨百姓宣讲报告会

2018年10月26日，江门利物浦公共卫生研究所揭牌仪式

2018年10月25日，湾区西翼产业新城深圳专场投资推介会

2018年10月19日，江海区青年企业家商会成立并举行就职典礼

访问交流

2018年7月31日，香港特别行政区财政司司长陈茂波（右六）到江海区云智能制造公司访问

2018年9月26日，优美科集团董事局主席托马斯·雷森率全体董事成员、高管到江海区访问

文体活动

2018年1月1日，在龙溪湖公园举行的“绿动新城 幸福高新”活动

2018年5月27日，江南街道中沙社区彩绘墙活动

2018年6月18日，礼乐街道“八色龙舟闹端阳”活动

2018年6月23日，礼乐葡萄文化旅游节

2018年9月19日，LBA（礼乐篮球联赛）总决赛

2018年10月1日，高新区（江海区）国庆风筝节

2018年11月17日，大学生轮滑联赛（广东江门）

2018年12月23日，江门市“中国体育彩票杯”功夫少年跆拳道大赛

社会民生

2018年1月24日，高新区（江海区）三个“24小时自助图书馆”正式启用

2018年2月9日，江门演艺中心迎春花市

2018年5月31日，江海区残联邀请残疾人上街督导无障碍设施建设情况

2018年6月22日，江海区青少年禁毒宣传活动

2018年7月30日，江海区征兵适龄青年应征报名仪式

2018年9月11日，江海区小学生开笔礼在外海五大祠举行

2018年10月12日，江南街道千叟宴

2018年10月16日，重阳节登高（白水带公园）

江海景色

江门演艺中心与东华大桥

陈少白广场

桃花园（白水带公园）

龙溪湖公园

江门一中

景贤小学

目 录

特 载

大事记

概 况

党政机关

特载

TE ZAI

江门市江海区人民政府工作报告

——2019年1月30日在江门市江海区第十届人民代表大会第五次会议上

江门高新区管委会常务副主任
江门市江海区人民政府代区长　劳茂昌

2018年工作回顾

2018年，我区坚持以习近平新时代中国特色社会主义思想为指导，全面贯彻党的十九大和十九届二中、三中全会精神，深入贯彻落实习近平总书记系列重要讲话和批示指示精神。在市委、市政府和区党委的正确领导下，在区人大及其常委会的监督和区政协的支持下，紧紧围绕建设创新型经济主导的高水平高新区的目标，坚持以人民为中心，坚持新发展理念，积极面对经济发展进入新常态等一系列深刻变化，深入贯彻落实“四个一”[1]“四个是否”[2]工作机制，全力以赴稳增长、兴实体、促改革、优环境、惠民生，经济水平不断提升，社会大局和谐稳定，人民群众获得感、幸福感、安全感得到加强。

预计全年实现地区生产总值191.5亿元，增长8.4%；规模以上工业增加值112.4亿元，增长12.4%；一般公共预算收入13.4亿元，增长11.7%；固定资产投资148.2亿元，增长18.7%；社会消费品零售总额51.1亿元，增长2.4%；进出口总额256.6亿元，增长26.1%，多项主要经济指标位居全市前列。全区工业总产值实现536.9亿元，首次突破500亿元关口。在2018年度公布的全国157家国家级高新区排名中，江门高新区综合排名从64位提升至62位，连续4年保持争先进位。

一、实体经济大幅提升，发展后劲持续增强

抢抓粤港澳大湾区[3]建设大机遇，以做大规模、做优质量、做强实力为目标，坚定不移地发展实体经济，重点发展高端机电装备、新材料、新一代电子信息三大产业。

项目建设成效显著。以项目建设为抓手推动实体经济发展壮大，积极落实省、市“实体经济十条”。67项市重点项目完成年度投资额108.35亿元，完成年度计划的139%，投资完成率全市第二。全力推进德昌电机产业城、优美科新能源汽车锂电池材料两个重大产业项目，有望于2019年上半年投产，整体投产后将为我区带来超400亿元的工业产值。招商引资取得新突破。贯彻落实市委市政府“招商引资突破年”工作部署，在三个专责招商小组的基础上增设项目落地小组，积极对接80多个优质项目。举办“2018江门高新区（江海区）深圳专场投资推介会”等三场规格高、影响力大的招商推介活动，全年共签约工业项目42个，签约金额250亿元，达产后预计新增工业产值超500亿元。项目落地更加快捷。落地项目12个，计划投资额68亿元，每亩投资额近1500万元。投资额超10亿元的鑫辉新材料研发制造基地项目和全球时代物联网创新智能制造产业中心项目实现“当年签约、当年供地、当年动工”，其中鑫辉项目从取得用地到开工建设仅用23

日，获得市委主要领导高度赞扬。

产业转型全面推进。着力推动产业迈向中高端，不断提升可持续竞争力。产业结构不断优化。先进制造业、装备制造业和高技术产业增加值分别增长8.9%、13%、20.2%，增速位居全市前列。全年新增规模以上装备制造企业18家，新增母机制造企业5家，新签约投资超亿元装备制造业项目8个，覆盖新能源汽车、机器人等领域。工业互联网融合步伐加快。组建全国首个工业互联网实训基地，新增智能制造试点示范项目1个，申报“上云上平台”项目企业13家。骨干企业发展壮大。9家骨干企业（集团）共实现产值215.4亿元，占全区工业产值44%，带动作用明显。其中，优美科长信产值达60亿元，增长超150%；科恒实业列入市骨干企业名录并实现产值增长超30%。企业转型升级再上新台阶。全年获批各级企业扶持资金1.37亿元。大力推动企业实施“智能制造”和“机器人应用”工程，新增机器人设备180套。江海产业转移工业园获评全省唯一泛珠三角区域工业和信息化合作创新发展示范试点园区，在2017年度绩效评价中获省专项资金和专项用地指标奖励。大力推进“去产能”。深入开展化工、玻璃、造纸、陶瓷等行业企业关停搬迁改造工作，启动城镇人口密集区危险化学品生产企业搬迁工作，关停搬迁企业近50家。

扶持政策全面落实。降低企业税费负担。大力实施惠企政策，出台振兴实体经济三年行动计划，从去费减负、简政放权和专项扶持等方面减轻企业负担，全区减负税额6.47亿元，涉企行政事业性收费减负金额达3200万元。完善中小企业服务体系。江海区中小企业综合服务等3家平台获评省级中小企业服务平台和公共技术服务平台，新增2家市级公共服务平台、6家小微企业签约服务机构，服务企业超6000家次。扶持企业“小升规”。新增小升规工业企业51家，完成市下达任务的121%，全市排名第一。4家企业被认定为省高成长中小企业。提升集约用地水平，盘活低效用地178.75亩、闲置厂房3万平方米。

二、科技创新成果显著，发展活力不断释放

大力实施创新驱动发展战略，推动新旧动能转换，全面落实“八大举措”[4]，加快推进高新技术企业培育和研发机构建设，积极对接大湾区人才高地建设规划，充分发挥金融支撑作用，不断优化创新发展环境。

创新驱动推进有力。研发经费支出占地区生产总值3.36%，居全市首位。全区专利授权量1863件，同比增长50.85%。累计入库科技型小微企业607家，高新技术企业273家。规模以上工业企业研发机构覆盖率达62.3%，位列全市第一，主营业务5亿元以上工业企业实现研发机构全覆盖。全区共有省市级新型研发机构10家，市级工程技术研究中心223家。建有科技企业孵化器8家、众创空间9家。围绕小微双创核心基地和重点基地建成超30万平方米创业创新载体，成功申报国家新一轮小微双创升级载体，获国家专项扶持资金2500万元。连续四年被评为全国火炬统计工作先进单位；在创新驱动发展工作考核中，综合评分全市第一。

科技金融深度融合。企业诚信度进一步提升，177家企业获得诚信绿卡企业称号。实现主要商业银行科技支行全覆盖，新设立广东华兴银行高新支行，全年针对44个项目发放科技贷款2.46亿元，有效推动信贷资源向科技型企业倾斜。4家企业获市级研发融资奖补，获奖补企业数及获奖补金额均为全市第一。全区共有本土培育上市企业9家，进入上市辅导阶段企业12家。“信用促金融”“两江模式”信用体系建设获全国高新技术园区信用联盟[5]高度肯定。

人才高地加快构筑。大力培育优秀人才，全年新增博士24人、硕士49人、高级职称和高技能人才764人，2人获国家级人才荣誉称号，2人获市级人才项目资助。成功申报创建江门高新区博士后科研工作站，该站为江门市首家园区类博士后工作站。江门市大健康国际创新研究院柔性引进院士、博士后等各类高层次人才14人，申请及引进发明专利13件，4项科技成果转化落地，与江门本地企业实现产学研合作10项。

三、城市功能持续优化，城乡环境不断改善

统筹推进城乡一体化，加快农村人居环境建设。按照点面结合、功能完备的总体要求，进一步加快城乡建设步伐。

城市品质全面提升。围绕市委市政府提出的城市面貌焕然一新总体目标，总投资约191亿元，年度投资40.34亿元，实施城市品质提升工程。推进城央绿廊4公里启动段建设，其中江南路实现全要素提升，白水带大道、釜山公园、体育公园、江南文化广场等重要节点工程高标准建设并竣工投入使用，江海一路和桥南大道道路、蓬江大桥东侧建筑外立面升级改造全面完成，沿线城市面貌翻天覆地。大力推进市政道路“白改黑”改造、市政设施升级改造、城市绿化景观提升、村居公园改造等多项工作，累计完成投资6.8亿元。商业配套逐步完善。府西小区核心地位逐步凸显，江海广场、帕佳图双子星等4个商业综合体拔地而起，一批高品质小区相继建成。江门高新产业新城形象初显，孔雀城、云沁路等项目顺利推进，景观绿化自然生态建设显著提升，完成龙溪湖片区绿化美化亮化工程。

乡村振兴全力推进。顺利完成“三清三拆三整治”[6]“百日拆违”等攻坚任务，全区累计完成“三清理”“三拆除” “三整治”约2.5万处，48个村（社区）达到干净卫生村建设标准，其中丰盛村的整治经验在全市推广。按照市政二类标准新建、升级改造公厕89座，实现每一个村（社区）至少有一座公共厕所。实施“千村示范，万村整治”工程。以生活污水治理、生活垃圾治理和农业生产废弃物资源化利用等为重点实施农村环境整治，城乡垃圾无害化处理率达100%，关闭和搬迁禁养区养殖场154座，农村生活环境大大改善。推进“醉美江门100村”乡村旅游建设工程，英南村成功创建江门市乡村旅游示范村。申报市级特色产业园2个，规划了巨峰径和田园径两条乡村旅游线路。

环保攻坚效果明显。落实中央环保督察问题整改工作，大力开展“铁腕治污百日行动”，深入推进大气、水、土壤污染治理。水体环境持续向好。全面推行河长制，深入开展河道“五清”[7]专项行动，大力整治麻园河、龙溪河、马鬃沙河黑臭水体，建成600米示范段，清淤30万立方米，河道水质及水生态环境显著改善。全力推进污水处理设施建设，推动高新综合污水处理厂和文昌沙水质净化处理厂提标改造，新增污水管网7公里。空气质量稳步提升。实施“三调整一淘汰”[8]，组织开展重型柴油车、生物质燃料锅炉专项整治。全域完成高污染燃料禁燃区建设，改造9个燃煤锅炉。中电分布式能源站项目如期推进。土壤防治全面强化。全面开展固体废物排查整治专项行动和固废企业“三个一”行动[9]，重点针对危废经营单位，线路板制造、化工企业和工业园区开展排查行动399次。做好企业用地详查和重金属污染防治工作。环境执法扎实推进。强化部门联动执法，加大对生态环境违法行为的处罚力度，依法查处“散乱污”企业217家。

四、坚持突出共享共建，民生保障协调发展

坚持民生优先导向，大力兴办民生实事，持续推进民生建设，不断健全公共服务体系。全年民生支出11.92亿元，占总支出的67.15%，同比增长31.24%。

民生福祉有效改善。就业形势稳中向好。城镇登记失业率为2.38%，低于市提出3.2%的指标要求。救助标准持续提升。城镇农村低保标准提高至每月800元，城乡特困人员基本生活标准提高至每人每年15360元。提高孤儿、残疾人补助标准，孤儿分散、集中供养标准分别提高至每人每月1000元和1800元；困难残疾人生活补贴、重残护理补贴标准分别提高至每人每年1890元和2520元。保障体系逐步完善。2018年城乡居民医疗保险参保覆盖率达98%以上，参保人住院医疗费用基金年度最高支付限额由30万元提高至44万元，基金支付比例提高至80%。积极探索引入商业保险，完善残疾人社会保障体系，通过政府购买助残服务为残疾人提供个性化、多样化、专业化的服务，获中残联调研组的高度评价。精准扶贫顺利完成。全区48户城镇精准扶贫家庭实现脱贫。粤桂扶贫协作稳步推进，“江海力量”助力大新县17个贫困村实现脱贫摘帽，共脱贫30421人；对口恩平市“三级结对挂钩扶贫”有序推进。

社会事业协调发展。积极推进教育、医疗卫生和文体事业的现代化建设，基本公共服务均等化水平不断提高。教育事业大有进步。“三二一”工程[10]全面完成，景贤小学、朗晴小学和江海区实验小学投入使用，新增优质公办学位6000多个，新增教师编制140个，新招录高素质教师65人。卫生服务不断提升。区人民医院、中西医结合医院分别与市中心医院、五邑中医院共同组建紧密型医联体[11]，以“全托管”“六统一”[12]的管理模式推动优质医疗资源下沉，让老百姓在家门口享受到三甲医院的医疗服务。成功创建全国计划生育基层群众自治示范县。文化事业繁荣发展。成功举办“党的十九大精神文艺宣传”“2018年侨都龙狮文化节”“葡萄音乐节”“第七届文化艺术节”等文化活动，开展公益电影展映400多场。江门演艺中心全年举办170多场演出；拥有全国最大双投激光震动银幕的侨都影城全面对外开放。我区原创文艺精品《醒狮耀岭南》首次登上央视舞台。区博物馆和图书馆建设稳步推进，全区文化设施不断完善。

社会治理持续向好。深入开展扫黑除恶专项斗争，着力营造共建共治共享社会治理格局。打防管控成效明显，社会治安进一步好转。严格落实食品安全党政同责和属地管理责任。重点领域监管有力。开展“平安市场”创建，建设安全生产监管网格化区域试点，辖区安全生产整体形势持续稳定向好。深入推进防灾减灾宣传培训和应急演练，确保有急能应。大力打击各种制售假冒伪劣商品和走私贩私违法行为，有效整顿和规范辖区市场经济秩序。社会大局和谐稳定。深入推进社区治理，有效提升基层自治、法治、德治水平。成功入选首批全国农村社区治理实验区名单，为全省唯一入选的县（区）。连续两年获得全国信访工作“三无”县（市、区）[13]殊荣。与七台河市对口合作工作扎实推进。圆满完成征兵任务，统计、审计、物价、民族、宗教、外侨、对台、人防、档案、地方志、保密、双拥、打传、妇女儿童、工商联等各项工作都取得新进步。

五、政府服务持续优化，施政成效不断提升

强化企业服务，大力提升企业开办便利度，提升市场监管效能，营造便利、贴心、高效、公平的政务服务环境，助推全区经济实现高质量发展。

深化商事制度改革。受理全程电子化商事登记业务1259宗，逐步实现全程电子化商事登记全覆盖。推行“二十八证合一”[14]登记制度改革，实现19个职能部门的涉企证照一窗办理，大幅压减办理时间，新开办企业商事登记当天办结率100%，实现立等可取。持续优化营商环境，新登记市场主体6412户，增长35.33%。扩充“e联合监管”平台功能，打破部门间信息孤岛，开启多部门联合监管新模式，构建商事主体监管新体系。大力推进企业年报工作，全区内资、私营企业年报6785户，年报率88.55%。复制推广自贸区“证照分离”改革[15]试点经验做法，将广东自贸区136项行政审批事项减少至130项在高新区范围运行实施，构建与大湾区一体化的营商环境。

切实抓好政府建设。全力推进法治政府、阳光政府、服务型政府建设。印发实施十二项三年行动计划，围绕人民群众看得见、摸得着、迫切需要的重点项目，加强领导、明确责任，抓落实、促发展。严格履行“一岗双责”，落实党风廉政建设责任制。大力发扬求实务实抓落实的工作作风，加强政府工作督查力度，政府公职人员作风进一步转变。认真执行厉行节约反对浪费各项规定，严控“三公”经费，全年区本级财政拨款行政事业单位“三公”经费支出下降14%。加强对重点领域、关键环节和重要岗位的行政监察和审计监督，进一步完善惩治和预防腐败体系。自觉接受人大、政协监督，认真落实人大的决议和决定，人大代表建议、政协委员提案办理满意率（含基本满意）达100%。

各位代表，回顾一年的工作，我们深感成绩来之不易。这些成绩的取得，得益于市委、市政府和区党委的科学决策、正确领导，得益于人大代表、政协委员的有效监督、大力支持，得益于全区人民的不懈努力、拼搏进取。在此，我谨代表管委会、区政府，向所有参与、关心、支持高新区（江海区）经济建设和社会发展的各界人士，致以崇高的敬意和衷心的感谢！

在肯定成绩的同时，我们清醒地看到全区经济社会发展中存在的问题和困难：一是全区经济总量不大，资源总量、环保容量不足，制约经济发展。二是城乡二元结构影响高质量发展。三是生产性服务业、零售业发展较慢，与经济增长不匹配。四是民生短板明显，优质教育资源紧缺，文化产业发展较慢。五是干部创新精神、能力水平与改革要求还有一定的差距。对此，我们一定高度重视，切实加以改进，着力缓解人民日益增长的美好生活需要和不平衡不充分的发展之间的矛盾。

2019年工作安排

2019年是新中国成立70周年，是十三五规划的冲刺年，也是决胜全面建成小康社会的关键一年，做好今年的工作，意义重大。要始终保持战略定力，深刻领会重要战略机遇的新内涵，切实贯彻落实市委、市政府和区党委的决策部署要求，列表立状，一项一项抓好落实，全力以赴打造改革先行区、高质量发展示范区、协调发展样板区以及党建先锋区。

今年高新区管委会、江海区政府的工作总要求是：以习近平新时代中国特色社会主义思想为指导，深入贯彻习近平总书记重要讲话精神，围绕中央经济工作会议和省委、市委系列全会以及区委九届七次全会的部署，坚持稳中求进工作总基调，坚持新发展理念，坚持推进高质量发展，加快建设现代化经济体系，坚持以供给侧结构性改革为主线，坚持深化市场化改革、扩大高水平开放，进一步稳就业、稳金融、稳外贸、稳外资、稳投资、稳预期，提高发展平衡性和协调性，提高人民群众获得感、幸福感、安全感，保持经济持续健康发展和社会大局稳定，深入实施“1+1+12”[16]工作部署，为江门市建设“四个走在全国前列”示范城市贡献高新（江海）力量，为全面建成小康社会收官打下决定性基础，以优异成绩庆祝中华人民共和国成立70周年。

今年全区经济社会发展的主要预期目标是：地区生产总值增长7.5-7.8%，规模以上工业增加值增长11%，固定资产投资增长11%，地方公共财政预算收入增长7%，社会消费品零售总额增长8.5%，外贸进出口总额增长5%，城乡居民人均可支配收入增长与经济增长基本同步，节能减排约束性指标完成市下达的目标任务，研发经费支出占生产总值比重3.5%。为实现上述目标，需重点抓好以下五方面工作：

一、举全区之力，投身粤港澳大湾区建设

新的一年，要紧抓粤港澳大湾区发展历史机遇，展开新一轮的改革开放，推进我区在湾区的“硬联通”与“软联通”，力促高新区（江海区）开创新局立潮头。

畅通与湾区城市群的交通链接。构建内联外通的现代综合交通网，以珠西桥头堡的大局观铺开交通基础设施的建设，积极开展深茂铁路（江海段）、中江高速扩建项目辖区内的征地拆迁工作，加快推进五邑路、南山路、会港大道的建设进程，全面实施东海路、连海路、一行路、礼东路等30余项市政道路工程建设，不断完善城市路网架构，助推东部三区一市融合更加紧凑，为江门全方位对接湾区建设“铺好路”。积极推动高新区公共码头一期完成主体工程建设，并实现试运营。

加强与湾区城市群的产业对接。与港澳深等发达地区在产业发展领域开展更高层次的合作，全面提升产业水平，主动支持和参与江门“侨梦苑”华侨华人创新产业集聚区建设，更好地加强与“一带一路”沿线国家和地区的经贸合作。加快培育高端机电制造、新材料、新一代电子信息三大战略型新兴产业集群，打造产业链完整、产业集群优势明显、具有国内影响力的产业集聚区。

加深与湾区城市群的科技融合。加强对中小企业创新支持，用活、用好国家中小企业发展专项补贴，激发企业家精神，发挥“众创空间—孵化器—加速器—专业园区”完整孵化育成体系作用，吸引科技领军人物、创新团队入驻创新空间载体。推进人才强区三年行动计划，全面落实“深化人才发展体制机制改革24条”[17]等人才政策，坚持培养本土人才与吸引外来人才并举并用，为各类创新人才施展才干提供更大的舞台和更多的机会。发挥财政科研项目资金的激励引导作用，推动高层次人才与企业、专业机构深入对接。

加速与湾区城市群的文化传播。落实市委市政府“公共文化事业建设年”的工作部署，深入挖掘、保护与传承侨乡文化。擦亮陈少白、江门演艺中心等文化名片，推进文化产业提质发展。办好“乡村旅游文化节”“葡萄音乐节”“龙狮文化节”“辉煌七十年”等四个文化节活动，提高文化品牌活动影响力。完善区街村三级公共文化设施网络，加快推进儿童公园、青少年活动中心、区级公共图书馆、科技馆的建设，并对市民免费开放，努力构建

“十分钟文化圈”和“十五分钟健身圈”，让更多的发展成果与市民共享。持续巩固创文复牌成果，深入开展群众性精神文明创建活动，积极培育文明乡风、良好家风、淳朴民风。

推动湾区城市群营商环境一体化。推进优化营商环境三年行动计划，建立既“清”又“亲”的政商关系，让企业家在我区安心、放心、开心发展。进一步简化企业开办环节和流程，提升政务服务效率。继续深化投资项目承诺制改革[18]，优化项目报建审批流程，加快编制基准承诺标准，建立“容缺办理”[19]机制，推进联合审图，联合验收、“标准地”[20]等专项试点，逐步扩展试点范围，加速签约项目落地。转变监管理念和方式，实现“双随机一公开”[21]抽查监管全覆盖，构建以信用监管为核心的新型监管模式，营造共建共治共享的监管格局。

二、集全区之智，推动经济高质量发展

新的一年，我区将心无旁骛推动高质量发展，坚持工业立区不动摇，坚持质量第一、效益优先，加快推动质量变革、效率变革、动力变革，构建现代化产业体系，全力打造高质量发展示范区。

强化科技引领。深入实施创新驱动三年行动计划，以创新主体培育为核心，创新平台建设为突破，核心技术攻关为导向，紧紧围绕“八大举措”任务，全面打造创新型经济主导的高水平高新区。大力实施高企树标提质行动计划，毫不松懈狠抓高企培育和认定，坚决完成目标任务。通过股权融资、贷款贴息、事后奖补等方式，吸引、挖掘广深科技走廊优质资源，推动传统工业企业开展新一轮技术革新，大力推广智能云科等工业互联网项目应用，实施智能化改造和设备更新。优化“研发贷”“政银保”[22]合作机制，着力引导全区科技支行扩大政策的覆盖面，促进更多符合条件的科技型企业受惠。

做精招商引资。用好招商引资这个推动高质量发展的“关键一招”，发挥四个专责招商小组作用，在重点招商区域设立驻点招商机构和代理招商工作平台，主动对接深圳、香港、澳门等发达地区，优先引进用地少、排放少、亩产税收高、技术含量高的“两少两高”项目。开展精准招商、以商引商、以会招商，确保年内引进投资额20亿元以上的项目，力争引进超50亿元的特大项目。围绕重大招商项目“攻城拔寨”，加快倍量电子、华夏光彩、麦克韦尔等招商项目供地落户，促进科世德润、量子高科、奇德新材料、中粘科技等增资扩产项目加快建设。继续开展“暖企业、促投资”专项行动，鼓励支持存量企业增资扩产。围绕德昌电机产业城等重大产业项目的上下游进行靶向招商，支持区内存量企业通过产业转型、技术改造补全产业链条。

做强第三产业。大力发展生产性服务业，充分利用创智城、珠西云谷、双创园等空间载体，围绕研发、生产、销售等环节，整合线上线下交易资源，打造高效协同的生产流通新生态。推进江门大健康产业项目建设，力促带动本地大健康科技成果产业转化和创新发展。深化与华南理工大学、香港科技大学霍英东研究院、五邑大学等高校合作，加速科技研发向成果应用转化。通过以“互联网+”为代表的新模式与传统领域加速融合，促进消费方式的不断转变，形成社会消费品零售总额新增长点。

做强村级经济。以产业发展推动乡村振兴，探索农村留用地资本化，鼓励村集体以土地入股，与区内相应的项目公司合作运营，以股权或物业形式享有土地开发增值收益。加强村级工业园区的统筹管理，建立区、街、村合作开发机制，整治“散乱污”企业。依托区一级的招商力量，围绕我区三大产业集群做文章，为区域的龙头企业、主打产业做上下游配套，逐步引导优质企业入驻村级工业园区，辐射带动邻近工业园区，实现连片开发。加大对城中村的统一规划和管理，探索以“城中村综合整治+引进物资营管+城市化商业运营”的模式进行开发。

激活市场主体。深入实施做强国资平台三年行动计划，支持国资企业参与交通基础设施、市政基础设施和城镇综合开发等建设。引导优质文创、科创、研发团队以及科技型小微企业入驻创智城、产业港、双创园等国资科技载体，聚集更多的优势产业和增长新动力，引领经济结构优化调整和转型升级。推动国资监管机构职能从管企业向管资本转变，深化工业园公司运营改革，理顺管理机制，推动国有企业做大做强做优，促进国有资产保值增值。全面贯彻落实民营企业扶持政策，推进“供给侧”结构性改革，把降成本落到实处，在用地、用工、用电、用气及税费等方面切实减轻民营企业负担，打造珠三角“成本最低、效率最高、服务最好”的营商环境。做好全国小微企业信用体系建设试验区工作，深化小微企业创业创新工作。充分发挥各级工商联、商会、行业协会桥梁纽带作用，激发企业家精神，促进民营经济“两个健康”[23]发展。

三、夯全区之基，统筹区域平衡协调发展

新的一年，我区将按照市委、市政府“三区并进”[24]区域发展格局的新要求，统筹推进城市建设、生态文明建设和乡村振兴，提升城市品质和承载力，不断提高发展平衡性和协调性。

着力提升城市品质。深入实施城市品质提升三年行动计划，重点推进城央绿廊建设，在启动区向东西两侧延伸，力争年内贯通11公里。借鉴香港、上海等地的经验和模式，加快引入具有品牌影响力的第五代大型商业综合体，推动中央商务区各商业主体协作互动、联动发展，打造功能、景观、形态完美融合的城市新地标。继续推进高新产业新城的建设，高标准配套交通基础设施和优质公共服务设施，打造一个产城人高度融合的示范区域。稳步推进老旧城区和旧商业街区等重点区域的升级改造，有序推进内街小巷的改造提升，更新老城区的城市配套，创造高质量宜居环境。加快水利基础设施建设，不断丰富城市功能。

抓实生态文明建设。深入实施打好环保攻坚战三年行动计划，落实中央环保督察“回头看”和省环保督察组反馈问题整改，集中力量打好蓝天保卫战、碧水攻坚战、净土防御战。持续推进河长制、湖长制，不断提高河湖管理精细化，重点抓好麻园河、龙溪河、马鬃沙河的黑臭水体整治工程。加强涉重金属行业污染防控、进口废物和固废管理，重拳打击固废特别是危废非法转移行为。加强生态修复和建设，推进新一轮绿化大行动，推动全区生态环境质量实现根本性改善。

推进美丽乡村建设。深入实施乡村振兴战略三年行动计划，大力开展农村人居环境整治，全面加快交通设施、安全饮水、垃圾处理等农村基础设施建设，巩固“三清三拆三整治”、河道“五清”、“百日拆违”整治成果，力争年底全部村（居）达到美丽宜居标准。继续推进村庄规划编制工作，盘点我区具有打造成为旅游景点潜力的村落与景观，打造特色村头、休闲桥头、干净墙头、精致门头、多彩田头、美丽滩头，通过细节的布置带动整体环境的美化，“串珠成链”整合旅游资源，打造城郊优质田园旅游新品牌。以村公共服务站为载体，着力打造集众多服务于一体的“30分钟农村基层服务圈”。继续抓好“大棚房”[25]问题的专项清理整治。

四、鼓全区之劲，切实保障和改善民生

新的一年，我区将继续把人民对美好生活的向往作为奋斗目标，抓住群众最关心、最直接、最现实的利益问题，不断扩大教育、医疗、文化、体育等优质公共服务资源覆盖面，落实人大代表票决民生实事项目，尽力满足群众多元化需要。

优先发展教育事业。坚持教育优先发展战略，实现小学适龄儿童入学率达到99.99%，高中阶段毛入学率达到98%以上。持续加大教育投入，推进名师工程建设，继续引入双一流大学毕业的优秀教师，落实教师“县管校聘”管理改革，逐步改善教师待遇。建成明泰初中、一中附中、一中附小三所优质学校，积极引进优质品牌民办学校，打造更多在全市叫得响、群众满意的标杆性、示范性中小学。完善涵盖学前教育、义务教育、高中阶段的教育体系，提高全区教育教学质量，开创性建设新时代教育高地。

继续丰富医疗资源。持续深化医改，加快“医联体”建设，完善区人民医院、中西医结合医院的硬件配套，并通过两家三甲医院派专家坐诊、业务带教、学科建设、临床医疗和技术应用共享等方式，逐步提高区内两家分院的医疗服务水平。推进创建广东省健康促进示范县（区）建设。大力推进医保城乡一体化改革，提高低保户、孤儿、残疾人补助标准和城乡居民养老金标准，落实各类惠民保障及助残政策措施，提升社会救助兜底保障水平。

全面推进社会治理改革。积极开展扫黑除恶专项斗争，实施平安江海三年行动计划，加快立体化社会治安防控体系建设。筑牢安全生产和食品安全防线，落实党政同责。深入推进信息化建设、网格化监管、规范化行政执法，动态开展城市风险点危险源管控。坚持以“创新‘三社联动’[26]体制机制，强化‘三社联动’服务能力”为工作主线，完成全国农村社会治理实验区第一阶段12个村（社区）试点建设，并在全区全面铺开建设工作。以服务促进社区治理，争取实现“六个全覆盖”[27]。推动全国农村留守儿童关爱保护和困境儿童保障示范区建设。配合市推进乡村振兴综合改革试点工作，深化农村土地制度和集体产权制度改革，推进农村承包土地“三权分置”。

大力推进精准脱贫。坚决打赢扶贫攻坚战，全面推进扶贫线与低保线“两线合一”，推进扶贫“三保障”[28]政策落到实处。加大产业扶贫项目的推广力度，鼓励和支持有劳动能力的贫困群众积极参与贫困户灯饰配件手工加工等项目；引导和推动更多资产收益扶贫项目落地，使半劳力、弱劳力贫困户家庭增加稳定收入；对没有劳动能力的老病残群体，继续完善社会保障兜底机制。深入开展“携手奔小康”行动，推动大新县通过“脱贫摘帽”验收。

做好上述民生工作，必须加大民生投入，全区各级财政安排民生支出11.98亿元。抓好民生实事落实，补齐民生社会事业短板，着力构建共建共治共享社会治理格局。继续做好“三防”、就业、打假、打私、打传、审计、物价、档案、地方志、妇女、保密、人防、双拥等工作，积极推进与黑龙江省七台河市的对口合作，实现社会各项事业全面协调发展。

五、固全区之本，加强政府自身建设

新的一年，必须坚持党的全面领导，树牢“四个意识”[29]，坚定“四个自信”[30]，坚决做到“两个维护”[31]，深入推进政府职能转变，提升担当履职水平。

深入推进依法行政。严格遵守宪法法律，把政府活动全面纳入法治轨道。依法接受人大及其常委会的监督，自觉接受人民政协的民主监督，主动接受社会和舆论监督，认真听取各民主党派、工商联、无党派人士和各人民团体、社会各界人士的意见建议，办好人大代表建议和政协提案，提高落实率、满意率。推行行政执法全过程记录等三项制度，保障和监督行政机关依法有效履行职责，维护人民群众合法权益。

强化廉洁政府建设。落实基层正风反腐三年行动实施方案，深入查找和纠正“四风”突出问题，特别是形式主义、官僚主义的新表现，不断巩固落实中央八项规定精神的成果。着力解决行政执法、土地出让、审批监管、项目投资、工程招投标等重点领域的违法违规问题，大力整治群众身边的不正之风。严控“三公”经费支出，集中财力办大事、办实事，提高公共资金使用效益。

推进高效政府建设。大力倡导“马上就办、办就办好、真抓实干、水滴石穿”的工作作风，主动对接大湾区政务服务规则和标准。完成政府机构改革各项工作任务，深化街道行政管理体制改革。加快建设“数字政府”，推进线上线下融合的“互联网+政务服务”建设，推动“政务上云”，实现更多事项“掌上办”。实施“智慧政务服务优化升级”“集成数字档案馆服务”“集成公安公共服务”等平台的对接和应用。探索构建“智慧江海”，打造城市信息资源共享体系，并在城市管理、消防、环保等方面进行应用，提高城市治理现代化水平。

各位代表，“雄关漫道真如铁，而今迈步从头越”。高新区（江海区）的发展已站在新的历史起点上。让我们更加紧密团结在以习近平同志为核心的党中央周围，在市委、市政府和区党委的坚强领导下，在区人大、区政协的监督支持下，凝聚全区人民的智慧和力量，坚定不移用好改革开放“关键一招”，推动经济社会高质量发展，提高发展平衡性和协调性，加强政府系统党的建设，为率先全面建成小康社会，加快建设创新型经济主导的高水平高新区而努力奋斗！

有关用语说明

[1]**“四个一”**：一个项目、一个责任领导、带一套人马、一抓到底。

[2]**“四个是否”**：是否完成上级下达的各项目标任务，是否完成所承担的各项重要工作，是否从上级获得更多的资金支持、政策支持和荣誉，是否在全市和全省的工作处于前列。

[3]**粤港澳大湾区**：是由广州、佛山、肇庆、深圳、东莞、惠州、珠海、中山、江门9市和香港、澳门两个特别行政区形成的城市群。是继美国纽约湾区、美国旧金山湾区、日本东京湾区之后，世界第四大湾区。是国家建设世界级城市群和参与全球竞争的重要空间载体。

[4]**“八大举措”**：高新技术企业培育、新型研发机构建设、企业技术改造、科技企业孵化器和创新平台建设、高水平大学和理工科大学建设、开展核心技术攻关、加强创新人才队伍建设、发展科技金融。

[5]**全国高新技术园区信用联盟**：由上海市张江高科技园区、武汉东湖高新区、成都高新区、天津滨海高新区、长沙高新区五家国家级高新区联合发起成立，致力于推动全国高新区企业信用体系共建交流，建立园区企业信用

服务的跨区合作机制，提升企业信用价值，帮助企业融资和发展。

［6］**“三清三拆三整治”**：“三清”包括：①重点清理村巷道及生产工具、建筑材料乱堆乱放；②清理房前屋后和村巷道杂草杂物、积存垃圾；③清理沟渠池塘溪河淤泥、漂浮物和障碍物。“三拆”包括：①拆除危旧房、废弃猪牛栏及露天厕所茅房；②拆除乱搭乱建、违章建筑；③拆除非法违规商业广告、招牌等。“三整治”包括：①整治垃圾，落实“门前三包”（包卫生、包绿化、包秩序）责任制，建立保洁队伍，健全村庄卫生24小时保洁机制；②整治污水，建污水处理设施，重点推进农户改厕，实行雨污分流、污水排放暗渠化；③整治畜禽污染，建设栅栏圈围，实现人畜分离、家禽集中圈养。

［7］**河道“五清”**：清污、清漂、清淤、清障、清违专项行动。

［8］**“三调整一淘汰”**：三调整：调整产业结构、能源结构和交通结构。一淘汰：淘汰落后产业。

［9］**固废企业“三个一”行动**：第一，市分管领导走访一次固体废物处理处置企业，与法定代表人谈一次话，签一份承诺书；第二，市（区）分管领导走访一次部分重点产废企业，与法定代表人谈一次话，签一份承诺书；第三，由固体废物相关企业向属地监管部门签一份承诺书。

［10］**“三二一”工程**：即2016至2018年，蓬江区、江海区各新建不少于3所公办义务教育阶段中小学校；新会区、开平市、鹤山市各新建不少于2所；台山市、恩平市各新建不少于1所。同时，要积极鼓励和支持优质民办学校建设。

［11］**医联体**：指区域医疗联合体，是将同一个区域内的医疗资源整合在一起，通常由一个区域内的三级医院与二级医院、社区医院、村医院组成的一个医疗联合体。

［12］**“全托管”“六统一”**：“全托管”：江门市江海区人民医院、中西医结合医院分别托管给市中心医院、五邑中医院全面管理，坚持“四不变”，即托管前的资产权属不变、医院功能不变、财政补助渠道和标准不变、现有干部职工身份不变。“六统一”：统一法人、统一资产管理、统一业务管理、统一人事管理、统一财务管理、统一药械管理。

［13］**信访工作“三无”县（市、区）**：“三无”是指无进京越级上访、无大规模集体上访、无因信访问题引发的极端恶性事件。

［14］**“二十八证合一”**：按照全国部署，在全面实施企业、农民专业合作社工商“五证合一、一照一码”登记制度改革和个体工商户“两证整合”的基础上，将19项涉企（包括企业、个体工商户、农民专业合作社）证照事项进一步整合到营业执照上，在全国层面首批实行“二十四证合一”，并加上我市此前已实行企业“十五证合一”尚有4项未纳入整合事项，统一实行“二十八证合一”改革。

［15］**自贸区“证照分离”改革**：上海自贸区建立和扩区以来，率先开展了商事登记制度改革，实现了市场准入领域的“先照后证”，也就是只要到工商部门领取一个营业执照，就可以从事一般性的生产经营活动，如果需要从事需要许可的生产经营活动，再到相关审批部门办理许可手续。

［16］**“1+1+12”**：第一个“1”是指以推进党的建设新的伟大工程为政治保证；第二个“1”是指以全面深化改革开放为发展动力；“12”是指振兴实体经济、推进创新驱动、打好环保攻坚战、实施乡村振兴战略、实施城市

品质提升、加快教育质量提升、推进人才强区战略、推进农村社区治理、推进基层党建、优化营商环境、建设平安江海和做强国资平台等十二项重点工作。

［17］**“深化人才发展体制机制改革24条”**：2017年，中共广东省委印发了一号文件——《关于我省深化人才发展体制机制改革的实施意见》，包含了深化人才管理体制改革、改进人才培养支持机制、健全引才用才机制、强化人才评价激励保障机制、完善人才流动机制等5大方面，共24条意见，涵盖了人才选育用留各个方面。

［18］**投资项目承诺制改革**：由政府制定经济技术指标和行业技术规范标准，职能部门针对具体项目联合提出标准要求，企业作出具有法律效力的书面承诺后，即可依法依规开展设计、施工等相关工作。项目竣工后进行对标验收，通过验收的，可以投运；验收不合格的，不得投产。

［19］**“容缺办理”**：允许某些审核材料在规定时间内暂时缺少，实行非主审要件缺项受理和审批。

［20］**“标准地”**：土地出让时把每块建设用地的规划建设标准、能耗标准、污染排放标准、产业导向标准、单位产出标准等给予明确。

［21］**“双随机一公开”**：随机抽取被检查对象、随机选派检查人员，抽查情况及查处结果及时向社会公开。

［22］**“政银保”**：是一种以政府财政投入的基金做担保、银行为符合贷款条件的担保对象提供贷款、保险公司对上述贷款本金提供保证保险的中小企业、农业贷款模式。

［23］**“两个健康”**：非公有制经济健康发展和非公有制经济人士健康成长。

［24］**“三区并进”**：江门参照省的区域功能区规划，提出突破行政区划局限，以功能区为引领，推进都市核心区、大广海湾区、生态发展区“三区并进”。

［25］**“大棚房”**：是指一些工商企业、个人及组织借建设农业设施或农业园区之名，违法违规占用耕地甚至永久基本农田，用于非农业建设的行为；其本质是改变土地性质和用途、改变农业生产功能，就是触碰耕地保护红线和农地非农化。

［26］**“三社联动”**：指通过社区建设、社会组织培育和社会工作现代化体制，形成资源共享、优势互补、相互促进的良好局面，加快形成政府与社会之间互联、互动、互补的社会治理新格局。

［27］**“六个全覆盖”**：指居家养老服务全覆盖、长者饭堂助餐配餐服务全覆盖、养老机构医养结合服务全覆盖、困境儿童服务全覆盖、社工综合服务全覆盖、村级志愿服务站示范点全覆盖。

［28］**扶贫“三保障”**：保障贫困户的义务教育、基本医疗和住房安全。

［29］**四个意识**：政治意识、大局意识、核心意识、看齐意识。

［30］**四个自信**：中国特色社会主义道路自信、理论自信、制度自信、文化自信。

［31］**两个维护**：坚决维护习近平总书记在党中央的核心、全党的核心地位，坚决维护党中央权威和集中统一领导。

大事记

DASHI JI

2018年江海区大事记

1月

1月6日，经国家知识产权局综合测评研究，江门高新区被确定为新一批“国家知识产权强县工程示范县（市）”，为江门市唯一入选的市（区）。

1月8日，绿化面积10万平方米的高新区龙溪湖公园对外开放。高新区龙溪湖公园是江门高新区江海区引入华夏幸福基业股份有限公司启动江门高新产业新城重点项目之一。

1月9日，江海区人民法院诉讼服务中心启用仪式在江海区勤政路77号区人民法院举行，江海区人民法院诉讼服务中心面积1400平方米，主要分为导诉区、立案区、律师阅卷室、生命之树、普法宣传区和社会便民服务区等区域，为市民提供引导、立案、查询、调解、便民服务和法治宣传等多项一站式诉讼服务。

1月16日，江海区监察委员会召开成立大会，标志着江海区监察体制改革试点工作取得阶段性成果，开启全区监察工作新征程。1月13日，江海区第十届人民代表大会第三次会议选举区委常委、纪委书记余启超为区监察委员会主任。1月15日，区人大常委会任命区监委副主任、委员。

1月18日，江海区委宣传部牵头成立的邱菁萍舞蹈创作工作室挂牌成立。邱菁萍是江海区文联副主席、江海区文化馆馆长，舞蹈工作室负责舞蹈类文艺精品创作和舞蹈创作人才培养。

1月22日，礼乐街道党群活动中心揭牌。礼乐街道党群活动中心是礼乐街道党工委通过整合优化党建资源、精心搭建的综合活动服务阵地，占地面积445平方米，集教育、管理、培训、服务、实践、咨询、娱乐于一体，内设工作成果展厅、服务前台、接待室、阅览室、会议室、培训室和党员义工服务区。

1月23日，江门市江海区党外知识分子联谊会举行成立大会。江门市委统战部副部长方国韶，区领导邹德昌、胡影儿、王作青等各民主党派和工商联负责人以及区委统战部机关干部等参加。大会选举产生第一届理事会领导机构及监事，王作青当选为会长，许维贞当选为常务副会长。

1月25日，外海、礼乐、江南三个街道的“24小时自助图书馆”同时开放试运行，成为推广“全民阅读”的平台。三个图书馆的藏书均在1万册以上，涵盖文学、历史、地理及其他专业类。市民凭第二代身份证可在智能设备上办证、借书、续借、还书和下载电子图书，实现免费借阅，通借通还。

1月27日，江海区礼乐长廊生态园科普教育基地暨江门中港英文学校青少年成长教育基地揭牌仪式在礼乐街道长廊生态园举行。长廊生态园体验教育营地依托地理位置和配套设施，为户外教育、冬夏令营、研学旅行、爱国主义教育、亲子活动、青少年成长、中老年人关爱以及企事业单位等提供各类特色化定制的体验式培训课程服务。

1月，礼乐街道“优创教育助学基金”“乐晟高考优秀奖”颁发仪式在礼乐中学举行，礼乐街道办事处、江门市长优实业有限公司、江门市优美科长信新材料有限公司和江门市江晟电机厂有限公司等创办单位相关负责人出席颁奖仪式。174名学生分获优创教育助学金和乐晟高考优秀奖，金额从2300元到4200元不等，合计496900元。

1月，江海区人民法院发出江门市首份《离婚冷静期通知书》，同时还向双方发放了《家庭关系修复建议书》，限制双方在冷静期内不得私下向对方提出离婚、不得闹事、不得损害对方合法权益，不得转移夫妻共同财产等。这是区人民法院贯彻落实《最高人民法院关于开展家事审判方式和工作机制改革试点工作的意见》要求，不断更新家事审判理念、创新家事审判工作机制而实行的一项新举措。

2月

2月8日，高新区（江海区）2018年“美丽高新幸福江海”迎春文艺精品展演在江门演艺中心举行。来自区文化馆管弦乐团、爱舞团、八音和、超级天使和天鹅湾小学等单位的演员及区内多位优秀表演者参与展演。

2月，江海区驻广西壮族自治区崇左市大新县粤桂扶贫协作工作组联合当地有关部门到广西壮族自治区百色市的西林县、靖西市分别举办蜜蜂养殖和种桑养蚕培训班，崇左市大新县硕龙镇等深度贫困地区的贫困户和技术带头人参加培训。

3月

3月3日，高新区（江海区）“家庭文明建设年”启动仪式暨庆“三八”巾帼健步走活动在龙溪湖公园举行。全区妇女干部、家庭代表、青年团干和亲子义工等600多人参加。

3月4日，江海区人民法院首次向一对经过家事调查员调查后同意调解离婚的当事人发放《离婚证明书》，内容仅载明身份信息、生效法律文书案号等，不涉及离婚原因、财产状况等个人隐私，为当事人办理相关事务提供便利，避免因隐私泄露而造成尴尬。

3月12日至13日，高新区（江海区）先后在香港、澳门举办投资环境推介会。在港澳期间，区亲商暖企小组拜访在高新区（江海区）投资的企业和有投资意向的企业。

3月22日至23日，高新区管委会常务副主任、江海区区长汤惠红率队赴澳，参加由江门市政府主办的江澳携手共建粤港澳大湾区推介会。推介会上，高新区管委会与工商银行（澳门）股份有限公司共同签署《深化江澳合作 携手建设大湾区框架协议》，在产业建设、科技金融、人才引进和项目互助等方面达成一致意见。

3月25日，由江海区委宣传部、区文化广电体育局主办，江海区足球协会承办的高新区（江海区）快乐足球公众开放日活动在白水带体育公园举行。开放日活动于每月第三个星期日举行。

3月28日，江海区人民医院书记徐裕海带领医院骨干医生伍健斌组成医疗帮扶队，到广西壮族自治区崇左市大新县进行粤桂扶贫协作医疗帮扶。

4月

4月2日，高新区（江海区）河道清违行动正式开始，这是全面开展“五清”（清污、清漂、清淤、清障、清违）专项行动中的重要一环，为其下一步河道综合治理打下基础。

4月3日，高新区（江海区）召开全国文明城市复牌工作动员会，对下一步迎接全国文明城市复牌测评工作进行再动员、再部署，江门市文明城市工作局副局长张镇就出席会议。2017年以来，高新区（江海区）对照测评标准，对辖区重点区域、关键点位开展整改工作，逐项改善社区基础设施，开展农贸市场升级、门前三包制度宣传、违规广告清拆等专项整治行动有序开展，推进美化、绿化、亮化、净化“四化”工程，逐步提升城市品质和管理水平。

4月10日，2018年江海区中小学“体育节”暨第五届江海区“体育彩票杯”中小学足球联赛在江门市原雅学校开赛，联赛持续至5月24日，分为小学组、初中组，并新增校园女子足球组别，共计比赛80场。

4月12日，为进一步推进高新区（江海区）对广西壮族自治区崇左市大新县的粤桂扶贫协作工作，两地在大新县举行大新—江海医疗扶贫协作工作座谈会暨送医增药捐赠仪式。仪式上，高新区（江海区）向大新县卫生计生局捐赠4万元医疗扶贫项目款，价值2万元的医用药品。挂职大新县委常委、副县长的江海区副区长丑继明参加相关活动。

4月13日，高新区（江海区）召开创建广东省食品安全示范城市动员会。通过3年创建工作，使辖区食品安全组织管理体系不断完善，推进食品安全网格化管理，落实食品安全协管员制度，把国家农产品质量安全县和省食品安全示范城市两项创建工作有机结合，加快“智慧食药监”监管平台开发建设。

4月16日，江门高新区（江海区）在江门高新产业新城文体汇举行招商引资突破年落实大会暨2018年春季重大工业项目集中签约仪式，共签约重大工业项目22个，总投资额度107亿元。签约项目中，三大产业集群方向内的企业占比超80%，其中智能终端产业集群方向企业12家、新能源汽车及零部件产业集群方向企业4家、智能制造产业集群方向企业2家、新材料和大健康产业方向企业4家。

4月20日，根据江门市委宣传部、市文明办的通知，江海区内的广东电网有限责任公司江门江海供电局、外海商会、外海街道银泉社区、江南街道江翠社区、量子高科（中国）生物股份有限公司、广东恒健制药有限公司6个单位被命名为江门市第一批“家心之城”示范点，刘锦标家庭、陈超明家庭被命名为江门市第一批“爱心家庭”。

4月24日，高新区（江海区）首个“党建带侨建”企业示范点在江门市江艺实业有限公司挂牌成立。

4月25日，高新区（江海区）在江门市广东南方职业学院举办“税收知识答题王”竞赛暨“税法进校园”政策宣讲活动，100名企业员工和400多名师生参加。

5月

5月23日至26日，广西壮族自治区崇左市大新县委书记赵丽一行11人到高新区（江海区）开展为期4天的粤桂扶贫协作交流及招商对接活动。

5月25日，区教育局和区工商联联合召开高新区（江海区）2018年校企合作联盟工作会议，并举行新增校企合作单位签约仪式。

5月27日，江海区社会事务局第一党支部联合晨光社工中心党支部在江海区长廊生态园开展“伴你成长——关爱困境儿童 为党旗增辉”主题党日活动暨党员关爱困境儿童服务基地挂牌仪式，为江海区首个关爱困境儿童党员服务基地。

5月28至6月1日，为帮助江门市对口帮扶的广西壮族自治区崇左市劳动力实现就业脱贫和解决企业用工难问题，江海区社会事务局率联合工作组赴崇左市开展劳务协作活动。

6月

6月3日，江海区文明办和区环境保护局在江南文化广场联合举办“美丽中国，我是行动者——文明侨都，绿色相约”2018年纪念“6·5”世界环境日宣传活动。

6月12日，全国首个工业互联网示范基地和培训中心“工业互联网产业联盟实训基地”落户江门高新区产业加速园。工业互联网产业联盟实训基地由广东智能云制造有限公司投资，是沈阳机床及智能云科首个集生产、科研、人才培养和展示于一体的工业互联网示范基地。

6月18日，礼乐一年一度的“八龙闹端阳”在礼乐街道张围河五四村段举办。现存“八龙”有桃果红、花蓝桡、九社、黄桡、红桡、天字号、七星、白桡8条传统大龙舟。

6月20日，江门高新区火炬大厦党建共同体挂牌成立。为全区社区、企业、社会组织、机关事业单位的阵地联建、资源联享、活动联办、管理联为的江门市“党建共同体”首创模式。

6月23日，2018礼乐葡萄文化旅游节在江海区礼乐长廊生态园开幕。葡萄节为期40天。除了葡萄品尝和采摘活动以外，现场安排特色农产品展销、大型文艺表演和互动游戏等环节，同时，直播江门APP对开幕式现场进行全程直播。

6月30日，江海区法学会召开会议宣布高新区（江海区）法治智库成立，并与五邑大学政法学院签订合作框架协议，首批13位专业法学人才纳入“智囊团”，其中聘请五邑大学政法学院院长王继远等8名法学专家作为智库顾问，共同为依法治区提供智力支撑。

6月，江南文化广场公厕建成，并进行软装设置。年内共升级改造、重建15座公厕。

7月

7月5日，广西壮族自治区崇左市人力资源和社会保障局副局长温敬率领县区就业工作负责人组成的考察组，到江海区开展劳务协作对接。

7月6日至7日，济南市天桥区委书记刘程华率领党政考察团到江门高新区（江海区）考察新产业新业态，交流发展经验。

7月11日，高新区（江海区）以“爱心满城，精准脱贫”为主题举行2018年慈善公益活动启动仪式。仪式上通报2017年度该区各级慈善组织收支情况，全区接收捐款1894.08万元，其中用于慈善公益支出1693.15万元，为1.3万人次提供援助和帮扶，资助公益慈善项目40多个。26个企业单位和社会爱心人士现场捐赠善款1682万元。

7月20日，江门市、县、乡三级新税务机构挂牌完毕，其中江海区税务局为江海区国税局和江海区地税局机构合并。

7月22日，江门高新区（江海区）获得中央联席办授予的“2017年度信访工作‘三无’县（市、区）”称号，为连续2年获此殊荣。

8月

8月3日，高新区（江海区）召开乡村振兴工作会议，落实中央、省、市关于实施乡村振兴战略的决策部署，全面动员部署该区实施乡村振兴战略工作，以“三清三拆三整治”为重点，全域整治农村人居环境，实施“半城半绿”工程，打造和谐美丽乡村示范典范区；补齐农业农村基础设施短板，推进城乡基本公共服务均等化，重点推进“厕所革命”；加快推动村级工业园、农村自留用地提质增效，优化农业结构；创新基层治理，构建乡村治理新体系，推进全国农村社区治理实验区建设；推进农村综合改革，打好扶贫脱贫攻坚战。制订《高新区（江海区）实施乡村振兴战略三年行动计划（2018年—2020年）》，建立“一个村（居）、一名领导、一个团队、一个特色方案、一抓到底”的“五个一”工作机制。

8月3日，江海区完成全区3061名残疾人的入户调查，入户率100%。此次调查为全面完成高新区（江海区）残疾人基本服务状况和需求信息数据动态更新工作，摸清辖区残疾人实际需求情况，及时掌握辖区残疾人享受各项政策的信息，确保被调查对象服务状况的准确性。

8月19日，江海区肢体残废人协会成立。全区现有持证残疾人3061人，其中肢体残疾人占48%。

8月26日，江海区援疆医疗队5位援疆医生抵达新疆维吾尔自治区生产建设兵团第三师45团医院，开展 2018年江门市第二批卫生援疆工作。

9月

9月5日，江海区第十届人民代表大会第四次会议召开，大会补选江海区第十届人民代表大会常务委员会主任、委员。余志坚当选为江海区第十届人大常委会主任。

9月11日，高新区（江海区）召开2018年入伍新兵欢送大会，50名新兵踏上新兵部队征程。

9月13日，省政府办公厅通报全省58个省产业转移园（含集聚地）2017年的建设发展绩效评价结果，其中江门市江海产业转移工业园固定资产投资、规模以上工业增加值增速、税收总额增速3项考评指标排名居同类园区的前50%，获得资金和专项用地指标奖励。首批纳入统计的24家规模以上工业企业共实现规模以上工业总产值92.66亿元，实现规模以上工业增加值23.67亿元。

9月16日，第22号台风“山竹”在台山市海宴镇登陆，高新区（江海区）受到正面袭击。62支防汛抢险队伍1300人参与抢险救援行动，台风期间组织人力对18个地质灾害点进行24小时不间断巡查，检查建筑工地86个，对区内53.3公里重点堤防、24座水闸、11座泵站、2宗在建水利工程和1宗山塘进行全覆盖检查，对全区1000个雨水口、500多支路灯进行检查，安全转移5000人。

9月19日，作为镇（街）一级篮球联赛的第十五届LBA（礼乐篮球联赛）总决赛在礼乐街道举行。LBA以村为单位，每个村都有篮球队，不定期竞赛。每年的LBA有企业、商家主动寻求合作、赞助，借助LBA资源，篮协组织举办篮球培训班。

9月，借助江门市市人力资源和社会保障局举办的“中国侨都博士后大讲堂暨新能源电池产业专家服务基层对接活动”契机，高新区（江海区）发动组织7家相关企业技术负责人及区直相关单位人员22人参加活动，让企业接触新能源电池前沿技术。活动邀请参加顾问团队6名专家举办题为《高镍正极材料的表面修饰与性能研究》讲座。

10月

10月10日，高新区（江海区）扫黑除恶专项斗争领导小组举办兑现举报涉黑涉恶线索奖励金发放仪式，对5名举报涉黑涉恶线索的有功群众现场颁发奖励金共5万元。有关部门将严格执行保密制度，对举报人身份信息、举报线索内容和奖励数额等进行严格保密。

10月11日，由江海区社会事务局、教育局联合辖区各中小学举办广东省第二次全国地名普查“地名文化进校园”专题系列活动。开展地名文化知识讲堂，在全区各公办中小学开展一节课时的地名文化知识讲座并在学校走廊开辟地名文化宣传阵地。

10月12日，江海区“爱满江南”千叟宴在江海区中环广场新侨都酒楼举行，辖区60岁以上的老人参与。

10月15日，江门市残联在鹤山市召开的残疾人社区日间托养业务培训班对获星的康园进行授“星”仪式，江海区4家康园中心获星级评定，包括江海区天柱庇护中心获“四星”评定、外海街道沙津横康园中心获“三星”评定、礼乐街道向民康园中心、江南街道富横康园中心获“二星”评定。

10月15日，由江门市政府办公室委托第三方机构对全市7个市（区）政府（第一类）和45个市直部门（第二类）2017年政务公开工作进行的一次综合评估，江海区以96.1分位列各市（区）第一名。

10月19日，江海区青年企业家商会成立。首届商会有会员企业62家，由青年企业家、经营管理者和工商界青年代表等自愿组成。

10月25日，江门高新区（江海区）在深圳市举办主题为“湾区西翼·产业新城”的2018江门高新区（江海区）深圳专场投资推介会。推介会对接深圳产业和资源协同，强化“深江对接”，推动精准招商、产业招商、敲门招商和以商引商。一批世界500强企业、上市公司、行业龙头企业代表以及意向落户江门高新区（江海区）的企业负责人参加会议。

10月30日，高新区（江海区）第七届文化节广场舞专场比赛在江南文化广场举行。同时举行2018年江海区十大“最美家庭”颁奖仪式。

10月30日，江海区人民政府与江门市中心医院共建“医联体”移交，江海区人民医院成为江门市中心医院江海分院。

11月

11月1日，高新区（江海区）对江门河南岸建筑进行外立面改造和亮化提升，作为20公里城央绿廊工程的环节之一，总投资5200万元，其中外立面改造4300万元，亮化工程900万元。主要对胜利大桥至活力路进行驳岸亮化，以及32栋楼房外立面粉刷、亮化，并在有特点的建筑上辅以投光照明。还有江南路路面改造及“三道贯通”（慢步道、慢跑道、骑行道）工程、升级改造釜山公园、扩建白水带体育公园、新建釜山人行天桥等项目。

11月6日，高新区（江海区）在全区范围内开展为期百日的拆违攻坚专项行动，5.28万平方米违建被拆除。

11月8日，江门市硕士研究生创业孵化基地战略合作机构签约活动在江海区火炬大厦举行，江门市硕士研究生创业孵化基地与广东新华双高人力资本有限公司签署战略合作协议。2017年11月，硕士基地投入运营，有31个项目成功通过申请入驻并落户，涉及行业范围包括大数据、节能环保、生物技术等，累计引进博士15名、硕士研究生44名。

11月10日，第二十三届“纪念陈达先生奖学助学金”颁发大会在外海街道举行，大会向来自外海街道各中小学的125名优秀毕业生发放奖学金和助学金共103600元。纪念陈达先生奖学助学基金会于1996年成立，累计发放奖学金共计1370150元，资助学生1178人次，奖励学生2570人次。

11月13日，江门市高新技术工业园有限公司在高新区火炬大厦5楼举行江门高新众创空间（创梦工场）揭牌仪式暨政策分享会，并为江门高新众创空间（创梦工场）揭牌。创梦工场位于火炬大厦五楼，总面积2350平方米，包含独立办公室、众创工位、路演厅、洽谈室、展示区和健身室等配套设施，致力营造高标准的办公环境和创业社区，搭建具有侨特色的创业创新平台，已引入精一教育、智控电子、鑫意智慧科技等项目。

11月15日，江海区市场监管局和江南街道联合举行“e联合监管”工作机制启动仪式和签约仪式，借助江海区市场监管局开发的“e联合监管”系统和江南街道“街长制”新型管理模式，共同探索多部门联合监管新模式，构建高新区（江海区）商事主体监管新体系。

11月20日，应央视节目组邀请，江海区文化馆原创广场舞《醒狮耀岭南》表演团队赴央视参加《舞蹈世界》“舞蹈全民星”节目展播。这是江海区原创文艺作品首次进军央视文艺节目专栏。 11月28日，江门高新区（江海区）举办招商引资突破年落实大会暨2018年秋季重大工业项目集中签约、集中动工活动，总投资180亿元的29个重大工业项目进行集体签约和动工建设，其中新能源汽车精密零部件研发制造基地、高端电机磁铁研发中心等18个项目集中签约，国机鑫辉新材料研发制造基地项目、正大康地动物营养生物科技等11个项目动工建设。其中投资额10亿元的国机鑫辉新材料研发制造基地项目实现“当年签约、当年动工”。

11月30日，为对全区派驻农村（社区）第一书记工作进行部署，推进第一书记挂点工作开展，在区直单位、街道机关中选派优秀青年干部到全区62个村（社区）党组织担任第一书记，指导协助村（社区）党组织书记开展工作，时间2年。

11月，白水带法治文化主题公园添置“法多星”法治游戏设施及VR720度全景影像，VR720度全景展示项目利用3D跟VR技术把现实世界搬到互联网上，给人以三维立体感觉的实景720度全方位展示，保留现场场景真实性，展现公园内的文化造型牌、宣传栏目、立体雕塑等法治文化作品。

12月

12月4日，江门市依法治市办、江门市普法办会同江海区委政法委等部门在礼乐街道英南村法治文化公园共同举办江门高新区（江海区）美丽乡村法治行“12·4”国家宪法日暨宪法宣传周主题晚会。

12月5日，根据国家科学技术部火炬高新技术产业开发中心情况通报，在全国156个国家级高新区排名中，江门高新区再次实现质量、排名双提升。综合排名从第64名提升至第62名，其中国际化和参与全球竞争能力、可持续发展能力两个指标进入前50名。

12月12日，全国博士后创新（江门）示范中心高新分中心、高新区博士后科研工作站和4家下属分站揭牌仪式及资助颁发仪式在江门高新区（江海区）举行。为高新区博士后科研工作站代表、4家分站企业代表及6家博士后创新实践基地及8名在站博士后颁发资助共410万元。高新区（江海区）累计投资23.5亿元打造高新创智城，博士双创园交付使用，为产、学、研深度融合提供一站式综合创新平台，展示“区域工作站+企业分站”人才创新载体网络。

12月22日，经江门市住建局等联合单位验收，确定礼乐街道威东村、向东村为江门市家居村庄。

12月，江门高新区在智能制造领域6家企业的6个项目共获得市级先进装备制造业专项资金（机器人应用）317.08万元。全市获奖补企业共10家，高新区获奖补企业数及获奖补金额均为全市第一。本次获奖补项目为项目和设备投入100万元以上的大项目，该机器人应用是指在工业自动化中使用的固定式、移动式，具有三轴及以上可重复编程、多用途的自动控制操作机及搬运机器人。其中江门崇达电路技术有限公司的高多层线路改造项目获得扶持资金150万元。

概况

GAI KUANG

基本情况

【位置·范围·面积】 江海区是江门市中心城区之一。地处珠江三角洲西缘、江门市东南部，东北隔西江与中山市古镇镇相望，南接新会区睦洲镇，西依江门水道与新会区会城街道分界，北靠蓬江南岸与蓬江区为邻。总面积109.16平方千米。

【气候·河流】 属亚热带海洋性气候，全年平均气温22.6℃，温和多雨，阳光充足，四季常青。西江干流经江海区段全长13.23千米。

【人口】 常住人口27.16万人。年末户籍人口17.25万人；常住人口出生人口3550人，常住人口出生率12.21‰；自然增长人口2462人，自然增长率8.47‰。

【行政区划】 江海区是江门市辖县级建制区，与江门高新区合署办公。下辖外海、礼乐和江南3个街道，设社区居民委员会26个、村民委员会36个。

江海区行政区划一览表

表1

街道	面积（平方千米）	行政村	社区
外海街道	47.1	麻一、麻二、麻三、南山、中东、东南、东升、七东、七西、直冲、东宁、前进	墟镇、金溪、清兰、四大、沙津横、石鹤利、银泉、彩虹、永康
礼乐街道	50.3	英北、英南、东红、跨龙、东仁、雄乡、敬和、雄光、威西、五四、威东、向前、武东、乌纱、新民、新创、向民、新丰、向荣、新兴、向东、新华、丰盛、镇龙	墟镇、文苑、文昌沙、中福
江南街道	11.76	—	桥南、蓬苑、江翠、新中、竹苑、中沙、仁美、建联、银城、正南、永明、北湾、富横

【地名管理】 开展地名普查成果转化工作，形在地名成果表1500张，普查成果图8张，地名标志登记表100张，跨界自然地理实体地名4条。印发《江海区大地恩情乡缘讲堂——“地名文化进校园”专项活动实施安案》，组建一批本土专家学者建立地名文化专家队伍，通过制作“江海地名故事”短视频、新媒体平台宣传地名文化知识等方式，让地名文化社区、入校园。

江海区地名命名更名变更情况统计表

表2

街道	性质	名称类别	标准名称	位置	批复日期
礼乐	命名	建筑物名	新华公寓	礼乐街道永宁街南侧地段	2018年3月22日
外海	命名	建筑物名	江悦花园	高新区35号地块	2018年4月11日
外海	命名	建筑物名	江悦豪庭	高新区35号地块	2018年4月11日
江南	命名	建筑物名	富港天荟湾	江南街道江南新村55号地块	2018年4月11日
江南	命名	建筑物名	明泰城状元居	江南街道沙洛围地段明泰城内	2018年11月19日
江南	命名	建筑物名	明泰城天迹銮居	江南街道沙洛围地段明泰城内	2018年11月19日
江南	命名	建筑物名	明泰城天逸别墅	江南街道沙洛围地段明泰城内	2018年11月19日
江南	命名	建筑物名	一汇天地广场	江南街道江门东站南侧片区地块	2018年12月10日
江南	命名	建筑物名	东汇城广场	江南街道江南新村55号地块	2018年12月10日
江南	命名	建筑物名	天睿居	江南街道江门东站南侧片区地块	2018年12月10日

江海区社会经济发展概况

【综述】 江门高新区（江海区）地理位置得天独厚，广中江、中江、江珠3条高速公路横贯区内，广珠城轨、深茂铁路穿境而过，随着港珠澳大桥、深中通道的建成，将全面融入珠三角重要城市1小时生活圈，成为江门融入粤港澳大湾区的桥头堡。江门高新区（江海区）在国家高新区的综合排名升至第62位，连续4年实现争先进位。

主要经济指标增长迅速，2018年实现地区生产总值增长7.7%，规模以上工业增加值增长13%，地方公共财政预算收入增长11.7%，固定资产投资增长18.7%，工业投资增长29%，实际利用外资增长65.7%，外贸进出口总额增长21%，多项经济指标增速排名全市前列。重点项目快速推进，116个区重点项目完成投资130.9亿元，完成年度计划的108%；67个市重点项目完成投资108.35亿元，完成年度计划的139%，投资完成率全市第二；电机产业城、优美科新材料两大龙头项目加快推进。产业结构进一步优化，先进制造业、装备制造业和高技术产业增加值分别增长8.9%、13%和20.2%，产值超10亿元的骨干企业占全区工业产值44%，提升4个百分点。实施化工、玻璃等传统高能耗、高污染行业企业淘汰搬迁50家。推进村级工业园升级改造，盘活闲置厂房3万平方米、闲置用地178.75亩。

加快珠三角国家自主创新示范区等国家创新发展平台建设，高新技术企业培育、产学研创新平台和孵化育成载体实现量质双升，新增国家高新技术企业99家，增长60%，新增省市级创新平台80家，增长30%，新增市级孵化器众创空间5家，增长41.7%。通过国家知识产权试点园区和国家知识产权强县工程示范区建设，全区专利授权量2000件，增长50.85%，其中发明专利授权量150件，增长44.21%；每万人发明专利拥有量28.7件，为全国平均水平的2.5倍。

在全市先行复制推广自贸区“证照分离”改革试点经验做法，办理时间比法定时限缩短50%以上。率先在工业项目试点投资承诺制改革，项目审批平均提速1～2个月。商事制度改革全程电子化商事登记、电子营业执照试点和“二十八证合一”有序推进，新登记市场主体6508户，增长37.36%。“双随机一公开”监管模式常态化，创新开启“e联合监管”新模式，有效实施事中事后监管。推进“数字政府”综合改革，网上中介服务超市建设工作在全市率先启动，完善权责清单和投资准入负面清单，取消证明事项162项。

65项城市品质提升工程完成年度投资46.64亿元，年度投资完成率115.6%。建设城央绿廊4千米的启动段，其中江南路、白水带大道、体育公园、釜山公园和江南文化广场等节点工程实施高标准建设。中央商务区、产业新城启动区日渐成型，进一步完善交通路网、市政基础设施、品牌学校、酒店公寓和商业配套等城市功能，相继建成一批高品质小区。开展“三清三拆三整治”“河道五清”“违法建设百日攻坚整治行动”“厕所革命”等专项行动，清拆、整治2.5万处共30多万平方米，新建和改建公厕89个，48个村（社区）达到卫生村建设标准。推进12个示范试点村工作，其中礼乐街道丰盛村整治工作经验在全市推广。污染防治攻坚战取得阶段性成果，“河长制”全面落实，主要河道水质及水生态环境显著改善，龙溪河、麻园河的重度黑臭现象基本消除。加快落实完成中央和省环保督察反馈问题整改工作。

全区民生投入11.66亿元，增长28.44%；居民人均可支配收入40620元，增长9.6%。教育支出3.5亿元，增长35.3%；义务教育“三二一”工程建成并投入使用，新增6000多个公办学位；新招录65名高素质高学历高职称教师。实现紧密型“医联体”建设，外海、礼乐两家合作医院医疗环境、技术水平、群众满意度大幅提升。全区62个村（社区）综合文化服务中心全部达到省级标准。推进扶贫攻坚工作，48户贫困户实现脱贫，全面完成三年攻坚任务，对口帮扶广西壮族自治区崇左市大新县17条贫困村3万多人实现脱贫。

全国农村社区治理实验区工作全面推进，12个试点村工作取得新进展。信访工作连续两年获得全国信访工作“三无”（无进京越级上访、无大规模集体上访、无因信访问题引发的极端恶性事件）县（区）称号。

【城乡建设】 全面开展城市品质提升“八大行动”和65项工程项目，年度投资45.01亿元。围绕江海中心区、高新产业新城的统筹规划建设，实行“一张蓝图干到底”的工作思路，高标准建设城市新区，完善区内“十纵十横”主次干道交通路网建设。城央绿廊作为城市品质提升的“一号工程”，计划用3年时间从江门船厂至港澳码头，沿江门河、西江边建设总长20千米，纵深1千米，高标准打造一条集休闲运动、工业遗存、总部经济及观光于一体的城市河滨休闲景观带。2018年投资3亿元实施胜利大桥至演艺中心4千米全要素升级改造，重点实施江南路“三道贯通”、釜山公园升级改造、建筑外立面改造等项目及沿线绿化、亮化的全面提升。五邑路扩建工程西起外海大桥，终点位于江门大道，全长11.775千米，其中江海段10.325千米，设计为一级公路兼城市快速道路，设计速度每小时80 千米，工程项目投资

19.04亿元。2018年完成投资4.5519亿元，重点工作内容是征地拆迁和建设工作，加快推进桩、台、梁工程建设。会港大道起于一行路平交口，终于江门大道东甲立交，全长9.3千米。受项目规模调整和建设投资方式调整影响，会港大道工程先行实施礼睦路至江门大道东甲立交部分，项目全长7.12千米，一级公路，路基宽40米，设计速度每小时80千米，双向8车道，概算总投资14.96亿元。2018年完成投资7030万元。进展情况完成征地130亩，先行段工程用地完成交地手续，礼东大桥东岸开展清表工作并进场施工。

【固定资产投资】 全区固定资产投资148.1亿元，增长18.7%。分经济类型看，国有经济投资11.1亿元，下降15.2%；港澳台、外商经济投资22.5亿元，增长6.1%；民营经济投资114.5亿元，增长26.7%。分产业看，第二产业投资41.3亿元，增长27.9%；第三产业投资106.8亿元，增长15.5%。分类别看，工业项目投资41.3亿元，增长27.9%，占全区固定资产投资的27.9%；房地产开发投资76.4亿元，增长37.8%，占全区固定资产投资的51.5%；基础设施投资25.5亿元，增长24.8%，占全区固定资产投资的17.2%。

【工业】 全区工业总产值实现534.9亿元，增长15%。首次突破500亿元关口,工业增加值增长11.5%。在2018年度公布的全国157家国家高新区排名中，江门高新区综合排名从64位提升至62位。规模以上工业增加值112.4亿元，增长12.4%；先进制造业、装备制造业和高技术产业增加值分别增长8.9%、13%、20.2%，增速位居全市前列。新增规模以上装备制造企业18家，新增母机制造企业5家，新签约投资超亿元装备制造业项目8个，覆盖新能源汽车、机器人等领域。新增智能制造试点示范项目1个，申报“上云上平台”项目企业13家。骨干企业（集团）9家共实现产值215.4亿元，占全区工业产值44%。其中优美科长信产值60亿元，增长150%；科恒实业列入市骨干企业名录并实现产值增长30%。企业转型升级再上新台阶，全年获批各级企业扶持资金1.37亿元。推动企业实施“智能制造”和“机器人应用”工程，新增机器人设备180套。67项市重点项目完成年度投资额108.35亿元，完成年度计划的139%，投资完成率位居全市第二。技改投资完成 31.16 亿元，工业技改备案项目 76个，增加25 个。规模以上工业综合能源消费量64.86万吨标准煤，下降3.1%。全社会用电量28.32亿千瓦时，增长6%。其中第一产业用电量0.45亿千瓦时，增长9%；第二产业用电量23.02亿千瓦时，增长5%，其中工业用电量22.58亿千瓦时，增长4.9%；第三产业用电量2.21亿千瓦时，增长12.2%；城乡居民用电量2.64亿千瓦时，增长10.2%。

【农业】 农业总产值8.87亿元，增长6%。落实“三农”政策，推动乡村振兴政策落地生根。全面推进乡村人居环境综合整治，全区累计完成“三清理”4511宗，“三拆除”706宗（处）、36638平方米，“三整治”727处。深化农业农村提质改革，全区确权任务的行政村31个，共确认家庭承包地块面积51532亩、地块数1014块，完成农户签印确认16535户，颁证率99.4%，顺利通过省级验收。加快农村基础设施建设，完成2015-2016年项目工程建设，2017年项目工程进场开工，开展2018年项目工程的前期工作，整体进度位居全市前列。全面完成脱贫攻坚工作，对建档立卡贫困户170户575人实现精准帮扶，实施产业扶贫项目4个、资产收益项目5个、创业扶贫项目1个，全区80%以上的贫困户参与产业扶贫和资产收益扶贫项目，农村贫困户年人均纯收入达到7832元以上、城镇贫困户年人均纯收入达到12600元。贫困户159户544人全部达到脱贫标准，保障户11户31人全部实施低保兜底政策，100%完成三年脱贫攻坚目标任务。加快水田垦造，开展礼乐街道丰盛村补充耕地提质改造、东红村现有耕地提质改造和威西村现有耕地提质改造等3个项目共1025.04亩。做好土地供应工作，供应土地16宗、面积1194.4亩。

【财政】 全区一般公共预算收入13.42亿元，增长11.7%；一般公共预算支出17.76亿元，增长20.4%，其中教育支出3.51亿元，增长35.3%。税收总额52.20亿元，增长18.7%。科技金融深度融合，企业诚信度进一步提升，全区177家企业获得诚信绿卡企业称号。实现主要商业银行科技支行全覆盖，新设立广东华兴银行高新支行，全年针对44个项目发放科技贷款2.46亿元，有效推动信贷资源向科技型企业倾斜。企业获市级研发融资奖补4家，获奖补企业数及获奖补金额均为全市第一。全区共有本土培育上市企业9家，进入上市辅导阶段企业12家。签订《关于江门高新技术产业开发区管理委员会与澳门工商银行深化江澳合作携手共建大湾区的框架协议》，推动江澳金融合作高质量发展。“信用促金融”“两江模式”信用体系建设获全国高新技术园区信用联盟肯定。

【经济贸易与商业】 全年外贸进出口总额256.6亿元，增长26.1%。其中进口总额78.3亿元，增长30.1%；出口总额178.3亿元，增长24.4%。外商直接投资1.55亿美元，增长65.7%；合同利用外资额4.01亿美元，增长114.6%。全区实现社会消费品零售总额51.05亿元，增长2.4%，其中批发零售业实现零售额46.58亿元，增长1%；住宿餐饮业实现零售额4.48亿元，增长19.9%。

【科技】 全年地方一般公共预算科学技术支出1.57亿元，增长14.5%。研发经费支出占地区生产总值3.36%，居全市首位。年末国家级高新技术企业273家；全年新增国家级高新技术企业99家。建立工程研究中心246家，其中省级工程研究中心68家。全年申请专利3432件，增长9.3%；专利授权量2254件，增长46.5%。发明专利授权量166件，增长29.7%。全区专利授权量1863件，增长50.85%。累计入库科技型小微企业607家，高新技术企业273家。规模以上工业企业研发机构覆盖率62.3%，位列全市第一，主营业务5亿元以上工业企业实现研发机构全覆盖。全区共有省市级新型研发机构10家，市级工程技术研究中心223家。建有科技企业孵化器8家、众创空间9家。围绕小微双创核心基地和重点基地建成超30万平方米创业创新载体，申报国家新一轮小微双创升级载体，获国家专项扶持资金2500万元。连续4年被评为全国火炬统计工作先进单位；在创新驱动发展工作考核中，综合评分全市第一。

【教育·文化·体育】 推进学校升级改造工程，中路小学、礼乐中心小学等2幢新教学楼建成投入使用；麻园中学、礼乐中心小学、武东小学、华兴小学运动场改造完成并投入使用；推进外海中心小学教学楼和体育馆、礼乐二中运动场等项目建设。全区新增校舍面积47994平方米。外海中心小学被评为全国中小学科学教育体验活动示范学校，银泉小学被评为广东省科普示范校。礼乐中心小学、天鹅湾小学分别被评为省、市依法治校示范校。小学一年级外地生源占比53.4%，依法保障外来人员子女接受义务教育的权利。全区村居综合文化服务中心建设全覆盖。24小时自助图书馆实现免费开放。区文化馆开展免费艺术培训、讲座、展览和“暑假夏令营”“少儿冬令营”等免费活动,提供168个免费培训课时，惠及5040人次。搭建群众文化活动新平台，举办“龙狮文化节”“葡萄音乐节”和“第七届文化艺术节”，结合传统节日开展各种大型文化活动。新建成10万平方米的龙溪湖社区体育公园，配套足球场、篮球场、绿色跑道、文体汇、健身路径等，全区文体广场增至64个。结合创文工作，对各街道、社区（村）原有露天体育健身器材进行排查、维修和更新，投入20多万元，对外海、礼乐、江南街道维修维护器材160多件，更新更换40多件，在上年率先在全市建成“十五分钟健身圈”基础上，完善“健身圈”建设。群众体育品牌活动“体彩杯”趣味运动会深入社区、村举办60场，今年新增“体彩杯”广场大明星、民间私伙局、功夫少年、电竞表演等活动。

【卫生】 全区有各级各类医疗机构99间，其中综合医院2家、中西医结合医院1家、社区卫生服务机构6家；门诊部10家，诊所、医务室等80家。各级、各类医疗卫生机构卫生技术人员940人，其中执业（助理）医师373人，注册护士411人，药师66人，平均每千人口卫技人员数3.24人。住院编制床位525张，实际开放床位537张，实际开放床位每千人口床位1.85张。家庭医生签约服务整合基本公共卫生和基本医疗资源，制订计划生育特殊家庭、残疾人和贫困人口等特殊家庭的签约方案，确定工作目标和签约服务包，各社区卫生服务中心均建设家庭医生服务区。全区建立家庭医生式服务团队26个，签约95212人，全区重点人群签约40721人，残疾人签约2697人，贫困人口签约1131人，计划生育特殊家庭签约246人。

【人民生活】 全区城镇居民人均可支配收入40620元，增长9.6%。城镇新增就业人数5892人，城镇失业人员再就业5093人，就业困难人员实现再就业438人，城镇登记失业率2.38%；农村劳动力转移就业975人。城镇最低生活保障户数129户190人，全年城镇最低生活保障金支出250.54万元；农村最低生活保障户数140户230人，全年农村最低生活保障金支出363.7万元。

党政机关

DANG ZHENG JI GUAN

中共江门高新区工作委员会·中共江海区委员会

□ 党委工作

【党委会议】 1月16日召开。会议传达贯彻中央109号、省委29号、粤批167号、省委28号、市委1号文件有关精神，听取区委宣传部关于全区2017年意识形态工作情况汇报，研究分析全区意识形态工作形势，研究区办公室《关于进一步规范高新区（江海区）党政重要会议的意见》，研究并同意区纪委提交的江海纪〔2018〕1号文有关事项，传达2018年领导干部个人有关事项的填报要求、注意事项及相关纪律规定，研究人事议题。

2月2日召开。会议传达学习《中国共产党第十九届中央委员会第二次全体会议公报》有关精神，传达贯彻中央纪委十九届二次全会、省纪委十二届二次全会精神，传达学习习近平总书记重要批示和中央、省委、市委扫黑除恶专项斗争电视电话会议精神，传达贯彻全省、全市组织部长会议精神，研究并原则同意区纪委《关于召开中国共产党江门高新区纪律检查工作委员会2018年工作会议暨中国共产党江门市江海区第九届纪律检查委员会第三次全体会议的请示》《纪委工作报告》，研究并同意区考评办《高新区（江海区）经济社会发展绩效考评及奖励情况》、区办公室《江门高新区（江海区）贯彻落实中央“八项规定”精神实施细则（送审稿）》，听取区委政法委关于全区2017年反邪教工作情况汇报，研究分析反邪教工作形势；研究人事议题。

2月27日召开。会议传达学习市委常委会议关于深入学习贯彻《习近平谈治国理政（第二卷）》有关精神，传达贯彻省委复退军人服务稳定工作会议和中央维稳办“2·24”专题视频会议精神，并就“两会”期间全区安保维稳工作进行动员部署。传达贯彻中央、省委关于坚决全面彻底肃清李嘉、万庆良流毒影响的有关文件精神，研究并同意区办公室《江门高新区党工委、江海区委关于加强和改进党的群团工作的实施意见（送审稿）》。

3月16日召开。会议研究并同意有关人事问题。

3月22日召开。会议传达贯彻党的十九届三中全会精神、全国反恐专题视频会议精神和市委宣传部长会议精神，会议研究并同意工业园公司《关于成立江门市高新技术工业园有限公司党组的请示》、区监察委《关于给予李伟煜同志行政撤职处分的请示》和区纪委《关于建议罢免李伟煜人大代表职务的请示》，听取区党委巡察办关于区党委第二轮巡察情况汇报；研究人事议题。

4月28日召开。会议传达学习贯彻习近平总书记在庆祝海南建省办经济特区30周年大会上的重要讲话、在博鳌亚洲论坛2018年年会上的主旨演讲和《中共中央、国务院关于支持海南全面深化改革开放的指导意见》精神，贯彻全省安全生产工作电视电话会议精神，传达学习省委书记李希在省委理论学习中心组学习会上的讲话精神，传达中央、省委和市委全面深化改革领导小组会议精神，研究并原则同意区总工会《关于制定〈江门市江海区总工会改革实施方案〉的请示》、区团委《江海共青团改革实施方案（讨论稿）》、区妇联《关于审核江海区妇联改革实施方案的请示》、区科协《关于制定〈江门市江海区科协系统深化改革实施方案〉的请示》、区文联《关于制定〈江海区文联改革实施方案〉的请示》、区侨联《关于报送区侨联改革实施方案的请示》，通报2017年度党（工）委（党组）书记抓党建工作述职评议情况；研究人事议题。

5月9日召开。会议传达学习江门市委书记林应武在江门市领导干部深入学习贯彻习近平总书记重要讲话精神专题研讨班开班仪式上的讲话精神以及省委党的建设工作领导小组会议、全省乡村振兴工作会议、全省科技创新大会系列会议精神并研究贯彻落实意见，传达学习中组部基层党建工作重点任务推进会精神。通报区人民检察院开展公益诉求工作情况。

5月18日召开。会议研究并同意关于江门市长优实业有限公司跨省非法转移倾倒固体废物安检责任追究的核查报告，要求纪委、组织部门按程序做好有关工作。

5月25日召开。会议传达学习贯彻省环境保护厅督导工作会议精神，传达中央审计委员会第一次会议精神及中纪委通报曝光六起生态环境损害责任追究典型问题情况和全国、全省、全市统战部长会议精神。

6月12日召开。会议传达学习中共广东省委十二届四次全体会议及市委常委会议精神，研究贯彻落实措施，会议传达学习贯彻习近平总书记在全国生态环境保护大会上的重要讲话精神，会议传达贯彻中央、省委、市委保密委员会全体会议精神；研究并同意区总工会《关于推荐张海花同志为中国工会十七大代表大会代表候选人的请示》，研究并原则同意区改革办《江门高新区党工委、江海区委全面深化改革领导小组规则（送审稿）》《江门高新区党工委、江海区委全面深化改革领导小组专项小组工作规则（送审稿）》《江门高新区党工委、江海区委全面深化改革领导小组办公室工作细则（送审稿）》；研究人事议题。

7月4日召开。会议传达省委书记李希在江门调研时的指示精神，研究具体贯彻落实措施；传达贯彻省、市领导批示精神，传达学习《中共中央 国务院关于全面加强生态环境保护坚决打好污染防治攻坚战的意见》有关精神，传达贯彻全省生态环境保护大会暨污染防治攻坚战工作推进会议精神、《中央巡视工作规划（2018—2022年）》推进会精神，传达贯彻国务院安委会贯彻落实《地方党政领导干部安全生产责任制规定》电视电话会议精神，学习《中华人民共和国安全生产法》，通报近期安全生产工作情况。传达贯彻全省加强基层党组织建设工作会议精神，通报2018年上半年反邪教工作情况，研究并原则同意区办公室《江门市江海区党内规范性文件制定及备案工作规程（试行）》、《中共江门市江海区委办公室关于做好党组（党委）规范性文件报送备案工作的通知》。研究并原则同意区委组织部《关于成立江门高新区党工委、江海区委深化机构改革工作领导小组的请示》，通报2017年度县城经济社会发民考核指导和江门市管干部年度考核等次。

7月20日召开。会议研究并原则同意区办公室《关于进一步加强高新区（江海区）党政机关国内公务接待管理实施意见》，传达贯彻市扫黑除恶专项斗争工作推进会精神，传达学习全国组织工作会议精神和全国、全省、全市组织部门新时代激励干部新担当新作为暨加强改进选调生工作座谈会精神、全市组织部长座谈会精神及市委组织部关于贯彻落实广东省加强党的基层组织建设三年行动计划（2018—2020年）工作精神，传达学习习近平总书记在十九届中央政治局第六次集体学习时的讲话精神，研究并同意区纪委《关于推进区纪委监委派驻机构改革工作的请示》；研究人事议题。

8月3日召开。会议传达贯彻全省组织工作会议精神，省委、市委关于中央第十二巡视组反馈意见的整改落实方案的精神，研究并原则同意区办公室《中共高新区工委 江海区委关于中央第十二巡视组反馈意见的整改落实方案》《中共江门市江海区人民政府党组关于中央第十二巡视组反馈意见的整改落实方案》，根据市委办反馈意见修改完善的《江门市江海区总工会改革实施方案》。

7月26日召开。会议通报江门高新区（江海区）2018年上半年意识形态工作情况，研究并原则同意区办公室《中共江门高新区工作委员会工作会议暨中共江门市江海区第九届委员会第六次全体会议工作方案（送审稿）》《彭章瑞同志在中共江门高新区工作委员会工作会议暨中共江门市江海区第九届委员会第六次全体会议上的讲话（送审稿）》《汤惠红同志就十二项三年行动计划的解读说明（送审稿）》《中共江门高新区工作委员会工作会议暨中共江门市江海区第九届委员会第六次全体会议决议（草案）》《中共江门高新区工委 中共江门市江海区委关于深入学习贯彻落实习近平总书记重要讲话精神奋力实现“四个走在全国前列”的实施意见（送审稿）》、区委组织部《中共高新区工委中共江海区委关于全面加强新时代党的建设的实施意见（送审稿）》、区经济促进局《高新区（江海区）振兴实体经济三年行动计划（2018—2020年）》《高新区（江海区）实施乡村振兴战略三年行动计划（2018—2020年）》、区科技创新局《高新区（江海区）推进创新驱动三年行动计划（2018—2020年）》、区环保局《高新区（江海区）打好环保攻坚战三年行动计划（2018—2020年）》、区住建水务局《高新区（江海区）实施城市品质提升三年行动计划（2018—2020年）》、区教育局《高新区（江海区）加快教育质量提升三年行动计划（2018—2020年）》、区委组织部《高新区（江海区）推进人才强区战略三年行动计划（2018—2020年）》《高新区（江海区）推进基层党建三年行动计划（2018—2020年）》、区社会事务局《高新区（江海区）推进农村社区治理三年行动计划（2018—2020年）》、区市场监管局《高新区（江海区）优化营商环境三年行动计划（2018—2020年）》、区委政法委《高新区（江海区）建设平安江海三年行动计划（2018—2020年）》、区财政局《高新区（江海区）做强国资平台三年行动计划（2018—2020年）》，区人大常委会党组《关于补选和另行选举余志坚等九位同志为江海区第十届人大代表的请示》、区妇联《关于召开江海区妇女第七次代表大会的请示》，研究并同意区委组织部关于推荐优秀街道党工委书记参加全市加强基层党组织建设工作会议述职的建议人选。

8月24日召开。会议传达学习习近平在深入推动长江经济带发展座谈会上的讲话精神和在全国宣传思想工作会议上的讲话精神，传达贯彻市委关于中央巡视反馈意见整改落实工作和扫黑除恶专项斗争工作专题会议精神，并研究具体贯彻落实措施，市加强基层党组织建设工作会议精神，研究并传达贯彻原则同意区监察委员会《关于印发〈关于江门市江海区监察委员会向街道派出监察组的工作方案〉请示》、区人大常委会党组《关于江门市江海区第十届人民代表大会第四次会议有关事项的请示》《关于区十届人大四次会议补选常委会委员候选人建议名单的请示》；研究纪委监委和人事议题。

9月4日召开。会议传达学习习近平总书记在中央全面依法治国委员会第一次会议上的讲话精神和在推进“一带一路”建设工作5周年座谈会上的重要讲话精神；研究人事议题。

9月20日召开。会议传达学习修订后的《中国共产党纪律处分条例》、习近平在全国教育大会上的重要讲话精神，中央全面深化改革委员会第三次会议、省委全面深化改革领导小组第七次会议、市委全面深化改革领导小组第十一次会议精神，传达贯彻全市组织工作会议精神、广东省委巡视工作领导小组印发的《关于全省村级党组织巡察全覆盖的指导意见》精神，研究并原则同意区委巡察办《关于江门高新区（江海区）党委巡察工作规划的请示》、区纪委《关于印发〈江门高新区（江海区）基层正风反腐三年行动实施方案（2018—2020年）〉的请示》。

10月12日召开。会议传达学习习近平总书记在中共中央政治局第八次集体学习的讲话精神、中央全面深化改革委员会第四次会议精神，传达贯彻省委十二届五次全体会议及市委常委会会议精神、市委书记林应武的贯彻落实意见并研究贯彻落实意见，省、市领导干部党章党规党纪教育培训班精神，传达学习《关于认真做好领导干部违规干预统计工作记录台账填报工作的通知》精神，研究并原则同意区编办《关于提请印发〈江门高新区复制推广“证照分离”改革试点深化实施方案〉的请示》、工业园公司《关于审定工业园公司运营管理方案及配套子制度请示》，通报高新区（江海区）扫黑除恶专项斗争阶段性工作情况；研究人事议题。

10月30日召开。会议专题传达学习习近平总书记重要讲话精神，传达贯彻中央扫黑除恶第8督导组督导广东省工作情况反馈会会议精神，传达学习全省宣传思想工作会议精神；研究人事议题和区政府领导班子分工有关事宜。

11月1日召开。会议传达学习习近平总书记视察广东重要讲话精神。

11月20日召开。会议传达学习贯彻习近平总书记在民营企业座谈会上的讲话精神并研究部署全区贯彻落实工作，传达全国、全省、全市反恐怖工作领导小组会议暨全国、全省、全市反恐怖工作视频会议精神，传达贯彻中共中央办公厅印发《关于深化中央纪委国家监委派驻机构改革的意见》精神和深化中央纪委国家监委派驻机构改革动员部署会精神，传达学习贯彻省、市党委系统办公室主任会议精神，传达《关于迅速组织学习掌握宗教政策法规应知应会内容的通知》精神，研究并原则同意区委宣传部《关于审定〈高新区（江海区）党委（党组）意识形态工作责任制检查考核实施方案（送审稿）〉的请示》；研究人事议题。

11月25日召开。会议专题研究区退役军人事务局筹备有关事项，研究并同意组织部《江海区退役军人事务局筹备组筹建工作方案（送审稿）》《江海区退役军人事务局筹备工作领导小姐（送审稿）》《江海区退役军人事务局筹备组机构编制方案（送审稿）》《江海区退役军人事务局筹备组工作人员安排方案》。

12月7日召开。会议传达学习贯彻习近平总书记同中华全国总工会新一届领导班子成员集体谈话时的重要讲话精神和与全国妇联新一届领导班子成员集体谈话时的重要讲话精神，传达江门市县党委巡察工作推进会议精神，通报高新区（江海区）宗教工作有关情况；研究人事议题。

12月17日召开。会议传达学习中共中央政治局12月13日会议精神，传达贯彻全省抓党建促乡村振兴暨红色村党建示范工程现场会议精神，传达江门市人才工作领导小组会议精神，学习《中国共产党支部工作条例（试行）》，研究并原则同意区编办《关于提请印发〈高新区（江海区）深入推进审批服务便民化工作实施方案〉的请示》、区食安办《关于审定〈高新区（江海区）关于落实江门市食品安全党政同责实施意见的措施（送审稿）〉的请示》、区办公室《关于加强党内法规制度建设实施意见（送审稿）》、区委组织部《江门高新区（江海区）全覆盖派驻村（社区）第一书记工作方案》。

【联席会议】 2月2日召开。会议研究并原则同意区环境保护局《关于印发〈江门高新区（江海区）各街道办事处及有关部门环境保护“一岗双责”责任制规定〉、〈江门高新区（江海区）环境保护“一岗双责”责任制考核办法（试行）〉的请示》，研究并同意区发改统计局《关于审议〈江门高新区（江海区）投资项目承诺制改革试点实施方案（送审稿）〉的请示》，研究并原则同意区住建水务局《关于审批2018年高新区（江海区）城市建设项目计划的请示》，研究并同意区财政局和区委组织部《关于审批〈高新区、江海区党政机关和事业单位培训费管理办法〉的请示》、外海街道办事处《关于对马鬃沙农场自留用地进行货币补偿的请示》、江南街道办事处《关于胜利南路项目五星经济社留用地问题的请示》《关于划拨历史留用地货币补偿资金的请示》，研究并原则同意区经济促进局《关于审定华夏幸福合作区域内企业名录的请示》、区产城办《关于推进江门高新产业新城省重点学校建设的请示》《关于明确合作区域范围内基础设施、公共设施建设项目申报和实施主体的请示》，研究区产城办《关于审核〈江门高新技术产业开发区、江海区约定区域合作项目投入审计服务采购项目招标文件（送审稿）〉和〈江门高新技术产业开发区、江海区约定区域建设工程项目（需移交政府部分）概算、预算及结算审核服务资格招标文件（送审稿）〉的请示》，听取区法制局关于政府规范性文件清理工作情况汇报，通报《关于公布2017年江门高新区（江海区）政府规范性文件清理结果的决定》。

2月27日召开。会议传达贯彻市政府全体会议、市政府常务会议有关精神、全省安全监管工作电视电话会议精神，研究并同意区外侨局《关于上报〈2018年江门高新区（江海区）香港、澳门投资环境推介会工作方案〉的请示》，研究并原则同意区产城办《关于审定江门高新区（江海区）约定区域项目立项、规划等管理制度的请示》、区发改统计局《关于审议〈高新区（江海区）城市基础设施、公共建筑工程代建制管理暂行办法〉（送审稿）的请示》区教育局和区财政局《关于审定2018年区本级教育费附加和地方教育发展专项经费支出计划的请示》，研究并同意区三资融合办《关于签订〈珠西先进产业优秀人才“双创”园认购协议书〉的请示》，研究并原则同意区普法办《关于印发〈2018年度江门高新区（江海区）联席会议学法计划〉的请示》，研究并同意区法制局《关于提请审议2018年度政府规范性文件制定计划的请示》，研究并原则同意区办公室《2018年高新区（江海区）重点工作和重点项目计划（送审稿）》。

3月22日召开。会议研究并原则同意区委政法委《关于安排扫黑除恶专项斗争工作经费的请示》、区公安分局《关于解决发放“重大安保活动慰问金”经费的请示》，研究并原则同意区科技创新局《关于印发〈江门市江海区国家知识产权强县工程示范区工作方案〉的请示》。

3月28日召开。会议研究并原则同意推进江门高新华众玻璃有限公司关停工作领导小组《关于给予江门高新华众玻璃有限公司关闭搬迁政策扶持的请示》，研究并同意区经济促进局、区财政局、区社会事务局、区环保局《关于审定江门高新华众玻璃有限公司关停（搬迁）补助方案的请示》。

4月28日召开。会议听取推进江门高新华众玻璃有限公司关停工作领导小组工作关于华众玻璃停产关闭工作进展情况汇报，研究并原则同意区国土环保局《关于江门高新区（江海区）城央绿廊城市设计及启动区详细规划编制招标的请示》、区创文办《关于预拨文明城市基础设施建设经费的请示》、区计划生育目标管理责任制考核办公室《关于印发2017年度计划生育目标管理责任制考评情况通报的请示》，听取区食品药品监督管理局关于全区2017年食品安全工作情况汇报；会议学习《中华人民共和国民法总则》并听取区人民法院关于《民法总则要点解读》的专题授课。

5月9日召开。会议听取推进江门高新华众玻璃有限公司关停工作领导小组关于华众玻璃停产关闭工作进展情况汇报，研究并原则同意区诚信体系建设工作联席会议办公室《关于印发〈江门高新区（江海区）加强政务系统诚信建设实施方案〉的请示》、区国土环保局和区财政局《关于划拨广珠城际轨道交通项目历史留用地补偿款的请示》，研究区防汛防旱防风指挥部办公室《关于急需解决我区在三防系统标准化建设问题的请示》，研究并原则同意区环境保护局《关于新增一个大气自动检测站建设任务的请示》，听取区科技创新局关于江门大健康国际创新研究院建设情况的汇报，研究《五邑大学关于签署〈江门高新技术产业开发区五邑大学共建江门大健康国际创新研究院合作协议书补充协议书〉的函》，原则同意与五邑大学签订该《补充协议》，研究并同意区法制局《关于提请审议〈江门高新区（江海区）城乡居民临时救助实施办法〉的请示》《关于提请审议〈江门高新区（江海区）城乡困难群体医疗救助实施办法〉的请示》。

5月25日召开。会议研究并原则同意区法制局《关于提请审议〈江门高新区（江海区）政府投资项目管理办法〉的请示》、江南街道《关于江南街道土地收储项目银星经济社周屋围地块补偿问题的请示》，研究并同意区教育局《关于解决江门市启智学校扩建工程建设资金的请示》，研究并原则同意区社会事务局、区委组织部、区财政局《关于审议〈机关事业单位工作人员养老保险制度改革有关人员参保问题的处理意见（送审稿）〉的请示》。

6月12日召开。会议传达贯彻省委李希书记、市委林应武书记及市有关领导对三防工作批示精神，研究并原则同意区委政法委《关于印发加强依法治区法治政府创建若干意见和2018年若干措施任务分解表通知的请示》，研究区经济促进局《关于印发定〈江海区粮食生产功能区实施方案〉的请示》，研究并原则同意区经济促进局和区财政局联合《关于审定〈江门市江海区小微双创示范基地追加奖励资金分配方案（送审稿）〉的请示》、区医改办《关于审定〈江门高新区（江海区）深化医药卫生体制综合改革实施方案（送审稿）〉的请示》、礼乐街道办事处《关于审核〈德昌电机周边配套基础设施项目征地拆迁补偿方案〉的请示》《关于审核〈东海路改线及礼东电排站工程征地拆迁补偿方案〉的请示》、江南街道办事处《关于开展西江沿岸品质提升工程专项补助的请示》、区科技创新局《关于拨付2017年度国家高新技术企业认定等扶持资金的请示》、江门市江海区第二次全国污染源普查工作领导小组办公室《关于追加江门市江海区第二次全国污染源普查专项经费的请示》、区社会事务局《关于审定〈江门高新区（江海区）2018年慈善公益活动方案〉的请示》。

7月4日召开。会议研究并原则同意区法制局《关于提请审议〈江门高新区（江海区）推动科技创新办法〉的请示》、区考核办《关于报送〈2018年度江门高新区（江海区）经济社会发展绩效考核实施方案〉的请示》、区财政局《关于印发〈江海区政府性债务管理办法〉的请示》，研究区委政法委《关于印发〈高新区（江海区）2018年全面依法治区工作要点〉的请示》，研究并原则同意区委政法委《关于解决村（社区）综治视联网设备经费的请示》、礼乐街道办事处《关于申请解决江珠高速征地拆迁历史遗留问题调处化解经费的报告》，研究同意区教育局《关于外海中心小学与直冲村合作建设直冲校区的请示》，研究并原则同意区教育局《关于审批江海区人民政府与江门市第一中学合作引进建设优质民办学校协议的请示》，研究并同意区司法局《关于印发〈国家机关"谁执法 谁普法"普法责任制实施意见〉的请示》，研究并原则同意礼乐街道办事处《关于审核礼乐民生化工厂拆迁补偿方案的请示》，传达贯彻全市食品安全工作会议暨创建广东省食品安全示范城市工作推进会精神。

7月20日召开。会议研究并原则同意礼乐街道办事处《关于审核〈会港大道工程（胜利南路延长线至东甲立交段）征地拆迁补偿方案〉的请示》、区国土环保《关于解决老滘围征地项目后续收地和建设资金的请示》、工业园公司《关于产业加速园项目场所安排及相关问题的请示》《关于工业园公司2018年融资计划的请示》、区经济促进局《关于拨付德昌电机产业城项目专项搬迁补助的请示》；学习《中华人民共和国招标投标法》。

8月3日召开。会议研究并原则同意区国土环保局《关于审定〈高新区（江海区）完善工业用地供给侧制度促进供给侧结构性改革管理办法〉的请示》。

9月4日召开。研究区经济促进局《关于印发〈江门高新区（江海区）化工、玻璃、制革、造纸、陶瓷企业关停搬迁改造及监管实施方案〉的请示》，研究并原则同意区国土环保局《关于申请审批〈江门市江海区土地整治规划（2016—2020年）〉的请示》《关于加快推进我区地质灾害工程治理的请示》、区国土环保局《关于审定〈南山路（江海路—五邑路）工程征地拆迁补偿方案〉的请示》、高新区总部科技园有限公司《关于高新区44号地项目土地置换有关事项的请示》、科技招商专责小组《科技招商专责小组关于启迪之星项目合作的请示》、江海区土地储备中心《关于收回中国石化集团资产经营管理有限公司广东石油分公司地块使用权的请示》、区住建水务局《关于江海区建设工程质量检测站基桩及地基静载试验设备运输安装项目（2018—2021年）纳入预算计划的请示》、区住建水务局和区财政局《关于2017年省级治污保洁和节能减排专项资金使用计划的请示》区公安分局《关于解决民警法定工作日之外加班补贴及值勤岗位津贴的请示》《关于解决叶志恒同志抚恤金的请示》；学习《广东省食品安全条例》。

9月20日召开。会议研究并原则同意区财政局《关于审批〈关于深化高新（江海）区预算编制执行监督管理改革的意见〉的请示》、外海街道办事处《关于补偿七东村征地差价的请示》，研究江南街道办事处《关于加快改造河南下沙3号地块的请示》，原则同意地块中有关市土储中心收地成本的资金安排，暂不纳入城央绿廊首开区，待条件成熟后另行研究，研究并原则同意工业园公司《关于修改江门高新区火炬大厦入驻项目租金优惠管理办法及相关事项的请示》区公安分局《关于解决智慧新警务建设经费的请示》。

10月12日召开。会议研究并原则同意区组织部《关于新增党建工作经费的请示》、区外侨局提交的《关于审定〈关于加快推进江门“侨梦苑”核心区建设的若干政策措施（草案）〉的请示》、区产城办和区住建水务局《关于调整江睦路（中江高速至云沁路）工程建设实施主体的请示》、外海街道办事处《关于审核江睦路（云沁路—高新路）扩建项目征地拆迁补偿方案的请示》《关于划拨江门一中附属初中项目补偿资金的请示》《关于外海街道落实河长制沿江（河）环境综合整治方案的请示》、礼乐街道办事处《关于礼乐街道落实河长制沿江（河）环境综合整治方案的请示》、江南街道办事处《关于江南街道落实河长制沿江（河）环境综合整治方案的请示》，区住建水务局《关于申请黑臭水体整治相关经费的请示》《关于调整龙溪河、麻园河、马鬃沙河黑臭水体综合治理工程PPP项目征地拆迁费用的请示》、区财政局《关于印发〈高新区（江海区）区本级财政性资金支出审批权限规定（暂行）〉的请示》、区科技创新局《关于申请使用2018年度江门高新区（江海区）科技创新扶持资金的请示》。

10月30日召开。会议研究并原则同意外海街道办事处《关于划拨南山路（江海路—五邑路）工程征地拆迁补偿款的请示》、礼乐街道办事处《关于审核〈礼东路（环镇路—礼睦路）改扩建工程（一期）征地拆迁补偿方案〉的请示》、区法制局《关于提请印发〈关于新形势下加强和改进我区行政复议、行政应诉工作的实施意见〉的请示》、区财政局和区社会事务局《关于审定高新区（江海区）养老保险基金值增值方案的请示》。

11月20日召开。会议研究并原则同意区发改统计局《关于审议江门高新区（江海区）投资准入负面清单（2018年本）的请示》、外海街道办事处《关于审核南方职院出入口道路工程征地拆迁补偿方案的请示》、礼乐街道办事处《关于审核〈东海路（礼睦路—礼乐大桥）西侧地块填土收地补偿方案〉的请示》和区财政局《关于审定〈高新区（江海区）本级社会保险基金增值保值存放操作暂行办法（试行）〉的请示》。

12月7日召开。会议传达国务院、省、市危险化学品安全生产专题视频会议精神，研究全区贯彻落实措施，传达贯彻江门市高尔夫球场清理整治工作“回头看”会议精神，研究并原则同意区三防办《关于2018年中央特大防汛抗旱补助资金及市级防汛抢险救灾补助资金、台风“山竹”抢险救灾市级专项补助资金使用计划的请示》、外海街道办事处《关于审核连海路（五邑路—金瓯路）扩建项目征地拆迁补偿方案的请示》、江海区土储中心《关于支付2018年度外海街道全征地留用地租金的请示》、礼乐街道办事处《关于划拨御澳食品项目征地及整理成本的请示》、区经济促进局《关于提请印发〈江海区全域畜禽禁养整治工作方案〉的请示》《关于将技术改造奖补资金、人才发展专项资金调剂为农产品质量安全等经费的请示》、区教育局《关于设立江门市江海区英才教育发展基金的请示》、区财政局《关于向区人大报告高新区（江海区）2018年财政预算调整方案的请示》，传达科技部火炬中心《关于通报2018年国家高新区评价（试行）结果的通知》（国科火字〔2018〕126号）。

12月17日召开。会议传达贯彻全国加强非洲猪瘟防控工作电视电话会议精神，研究并原则同意工业园公司《关于审定与华发集团合作开发房地产项目的请示》，江海区土地储备中心《关于审定收储江门市高新技术工业园有限公司名下地块土地使用权的请示》、江南街道办事处《关于审定富华花园解绑实施方案的请示》、区发改统计局《关于审议江门高新区（江海区）进一步深化投资项目承诺制改革试点方案的请示》、区住建水务局《关于审定江门高新区（江海区）综合交通运输体系发展“十三五”规划的请示》《关于审定江门高新区（江海区）新型城镇化“十三五”规划的请示》

12月25日召开。会议研究并原则同意全社会事务局《关于审定〈“高新工匠”培育实施方案（2018－2020年）（送审稿）〉的请示》、工业园公司《关于划回四块土地开发资金的请示》、区财政局提交的《关于新增2019年土储专项债券需求的请示》、区科技创新局《关于划拨“珠西科创中心”项目款项的请示》《关于划拨“双创园”项目款项的请示》《关于使用2018年度国家高新技术企业认定扶持资金的请示》；学习《江门市城市市容和环境卫生管理条例》。

【工作会议】 1月10日召开。会议听取区产业招商、科技招商和服务企业三个专责小组的工作情况汇报，对近期重点招商线索进行研究。

1月19日召开。会议就安置小区（银城花园、渔山小区）建设相关问题进行研究。

1月24日召开。LED项目指挥部会议。会议听取LED办对各项目进展情况的汇报，对连海苑安置小区收楼和办证相关问题进行研究。

3月20日召开。会议听取区住建水务局、区规划分局关于城市品质提升方面和城央绿廊方面的调研工作汇报，对有关工作作出部署和提出工作要求。

3月26日召开。会议对20公里城央绿廊项目推进问题进行研究。

3月28日召开。会议听取区产业招商、科技招商和服务企业三个专责小组的工作情况汇报，对近期重点招商线索进行研究。

4月2日召开。会议对胜利南路拆迁安置小区（银城花园、渔山小区）建设相关问题进行研究。

4月13日召开。会议通报礼乐街道违法用地和整治情况，对违法用地较为突出且部分图斑整改进度缓慢的礼乐街道办事处主要领导进行警示约谈。

4月14日召开。会议研究推进华众玻璃关闭搬迁有关工作。

4月20日召开。会议就推进江门高新华众玻璃公司关闭、搬迁的有关事宜进行研究。

同日召开。会议就银城花园和渔山小区工程量清单漏项和加快工程推进等问题进行讨论。

5月3日召开。会议听取区产业招商、科技招商和服务企业三个专责小组的工作情况汇报，对近期重点招商线索进行研究。

5月4日召开。会议对全区工业投资情况进

行督导。

5月8日召开。会议对江珠高速征地拆迁历史遗留问题化解经费问题进行研究。

5月16日召开。会议对高新区2、3、4号地整合开发工作进行研究。

5月25日召开。会议研究2018年改革工作安排。

5月28日召开。会议对全区房地产市场稳定工作进行研究。

5月29日召开。会议对辖区内新增违法建设涉及的39户、26户违法建设以及全面遏制等问题进行研究。

5月31日召开。会议听取江盛重工、奇德新材料、正大康地3个项目企业方和项目牵头责任单位的工作进展情况汇报，研究项目推进问题。

6月5日召开。会议对全区工业投资等指标问题进行研究。

6月11日召开。会议研究江海广场西侧道路征地拆迁相关问题。

6月12日召开。会议研究《中共江门高新区工委、江海区委全面深化改革领导小组规则》《中共江门高新区工委、江海区委全面深化改革领导小组专项小组工作规则》《中共江门高新区工委、江海区委全面深化改革领导小组办公室工作细则》。

6月20日召开。会议听取区产业招商、科技招商和服务企业三个专责小组的工作情况汇报，对近期重点招商线索进行研究。

6月26日召开。会议对全区2018年上半年经济指标预判进行研究。

7月2日召开。会议研究黑臭水体征地拆迁和沿河截污管网建设以及区内污水处理设施建设工作。

7月4日召开。会议研究外海金源加油站拆迁相关问题。

7月5日召开。会议对黑臭水体整治工程和白水带体育公园扩建工程涉及市级土储地块问题进行研究。

7月11日召开。会议对优美科项目专题研究。

同日召开。会议对全区河道堤防违章建筑“清违”工作进行研究

7月13日召开。会议对高新区2、3、4号地整合开发工作进行研究。

7月27日召开。会议研究解决被征地农民养老保障资金落实有关问题。

8月1日召开。会议对区青少年宫地上构筑物转为市中心医院江海分院医疗用房的问题进行研究。

8月8日召开。会议对江睦路（云沁路一优美科）项目、黑臭水体整治工程（合作区域段）、城镇污水处理厂提标改造项目、一行路项目等4个项目的进展情况和存在问题，进行研究。

8月15日召开。会议对推进全区“放管服”工作进行研究。

同日召开。会议听取区产业招商、科技招商和服务企业三个专责小组的工作情汇报，对近期重点招商线索进行研究。

8月28日召开。会议对全区经济形势进行分析研究。

9月30日召开。会议听取各街道、区发改统计局和区经济促进局推进工业投资等指落实情况，研究存在问题。

10月8日召开。会议听取区产业招商、科技招商和服务企业三个专责小组的工作情况汇报，对近期重点招商线索进行研究。

11月13日召开。会议对高新区2、3、4号地整合开发工作进行研究。

11月19日召开。会议听取区产业招商、科技招商、服务企业和项目落地专责小组的工作情况汇报，对近期重点招商线索进行研究。

11月29日召开。会议对全区市政道路升级改造问题进行研究。

12月17日召开。会议听取礼乐街道对朗晴小学周边厂企情况的汇报，研究解决学校门前厂房拆迁问题。

【重大决策】 1月19日，印发《江门高新区（江海区）创建省级健康促进县（区）工作方案》。

3月2日，印发《江门高新技术产业开发区、江海区约定区域项目立项管理办法》，从项目立项管理、概算管理、招投标管理、项目咨询与评估等方面进一步加强和规范江门高新技术产业开发区、江海区约定区域项目建设的管理，建立健全科学决策、实施和监督管理制度。该办法适用于江门高新技术产业开发区、江海区约定区域内所有新建、改建、扩建类等项目。江门高新技术产业开发区、江海区约定区域内所有项目为华夏幸福基业股份有限公司或其授权单位出资兴建的企业投资建设项目，项目立项按相关规定实行核准制或备案制。

4月25日，印发《关于印发〈江门市江海区“厕所革命”实施方案〉的通知》。

6月11日，印发《江门高新区（江海区）卫生系统开展粤桂扶贫协作对口大新县医疗帮扶工作方案》。

6月26日，印发《江海区公共场所卫生许可审批“告知承诺制”实施方案》。

8月21日，印发《高新区（江海区）关于推进乡村振兴战略的实施意见》，按照“3年取得重大进展、5年见到显著成效、10年实现根本改变”要求，为2035年乡村振兴取得决定性进展、2050年实现全面振兴奠定坚实基础。

9月10日，印发《江门高新区（江海区）村庄规划编制工作方案的通知》。

10月26日，印发《江门高新区（江海区）基本农田及其他耕地保护区级经济补偿实施细则的通知》。

12月4日，印发《高新区（江海区）进一步改善医疗服务行动计划实施方案（2018—2020）》。

【重大活动】 3月12—15日，在香港、澳门两地分别举行2018年江门高新区（江海区）香港、澳门投资环境推介会。

3月22日，为发挥江门、澳门地区的综合优势，加大两地金融合作的广度和深度，推动江澳现代产业一体化发展，与工商银行（澳门）共同签署深化江澳合作携手共建大湾区框架协议。

4月16日，举行江门高新区（江海区）“招商引资突破年”落实大会暨2018年春季重大工业项目集中签约仪式，并与倍量电子、恒昌盛、全球时代、科世得润、奇德新材料等企业共22个项目签订协议。

6月12日，发挥广东智能云制造项目示范带动作用，推动工业互联网发展，在江门高新区产业加速园举办工业互联网实训基地（江门）成立活动。

6月28日，开展“爱心满城·精准脱贫”江门高新区（江海区）2018年慈善公益活动，活动日举办慈善公益专项活动。

9月30日，区政府批准并公布江门市江海区第三批非物质文化遗产代表性项目名录，传统技艺非遗项目“礼乐传统木雕技艺”“礼乐脱脂鱼干制作技艺”纳入《江门市江海区第三批非物质文化遗产代表作名录》。

9月底，在全区“三二一”工程目标任务

“3+1”建成“交钥匙”工程天鹅湾小学的基础上，实验小学、朗晴小学、景贤小学3所公办小学竣工并如期开学。4所学校投入使用以后，增加学位6000多个，新增教育用地5万多平方米、校舍建筑面积4万多平方米，提前2年完成“十三五”规划新建学校的目标任务。

10月20—30日，举办江海区第七届文化艺术节，活动项目包括展览和比赛。

10月25日，举办2018江门高新区（江海区）深圳专场投资推介会。江门高新区（江海区）围绕智能装备制造、新能源新材料、电子信息及通信等战略性新兴产业，主动对接大型央企、知名民企和行业领军企业。

11月21日，江海区文化馆爱舞团节目《醒狮耀岭南》获邀到央视参与综艺频道《舞蹈世界》“舞蹈全民星”的录制，为江海区文艺精品首次登上央视舞台。

11月28日，举行江门高新区（江海区）“招商引资突破年”落实大会暨2018年秋季重大工业项目集中签约、集中动工活动，共有11个项目集中动工、18个项目签约。

12月6日，高新区（江海区）“三清三拆三整治”“河道五清”项目现场推进会暨“百日治违”攻坚誓师大会在礼乐街道丰盛村召开。

【调研工作】 结合全区各阶段重大工作部署，围绕发展全局，紧跟热点问题、突出问题和难点问题，开展战略性、综合性和政策性专题调研，印发《关于深入学习贯彻习近平总书记视察广东重要讲话精神深化“大学习、深调研、真落实”的调研工作方案》《贯彻落实〈中共广东省委关于深入学习贯彻落实习近平总书记重要讲话精神奋力实现“四个走在全国前列”的决定〉的实施意见》《中共江门高新区工委 中共江门市江海区委关于全面加强新时代党的建设的实施意见》等文件，组织开展和迎接市领导及兄弟单位考察调研20多次，其中组织区领导深调研活动2次，出台依法治区、农村社区治理等调研报告16篇，其中《关于江门高新区（江海区）加快创新驱动能力建设调研报告》《关于引入PPP模式开展黑臭水体综合治理的研究》《关于贯彻落实江门市人才新政情况的报告》等被《江门调研》采用。

【改革办工作】 发挥全面统筹协调推进的作用，推动全区深化改革各项工作。调整改革领导小组成员和各专项小组设置，出台《区委全面深化改革领导小组规则》《区委全面深化改革领导小组专项小组工作规则》《区委全面深化改革领导小组办公室工作细则》。部署2018年改革工作并制订《2018年改革工作安排》《改革任务责任清单》，通过召开专题会议，定期开展改革自查、改革情况汇报、督察等形式，学习贯彻落实中央、省、市改革精神，解决改革中碰到的问题。实施群团改革，出台《关于加强和改进党的群团工作的实施意见》和妇联、团区委、总工会、文联、科协、侨联6个群团组织改革方案，配合市改革办开展群团改革督导工作，做好改革工作台账和改革文件清单的整理汇总，及时上报改革进展及工作亮点情况。全年上报改革信息和情况汇报材料40多份，其中《江门高新区（江海区）在全省率先推行市场主体“e监管”》入选全市改革案例选编，多篇信息被刊登在市改革办《改革工作简报》。

【信息编发】 以时效性与实用性为突破口，注意挖掘基层诉求、横向比较，借鉴经验等，密切关注并及时收集社会经济发展动态和政策走向信息，多层面、多角度捕捉有价值的信息，不断拓宽信息报送工作面，稳步提升信息服务的质量和水平，为领导提供准确、快捷的信息服务。全年编写上报信息53期，其中《高新区（江海区）大力扶持民营企业发展壮大》《江海区深化儿童福利制度改革，构建特色适度普惠型体系》等10多篇信息被刊登在《江门信息》《江府信息》等专报。

【办文办会】 全年核发编号文件1652份，增长49%；重大会议纪要112份，督查通报40份。收办上级来文6482件，增长28%；收办请示报告1283件，增长26%。完成中共江门高新区工委2018年工作会议暨中共江门市江海区委九届五次、九届六次全体会议，江门高新区（江海区）招商引资突破年落实大会暨2018年春季重大工业项目集中签约活动以及秋季重大工业项目集中签约、集中动工活动，江门高新区（江海区）“三清三拆三整治”“河道五清”“百日治违”攻坚大会、江门市江海区第十届人民代表大会第三次会议等各类专项会议活动。办理中央、省、市召开会议721场次，区级工作会议269场次，全区性会议65场次。完成对1994年至2006年印发的党内规范性文件全面清理工作，审查党内规范性文件61份，其中予以废止23份、宣布失效22份、修订完善4份。向市委上报党内规范性文件备案审查34份。年内接收到区直各单位党组（党委）、街道党工委报送申请备案的党内规范性文件55份，审查符合党内规范性文件7份。上报政府规范性文件备案审查5份。

【保密工作】 围绕中央、省委、市委和区委保密委工作部署，深入开展保密宣传教育，强化保密管理。全年开展形式多样的保密宣传培训活动，包括组织10名涉密参加省保密局举办的涉密岗位人员业务培训班，组织各街道、区直机关涉密岗位人员1000人参与保密知识测试。根据江门市保密局《关于组织开展2018年机关、单位保密自查暨督查工作的通知》要求，对各街道、区直各单位的保密自查自纠情况进行督查。根据上级工作要求，查阅档案资料40多份，检查涉密计算机1台，互联网计算机30多台。根据江门市保密局《转发广东省国家保密局〈关于组织开展涉密载体专项清理工作的通知〉》要求，对各街道、区直各单位在岗位（在职、借调、聘用）和3年内离岗（退休、调离、辞职、辞退）人员持有涉密载体的专项清理工作，重点清理涉密电子文档和存储、处理过涉密信息的计算机、移动硬盘、软盘、光盘、优盘、录音带、录像带等。做好定密管理工作，开展国家秘密变更、解密清理和统计分工作和涉密岗位及人员调整的报备工作。年内投入18万元，对全区原有保密会议室手机信号屏蔽设备和保密检查工作进行更新。指导各街道、区直各单位做好涉密专用计算机和涉密专用系统的国产化替代工作。

【中共江门高新区工作委员会领导名录】

书　记：彭章瑞
副书记：汤惠红（女）
　　　　朱辉荣
委　员：郑耀强
　　　　余启超
　　　　赵晓斌
　　　　邹德昌
　　　　陈焕溪
　　　　陈　诚
　　　　李　丹
　　　　李国和（9月起）
　　　　钱杰润（至12月）
　　　　曾计开

【中共江海区委员会领导名录】

区委书记：彭章瑞

副 书 记：汤惠红（女）

朱辉荣

常　　委：郑耀强（至9月）

余启超

赵晓斌

邹德昌

陈　诚

李　丹

李国和（9月起）

钱杰润（任至12月）

肖咏延（女，12月起）

章正军（至12月）

张连军（12月起）

郭　军（挂职，7月起）

□ 纪检监察

【纪委全体会议】　2月10日，召开中共江门高新区纪工委2018年工作会议暨中共江门市江海区第九届纪委第三次全体会议，会议学习贯彻习近平新时代中国特色社会主义思想，党的十九大、十九届二中全会、十九届中央纪委二次全会、十二届省纪委二次全会、十三届江门市纪委三次全会和区委九届五次全会精神，总结2017年全区党风廉政建设和反腐败工作，研究部署2018年全面从严治党任务。召开中共江门高新区纪工委2018年工作会议暨中共江门市江海区第九届纪委三次全会第二次会议，余启超代表高新区纪工委、江海区纪委常委会作题为《坚决贯彻落实党的十九大精神 以永远在路上的执着把从严治党引向深入》的工作报告。召开中共江门高新区纪工委2018年工作会议暨中共江门市江海区第九届纪委三次全会第三次会议，会议听取外海街道、江南街道、区安监局、区食药监局4个单位党组织主要负责人向全会作述责述廉述德报告并现场接受评议。召开中共江门高新区纪工委2018年工作会议暨中共江门市江海区第九届纪委第四次大会，表决通过纪（工）委工作报告及会议决议（草案）。

【纪检监察体制改革】　1月16日，召开江门市江海区监察委员会成立大会，标志江海区监察体制改革试点工作取得重大阶段性成果。在原有4个内设机构的基础上，新增加纪检监察室4个，内设机构增幅100%；从区人民检察院划转编制11个，转隶法律专业人才8名，坚持机构、职能、人员全面融合原则，重点配齐配强执纪审查、案件监督管理、案件审理等部门力量，直接从事主责主业人员占比从近70%提高至80%。推动纪法贯通、法法衔接，立足建立有序衔接、协调制衡的内部运转机制和外部衔接制度，制订监察工作规程，修改完善程序类文书19项，措施类文书43项，全面规范线索处置、审查调查和内部监督等环节。

【纪检监察业务培训】　为深化国家监察体制改革试点工作，促进纪委监委干部队伍深度融合，全面提高监督执纪问责和监督调查处置履职能力，举办全区纪检监察业务培训班，区纪委监委机关及派驻纪检组、区党委巡察机构、各街道纪工委50余人参加。培训班邀请市、区纪委和检察院执纪审查侦查办案一线的同志担任授课，重点加强对党规党纪、法律法规、监督执纪工作规则解读以及纪法衔接有关程序、职务犯罪认定、审讯谈话策略技巧等专业知识的培训。9月3—7日，区纪委监委在福建省宁德市古田县举办全区纪检监察系统全面从严治党研修班，区纪委监委机关、各街道纪工委和各派驻纪检监察组纪检监察干部27人参加，培训班课程包括《党的十九大精神解读》《监察法的理解和适用》等专题课堂教学；瞻仰古田会议旧址、学习古田会议精神，思想整训、重温入党誓词和接受福建省龙岩市永定县永定客家家训熏陶的党性教育现场教学；有重走红军路，福建省龙岩市长汀县南山镇中复村长征出发送行总动员的体验教学等。

【学习调研活动】 首创“守正、出新、勇毅、笃行”党建文化理念，坚持以“党建带队建、党务促业务、党风强作风”的党建工作思路统领纪检监察工作全局，开展“建设学习型党组织、组织力提升、创新活动阵地”三个专项行动，高标准推进党支部建设。包括“四个一”（打造一个支委团队、制定一个行动方案、汇编一套党建制度、建设一个活动阵地）、“四个化”（推进制度化、实行清单化、推行流程化、实施规范化）建设，完善党建制度14项，梳理工作流程9项，制订支部学习和活动的党建标准化任务清单、支委工作职责清单、党小组工作职责清单和支部学习重点专题指引、党员活动项目指引“三清单两指引”工作机制，以组织生活为基本形式，通过集中学习、专题讨论、讲党课和网络交流等形式开展学习。开展“锤炼党性、践行宗旨”活动，引导党员深入全区各村（社区）、企业开展政策宣讲、掌握社情民意、摸排扫黑除恶、扶贫领域以及基层正风反腐违纪违法问题线索，了解基层党风廉政建设存在问题。以“五个一”（一封宣传信、一份调查问卷、一个笔记本、一个记录工具、一份专题报告）为载体，打造政策法规宣传队、党员义工服务队、急难险重突击队，进村居650人次，走访群众2350人次，政策宣讲980次，发放调查问卷1580份，收集社情民意366条，帮助解决问题36个。活动信息在《广东党风》杂志2018年第9期刊载。开展系列“主题党日+”活动，组织参观红色教育基地和党群服务中心，参加红色培训之旅等；开展“双报到双服务”、爱心助学系列实践，捐款资助贫困学生7人；开展义工社区慰问探望、卫生清扫20多次。选派党员骨干驻点礼乐街道乌纱村担任党组织“第一书记”。

【执纪执法干部法律知识讲座】 年内举办高新区（江海区）纪律教育学习月活动法律知识讲座，全区执纪执法人员110余人参加，邀请江门市律师协会会长李静染律师主讲，对宪法修正案和监察法进行解读并讲授刑事辩护中证据规则的运用。

【基层部门纪检管理】 推进派驻监督和监察监督全覆盖，深化派驻机构改革，派驻纪检组全部更名为派驻纪检监察组。向3个街道派出监察组，探索将监察职能延伸到村、社区，监察职能有效向基层延伸。

【专项督查和整治】 组织开展全区治理扶贫领域腐败问题专项整治工作，制订《江海区纪委关于开展扶贫领域问题线索专项排查工作方案》，从纪监委机关、派驻纪检监察组和各街道纪工委抽调15人组成专责小组，针对扶贫资金被冒领多领、贪污侵占、截留挪用、优亲厚友、行贿受贿、“雁过拔毛”等问题，重点关注村居干部、驻村干部、负责扶贫项目和资金审批的领导、负责低保五保救助和义务教育等职能部门审批人员；以扶贫资金流向为切入点，先后核查2013－2017年扶贫救灾等项目资金，通过对贫困户全面走访、大数据对碰筛查和重点对象入户核查等方式，发现村、街、区有关人员在低保户日常管理中涉嫌存在不同程度失职失责情况，梳理问题线索14条移送区纪委监委案管室按照程序处理。加大对环保领域监管失职失责行为的查处力度，对江门市长优实业有限公司非法跨省转移倾倒固废问题启动责任追究程序，并对4名失职失责人员进行立案调查，党纪处分4人；在江海区康源科技公司偷排含重金属生产废水案件发现外海街道及其东南村委成员存在对企业环保疏于监管问题，造成江海区康源环保科技公司违法乱法排污问题，对东南村委会主任和分管委员进行诫勉谈话，对外海街道党工委分管委员进行约谈处理。

【创新纪律教育方式】 结合全区实际创新纪律教育月活动形式，组织开展相关活动，包括党政领导班子成员发挥“头雁效应”，带头深入学习领会习近平总书记关于党的政治建设等重要论述；组织全区100多名执纪执法人员参加法律知识讲座，增强法治观念和法治素养；组织全区80多名新任科级干部参加廉政谈话活动，到广东省江门监狱接受现身说法教育并撰写学习《警示教育读本（2018）》心得体会；组织在职党员干部及各村（居）两委干部观看警示教育片《铸魂》《穷途末路》，提高警示教育的政治性和针对性；组织700多名党员干部参观江海区“三二一”工程、重点项目、民生项目现场和廉政法治教育基地，激励党员干部干事、创业、兴区。坚持正向激励和反面教育同步开展，发出正向通报3期、反面通报1期，对区公安分局等单位先进事迹通报表扬，对区社事局和区发改局个别公务员不作为、损害群众利益典型问题在全区通报批评。

【述责述廉工作】 重点加强对“一把手”的监督，坚持落实“一把手”述责述廉制度。年内区科技创新局、区住建水务局、工业园公司、外海中学4个单位党组织“一把手”在所在单位接受干部群众评议的同时，向区纪委全会述责述廉并现场接受评议。区纪委监委把评议情况向区委专题汇报，经区委审议同意向4名述责述廉对象进行反馈，对其中1名综合满意度较低的对象进行谈话提醒。

【涉黑涉恶腐败查处】 开展基层正风反腐三年行动，深入开展扶贫领域和作风问题专项治理，查处党员干部涉黑涉恶腐败问题，通过深入群众、重拳出击、打治结合、专项巡察、排查线索和宣传发动等措施，查处礼乐街道乌纱村委会典型违纪违法案件，立案查处7件7人，留置调查3人，移交检察机关起诉4件4人，其中涉黑涉恶腐败案件立案3件3人、查处“保护伞”2人。

【查处违法违纪案件】 履行纪检、监察职能受理群众信访举报122件，属纪检监察受理范围的102件，占信访总量的83.6%。全年立案46件48人，增长43.75%，留置调查9人。审结案件43件，给予党纪政务处分35人，其中区管干部10人。审结并移送司法机关审查起诉5人。对市纪委监委指定管辖的问题线索初核，党纪政务立案7件7人，成功查办江门监狱职务犯罪系列窝案。

【案件审理】 全年审结案件38件，其中自办案件28件，镇办案件10件。给予党纪处分34人(含党纪政务双重处分)，按照处分档次分给予党内警告13人、严重警告7人、撤销党内职务1人、开除党籍8人；政务处分4人，按照处分档次分别给予记过1人、警告3人；免予党纪处分、诫勉谈话2人；移送检察机关审查起诉5人。

□ 巡察工作

【简述】 为落实全面从严治党要求，强化党内监督，切实加强对巡察工作的组织领导和统筹协调，经区委同意，2017年3月30日成立中共江门市江海区委巡察工作领导小组。中共江海区委巡察工作领导小组负责组织实施全区巡察工作，向区委负责并报告工作。领导小组下设办公室，为其日常办事机构。高新区（江海区）党委巡察机构主要由区党委巡察工作领导小组、区党委巡察工作领导小组办公室、区党委巡察组组成。区党委巡察工作领导小组在市委巡察工作领导小组和区党委领导下组织开展巡察监督，领导全区巡察工作，向区党委负责并报告工作。区党委巡察工作领导小组办公室是区党委巡察工作领导小组的日常办事机构，为区委工作部门，设在区纪委，机构规格正科级。区党委设立巡察组3个，机构规格均为正科级，每个巡察组核定行政编制2名，各设组长1名、副组长1名。

【机构设置】 区党委巡察机构设置1办3组。区党委巡察办核定人员编制3名，其中行政编制3名。设主任1名（正科级，由区纪委常委兼任），设副主任1名，股级职数1名。区党委巡察组分设第一、二、三巡察组，每组核定人员编制2名，设组长1名（正科级）、副组长1名。

【工作概况】 4—6月对区社会事务局、团区委、外海街道、外海街道南山村等4个单位开展为期2个月的第三轮巡察，发现问题109个，移交线索2条。8—9月，对区经济促进局、区住房城乡建设和水务局、区市场监督管理局、外海街道等4个单位开展为期5天的“扫黑除恶”专项巡察，发现问题24个；对区妇联、江南街道等2个单位开展为期2个月的第四轮巡察，发现问题48个，移交线索4条。10—11月，对区发展改革和统计局、高新工业园公司、区经济促进局、区住建水务局、区卫生计生局、江海区中西医结合医院、区市场监管局和外海中学8个单位开展为期15天的第一轮督导巡察；对礼乐街道向民村、新创村、新民村，外海街道南山村、七东村和江南街道永明社区等6个单位开展为期11天的“三清三拆三整治”专项巡察，发现问题33个。11月起，对区委宣传部（教育局）、区国土环保局、区科技创新局和礼乐中学4个单位开展为期2个月的第五轮巡察，发现问题91个，移交线索6条。12月7日，召开专题会议，审议《高新区（江海区）村级党组织巡察全覆盖总体工作方案》。

【整改效果】 区党委巡察工作履行全面从严治党主体责任，把巡察成果作为领导班子和领导干部考核的重要内容，主要领导听取巡察汇报点人、点事、点问题，对成果运用作出具体指示。区纪委监委根据巡察移交的问题线索，坚决查处区发改局和高新工业园公司套取财政资金等系列窝案，立案7件7人。对区发改局、区社事局和高新工业园公司等单位的常务副职或副总作出党纪政务处分并作组织处理。通过建立健全共性问题清单整改、巡察整改督导检查和巡察问题整改台账销号等工作机制，制订区党委巡察整改督导检查工作方案，开展巡察“回头看”工作，跟踪问效、强化问责。

□ 组织工作

【专业素质教育培训】 重点围绕省委“1+1+9”工作部署、市委“1+1+5”工作举措和区委“1+1+12”工作举措，开展干部队伍的专业能力培训。举办“推进实施乡村振兴战略专题培训班”“城市品质提升培训班”“人才新经纶研讨班”“宪法学习专题报告会”等，提升干部能力素养。注重选择农村、企业、项目建设一线等作为教育锻炼的主阵地，组织干部点对点、面对面开展具体工作。开展青年干部学习《习近平七年知青岁月》成果交流会，青年干部“不忘初心、砥砺前行”演讲比赛，举办年轻干部能力素质提升培训班，年轻干部学习贯彻党的十九大精神汇报会等一系列教育培训活动。

【专题培训班】 成立以区委书记为组长的学习贯彻领导小组，建立“第一议题、第一主题、第一课题”学习制度，把学习贯彻习近平新时代中国特色社会主义思想、党的十九大精神和习近平总书记对广东历次指示批示精神和重要讲话精神作为党委（党组）中心组学习“第一议题”，各基层党组织主题党日“第一主题”，各级党校开展培训“第一课题”。先后举办领导干部学习贯彻习近平新时代中国特色社会主义思想专题研讨班、深入学习贯彻习近平总书记重要讲话精神专题研讨班、学习贯彻习近平总书记视察广东重要讲话精神专题研讨班、组工干部学习《习近平谈治国理政》（第二卷）专题学习会等。

【人才工作】 落实人才新政和13个配套政策，加快制订人才江海系列配套政策。印发《江门高新区（江海区）人才发展专项资金管理暂行办法》《高新区（江海区）领导联系专家制度》《高新区（江海区）推进人才强区战略三年行动计划（2018－2020年）》，对全区人才工作提供指引。以江门市高新技术创业服务中心有限公司为载体，向人社部申报设立江门高新区博士后科研工作站并获通过，形成“区域工作站+企业分站”人才创新网络，工作站首期下设4个分站。设立全国博士后创新（江门）示范中心高新分中心，形成创业孵化器、工作站、博士后创新示范中心等载体功能整合，推进政、产、创优势融合。新增园区类博士后科研工作站1家、博士后创新实践基地7家、广东省博士工作站4家，在站博士后21人。策划开展“经纶江海”人才活动9期次，包括邀请华南理工大学生物科学与工程学院副院长吴振强教授讲授大健康产业发展、教育部新世纪优秀人才邓洪教授讲授环保产业前沿技术，并组织专家团队到企业进行实地指导。年内，全区入选“国家创新人才推进计划科技创新创业人才”2人，获2018年江门市留学归国人员创新创业项目资助2人， 获2018年江门市创新型人才促进产业发展项目资助3人，获2018年江门市创新型人才创办科技型小微企业项目资助1人。发动广东华辉煌光电科技有限公司等35家企业参加创新创业大赛，分别入围国赛企业3家、获省级奖项企业6家、获市级奖项企业7家。

【基层党组织标准化建设】 主动对标“四个走在全国前列”的重要要求和省、市工作部署，坚持把中心工作与基层党建同谋划同部署同考核，先后出台全面加强新时代党的建设的实施意见、推进基层党建三年行动计划（2018－2020年）、基层党建工作“红黑榜”督查通报制度等文件，推动全面从严治党、教育培训、群众工作、党建资源下沉到基层党组织。全年开展党员教育活动1300多场次，覆盖党员、群众6万人次，有效激活基层党建工作创优创新。

【区直机关工委工作】 实施“第一议题、第一主题、第一课题”学习制度，组织区直机关党组织专题学习、培训350场次。通过“江门高新先锋”微信公众号、微信群等发布学习信息1050条，实现党组织书记、党员教育培训全覆盖。建成区人民检察院党员活动中心、区纪委监委党建文化长廊和区组织部党员先锋讲习园地等机关党建活动阵地12个。编印《高新区（江海区）党组织建设标准化体系》，制订机关事业单位标准化工作清单。规范党组织换届、党员发展工作，全区26个机关党组织按期换届，发展党员24名。开展机关党建全覆盖检查，创建机关党建品牌，组织1205名机关党员、28个机关党组织参加“双服务双报到”（单位党组织、党员到社区报到，服务社区建设、服务居民群众）活动，开展服务300多场次。

【发展党员】 全年全区发展党员126名，其中产业工人20人、农牧渔民20人、高知识群体5人、非公有制经济组织39人、社会组织8人、少数民族1人。规范发展党员程序流程，严格按照《江门市发展党员工作手册》要求25个步骤操作，把发展党员各个流程分别录入党务系统中。对全区126本入党志愿书逐一审核，对没有按照流程填写和填写错误的反馈修改意见。

【公务员干部年度考核】 全区机关单位参加考核人数1138人，其中优秀等次177人，占15.55%。考核人数其中科级人员464人，优秀等次74人，占科级人员总数的15.95%；科级以下674人，优秀等次103人，占该层次人数的15.28%；称职等次935人；1人不称职人员；无基本称职；不定等次人员25人，其中7人被处分、处分期间或被立案调查不定等次，18人为试用期人员。1人因请病假超过半年没有参加考核。

【干部激励和考核机制】 健全正向激励机制，树立实干用人导向，落实《江门高新区（江海区）关于建立正向激励机制、鼓励干部实干兴区的意见》中14项正向激励措施；落实容错纠错机制，执行区委《关于落实“三个区分”激励担当整治怠政的暂行规定》，支持改革，宽容失误；完善科学考核机制，出台《2018年度江门高新区（江海区）经济社会发展绩效考核实施方案》，把党建任务、“双重”（重点工作、重点任务）工作、县域经济指标、政府工作清单和民生实事等任务细化分解到各单位，发挥考核工作的指挥棒作用。

【两新党建】 出台《江门高新区（江海区）关于促进园区非公企业党建工作的实施方案》，建成园区党群服务中心，辐射园区200多户企业，惠及员工5万人，先后举办主题党日、培训、讲座、人才沙龙等63场次，吸引50家区内外单位参观学习。建成火炬大厦共同体活动中心和体验馆，开展“人才沙龙”“家庭欢乐总动员”“党建大讲堂”“践行新思想、当双创先锋”等活动36场次，义工志愿服务和创新服务活动100多场次。火炬大厦党建共同体参评“全国城市基层党建创新案例”。利生车城党支部、帕佳图物业管理有限公司党支部等党组织相继成立。年内新成立“两新”组织（新经济组织、新社会组织）党组织34家，增长183.3%，党组织覆盖率97%，工作覆盖率100%。江门市安诺特炊具制造有限公司党支部、江门荣信电路板有限公司党支部、江门市江海区礼乐腊味行业协会党支部获评江门市新兴领域党建示范点。

【打造高新原创党建品牌】 根据区委有关第一书记全覆盖派驻的工作部署，制订“第一书记”工作方案和工作清单，在全区62名村（社区）派驻党组织“第一书记”。全面整合社区、企业、社会组织和机关事业单位党建资源，构筑城市基层党建共同体。区内3个党建共同体共管辖党组织39个、党员780多人，辐射300多家企业、8000人，开展系列活动46场次、其他各类活动120多场次。高新区火炬大厦党建共同体参评“全国城市基层党建创新案例”多次被媒体宣传。持续推进共建共教，街道党校与讲习所实行“两块牌子、一套人员”管理体制，形成基层党员干部日常教育由区委党校带动、街道党校发动、村（社区）讲习所助动的三级联动“大党校”格局。全年各街道党校组织开展教学活动100余场次，累计培训基层党员干部7000人次。

【重点红色遗址保护】 注重做好红色文化资源的深挖、保护、利用和开发工作。根据工作安排，重点做好江南街道滘头顺天里144号红色遗址的打造、升级工作，由江南街道与滘头顺天里144号产权人及相关后人签订租赁协议，租赁期限25年，区政府财政安排72万元专项资金用于遗址修缮、重新装修和布展。

【党校工作】 按照省、市的工作部署，制订全区干部教育培训规划，坚持围绕中心、服务大局，把学习贯彻习近平新时代中国特色社会主义思想和党的十九大精神作为首要政治任务，作为干部教育培训工作的重中之重。以问题为导向，突出实践导向，区、街道分级培训，上下联动，激活街道党校、村（社区）讲习所阵地功能和推动资源共享、平台共用。按照“六有”（有组织机构、有培训场地、有师资队伍、有培训计划、有管理制度、有培训经费）标准，全力开展街道党校建设，率先在全市实现全覆盖。整合党群服务中心、党员教育活动室等现有场地资源，利用农家书屋、田间地头等场所，构建区、街道、村（社区）三级“讲习所”体系。打造新时代讲习所66个，组建街道、村（社区）两级志愿讲习队伍54人，让党员和群众在15分钟家门口生活圈就能听精神、读报告、学政策。按照“多层次、多元化、多渠道、全覆盖”的总体思路和“六进六入”（进企业、入车间，进农村、入农户，进机关、入科室，进社区、入家庭，进学校、入课堂，进网络、入终端）要求，分级分类开展干部轮训，通过理论中心组学习会议、学习座谈会、专题辅导会、网络读书班、专题讲座和培训班学习活动，推动学习贯彻向基层延伸。按照江海区《进一步加强和规范干部教育培训管理的意见》，加强和规范干部教育培训办班。

【老干部工作】 全年集中组织多次学习活动，参加200人次；召开情况通报会3次、季度阅文活动3次、离休干部座谈会11次和原四套班子离退休干部座谈会11次；组织离休及副处级以上退休干部进行体检；为全区离退休干部订阅《秋光》杂志630份，为50名副处级以上退休干部订阅《广东老干部政治理论读本》，为全区28个离退休干部党支部订阅《离退休干部党支部学习参考》。借助区老年书画研究会平台举办书画进校园、进社区5次，举办暑假书画夏令营1次。年内，在滘头小学成立江海区关工委书画教育基地。

【公务员招录】 2018年通过全省统一考试招录15名公务员，其中男性7人、女性8人；研究生4人，大学本科11人，全部为大学本科毕业并具有学士学位。公务员招录共有665人报考，平均44人竞争一个职位，竞争强度高于上年。根据各单位的用人需求，从公安院校招录公务员2名、公安分局特殊职位招录公务员1名。

【事业单位管理】 按照市人社局统一安排，组织全区17名机关干部参加江门市第三次事业单位公开招聘面试评委培训，经过省专家专业培训和考核合格获得省人社厅颁发的事业单位面试评委资格证。继续探索创新教师招聘方式，赴省内外重点师范院校开展教师校园招聘工作。组织举办教师专场招聘3场，招聘教师56人，其中研究生学历10人，华南师范、湖南师范等重点师范学校本科毕业28人。

【公务员管理和培训】 继续推行基层公务员职务与职级并行制度， 24人办理公务员职级晋升手续，全区公务员办理职级晋升403名，政策惠及面35%。继续委托江门市行政学院举办公务员初任培训，组织16名2017年录用的公务员参加初任培训，学习内容包括宪法、公务员法与公务员权利义务、公务员职业道德建设、公务员行为规范、公务礼仪、公文写作、法制教育、政务公开、安全生产、消防知识、保密教育、廉政教育、禁毒教育、诚信教育和知识产权教育。

【干部队伍建设】 贯彻落实党管干部原则，把干部标准落到实处，做好干部选拔任用工作。全年召开讨论干部人事议题的部长会议14次、书记会议10次、党委会议10次，涉及干部63人。完成区监察委干部队伍配备和职务理顺、3名党政部门常务副职调整、工青妇群团改革兼职干部配备等人事安排。加强各单位领导班子及干部队伍的分析研判，印发领导班子及干部队伍建设专题调研方案，组织开展专题调研并推荐优秀干部。建立和完善“年轻干部”名册和工作台账，组织开展年轻干部区情调研活动，强化年轻干部对区党建工作和重点项目的宏观认识和情况掌握，有计划安排年轻干部任江门市干部考察员、到市委组织部跟班学习、到市委巡察组协助开展工作、担任区信访督查员等。从各级部门引入高素质干部到江海区挂职锻炼，全年分别接收博士后1名、副处级干部3名、扶贫干部3名、省外干部4名。开展挂职博士后的期满考察、科级专家服务团2017年度考核等工作。加强挂职干部的跟踪了解，配合市委组织部开展“双百工程”下挂干部座谈会组织专题学习。

【机构编制监督检查】 落实机构改革刚性要求，建立机构编制问题台账，逐步消化历史遗留问题，推进机构编制规范化建设。优化修订合同制人员管理办法，为提高合同制人员的管理效能，增强主管部门用人自主权，出台《江门高新区（江海区）合同制人员管理办法(2018年修订意见稿)》，调整优化合同制人员。

【中文域名注册管理】 完成2018年网上名称注册续费工作，党政机关、事业单位和群团组织中文域名注册率100%，提高全区国家机关网站安全防护水平，强化政务信息权威发布基础。

【控编减编】 印发《关于报送“吃空饷”单位编制情况的通知》，加强控编减编监督检查，进一步规范机构编制管理，采取多项举措严格控编减编，执行财政供养人员只减不增的要求。全区编制总数控制在2012年年底控编减编基数以内，做到“有增有减，总量不增”。

【行政审批制度改革】 推进网上中介服务超市建设，在全市率先组织召开区级推进网上中介服务超市建设工作会，梳理全区中介服务事项清单，督促各部门及时在电子系统录入相关资料，确保系统正常上线运行。推广“证照分离”改革试点，出台《江门高新区复制推广“证照分离”改革试点做法的工作方案》《江门高新区复制推广“证照分离”改革试点深化实施方案》，对审批事项明确提出压减时间优化流程的要求，通过举办政策推介会，对典型改革事项向企业进行现场解读，把“证照分离”改革不断引向深入。开展“减证便民”专项行动，会同区法制局印发《高新区（江海区）关于取消162项证明事项的通知》，明确相关便民替代措施，进一步转变政府职能，优化办事创业和营商环境。继续深化委托制改革，梳理委托制改革第一、二批事权承接情况，结合全区实际和发展需求，组织全区各部门梳理第三批需要赋予的市级经济管理相关行政审批和管理职权。组织全区各部门对照区级权限标准并逐项修订完善“责任事项”“问责依据及监督方式”等要素，录入权责清单事项5000项，涵盖行政许可、行政处罚等10类行政权力，提升政务服务网上供给能力。

□ 宣传工作

【创新理论宣传】 坚持把习近平新时代中国特色社会主义思想作为深化理论武装的首要政治任务，推动全区学习宣传贯彻工作。围绕学习《习近平谈治国理政》第二卷、习近平总书记视察广东重要讲话精神，组织区委中心组集中学习9次，理论宣讲会和专题报告会120多场次。开展社科知识普及活动，以主题展览、有奖知识问答、社科知识主题讲座、赠阅社科书目等方式，推动习近平新时代中国特色社会主义思想进机关、进企业、进农村、进社区、进校园、进网络。围绕党的十九大精神、习近平总书记参加十三届全国人大一次会议广东代表团审议重要讲话精神、习近平总书记视察广东重要讲话精神等开展宣传宣讲活动330多场次。建设江海区新时代红色文化讲习所并打造成为传承红色基因、弘扬红色文化的重要载体。利用国家、省级主流大平台宣传推介高新区（江海区）的发展成绩，围绕加强党建、推动经济高质量发展、创新驱动和发展生态文明等中心工作和重点任务，完成全媒体专题策划18个。在《江门日报》推出大型特刊庆祝改革开放40周年反映全区各项改革创新亮点；围绕全区两会、“三二一”工程、扫黑除恶、创建文明城市和城央绿廊建设等民生工作，首创用沙画视频、网络直播和微信表情包等新媒体方式开展宣传工作。

【舆情管控】 对长优公司倾倒固废物料事件、华众玻璃厂事件、外海甲烷泄露事件、光博汇违规销售等舆情开展应急处置，做好防御台风“山竹”期间的舆情引导，成功化解各类舆情20余起。

【加强意识形态安全】 坚持党管意识形态，严格落实工作责任，加强监督考核，定期开展全覆盖排查，定期组织舆情分析研判，按照上级要求做好各类敏感事件的意识形态防控工作。全年召开专项工作联席会议4次，组织专题调研6次，开展专项检查3次，分析研判全区意识形态工作，加强对意识形态工作的管控。建立网络信息安全管理员队伍，完善管理机制，完善网络舆情报送机制，全年共向区意识形态工作领导小组报送舆情专报12份。加强阵地管理，落实“一岗双责”，完善各领域阵地管理的制度措施，守住舆论阵地、思想阵地、文化阵地、网络安全阵地关。

【创文迎检工作】 根据全国文明城市测评体

系和上级要求，组织召开全区创文工作会议8次，部署、落实迎检工作任务，牵头制订全区创文工作实施方案，以存在问题为导向，组织开展创文业务指导培训30多次，指导各责任单位掌握创建标准，实现对标创建。依托江海区考评中心开展日常巡查、督查，完成整改问题5900多条。实施城市品质提升三年行动计划，开展“城市双修”行动，针对突出问题，形成工作任务清单148项；开展专项整治行动和常态化联合执法行动3000场次；升级改造农贸市场16个；完成新建和重建公厕7 座、升级改造49座；协调各大运营商对全区28个整治点进行“三线”整治；协助整治机动车乱停乱放等交通违法行为。

【基层精神文明创建】 推荐10个文明创建培育点参加市级文明创建评选，建设江门市首批8个“爱心之城”示范点。加强未成年人思想道德建设工作，开展反邪教警示教育、青少年法律知识竞赛等宣传教育活动250多场次。组织开展“爱文明”“小手牵大手共创文明城”“健走马拉松”等大型活动35场次、各类社区活动630多场次。开展志愿服务活动进社区，志愿服务600多场次，服务时数6.5万小时；有“志愿楼长”队伍500多人，覆盖全区26个社区。

【文化事业发展】 推进江海区博物馆和图书馆公共文化设施建设，全区62个行政村（社区）综合文化服务中心全面达标。江海区文化馆免费开放力度加大，惠及8000多人次。举办“党的十九大精神”文艺宣传、“广场大明星”竞演、“2018年侨都龙狮文化节”“葡萄音乐节”“第七届文化艺术节”等文化活动，开展公益电影展映400多场。继续推进“十分钟文化圈”建设，在广场大明星常态化举行的基础上增设“阅动人生”图书馆文化沙龙活动，全年开展文化惠民活动120场次，在江门演艺中心举办演出250场。

【文艺精品创作】 组织创作侨都民俗文化特色情景音画《侨都记忆》，江海区文化馆爱舞团节目《醒狮耀岭南》获央视邀请参与综艺频道《舞蹈世界》“舞蹈全民星”录制，江海区文艺精品首次登上央视舞台。群众文艺团队或个人共获省级奖项7个，其中区文化馆推荐选手王莹在风雅颂第四届广东省朗诵大赛总决赛中获得金奖，江海区广场舞队在广东省第九届老年人体育健身大会的首场自选套路赛事中获得金牌一等奖，《烽火侨乡》《清正廉明梦正圆》文艺节目在广东省第九届群众戏剧曲艺花会比赛中获得1银1铜的成绩。

【群众体育活动】 新建成10万平方米的龙溪湖社区体育公园，至此全区文体广场增至64个。组织举办多项体育活动，包括2018年江海区国庆风筝节和8大类体育比赛，“体彩杯”趣味运动会举办60场。竞技体育在各项赛事中获得7个一等奖、6个二等奖、2个三等奖，取得5金3银6铜共14枚奖牌。体彩业务增长率全市最高，销量全市第二，销售量突破1.2亿元。

□ 统战工作

【非公有制经济组织服务发展】 组织非公有制经济代表人士深入学习贯彻习近平总书记视察广东重要讲话精神等内容，构建“亲”“清”新型政商关系，筑牢共同政治思想基础。深入企业调研，找准服务需求，帮扶企业做大做强。外海商会荣获广东省“四好”商会称号。成立江门市智能装备及机器人协会、江海区青年企业家商会，组织会员企业参加商务考察、展销会等经贸活动。增补区非公有制经济代表人士担任区政协委员4名，进一步发展壮大非公经济代表人士参政议政队伍。引导企业结对广西壮族自治区崇左市大新县产业精准扶贫，组织企业校企联盟、慈善捐款等活动。

【民主党派季度调研活动】 开展以“依托粤港澳大湾区，打造区现代物流港建设”为主题的调研活动，调研组成员深入区物流企业、行业等单位实地考察，参加学习中山市物流企业经验做法，听取区经促局关于江海区物流行业发展的情况及其物流企业的意见建议，围绕调研主题建言献策，为区委、区政府民主化和科学化决策提供参考。

【港澳台及海外联谊沟通】 协助香港五邑总会成立2周年庆典、香港礼乐和外海同乡会春节回乡联谊等活动；应邀参加香港四邑商会等9个港澳爱国社团的重大庆典活动；协助成立澳门礼乐同乡会、推动筹备成立江南澳门同乡会。赴香港、澳门参加区政府举办的港澳招商推介会，拜访港澳江海社团及企业家18人。年内，祖团参加香港嘉华集团、香港台山商会、香港四邑商工总会、侨港新会商会、香港四邑会所、澳门外海同乡会等港澳侨社组织的联欢晚会、周年庆、就职典礼活动。协助区委、区政府在香港和澳门分别举行投资环境招商推介会。接待由香港外海同乡会、礼乐同乡会、江海区海外联谊会组织的回乡旅游观光、探亲访友、祭祖等活动的海外乡亲800多人次。深入开展港澳乡情调查，新增乡情调查数据472条，进一步充实完善乡情调查数据库。推荐提名增补区政协香港委员2名。

【村社区慈善联谊会建设】 新增成立外海街道永康、银泉、东南等3个村（社区）慈善联谊会，至此全区共有30个。协助村（社区）慈善联谊会完成年审工作，指导和组织村（社区）慈善联谊会参与精准扶贫、文化体育、建言献策以及助学、重阳敬老等慈善公益事业等活动。

【民主党派发展新成员情况】 区域各民主党派发展新成员23名，其中民革3名、民盟4名、民建1名、民进6名、农工党4名、致公党2名、九三学社3名。

江海区域民主党派情况表

表3

党派名称	负责人	人数
中国国民党革命委员会江海区总支部	臧立新	42
中国民主同盟江海区总支部	曾小洁	23
中国民主建国会江海区总支部	胡影儿	39
中国民主促进会江海区基层委员会	陈昌钢	45
中国农工民主党江海区总支部	罗政权	58
中国致公党江海区支部	黄俊杰	14
九三学社江海区基层委员会	黄家河	45
合计		266

江海区人民代表大会

【十届人大三次会议】 1月12－13日，召开江海区第十届人民代表大会第三次会议。区人民政府区长汤惠红代表区政府作政府工作报告，区人大常委会主任周婉玲代表区人大常委会作工作报告。会议听取审议《政府工作报告》《人大常委会工作报告》《江海区人民法院工作报告》《江海区人民检察院工作报告》《江门高新区（江海区）2017年国民经济和社会发展计划执行情况与2018年计划草案报告》《江门高新区（江海区）2017年财政预算执行情况和2018年财政预算草案的报告》。会议依法选举余启超为江海区监察委员会主任。

【十届人大四次会议】 9月5日，召开江海区第十届人民代表大会第四次会议，大会补选江海区第十届人民代表大会常务委员会主任、委员。余志坚当选为江海区第十届人大常委会主任，邓永信、赵伟民当选为人大常委会委员。大会闭幕后，新当选的人大常委会主任、委员进行宪法宣誓就任。高新区党工委书记、管委会主任、江海区委书记彭章瑞主持当选人员宪法宣誓仪式并监誓。

【常委会会议】 1月5日，召开十届常委会第九次会议。会议书面听取《关于高新区（江海区）2017年度本级预算执行审计整改情况的报告》，审议通过《江门市江海区人大常委会工作报告》、提交江门市江海区第十届人民代表大会第三次会议有关文件、接受区伟新辞去人大代表职务请求的决定、《江门市江海区十届人大常委会代表资格审查委员会关于代表资格的审查报告》《江海区人大代表履职积极分子评选方案》，书面听取《江海区人大法制委员会工作报告》《江海区人大财政经济委员会工作报告》。

1月15日，召开十届常委会第十次会议。会议听取和审议区监察委员会主任余启超代表区监察委员会所作的《关于提请审议陈贤等同志职务任免的议案》，同意任命陈贤、梁宏弟为江门市江海区监察委员会副主任，区盛强、林启添、马立群为江门市江海区监察委员会委员，王腾为江门市江海区监察委员会专职委员。会议举行任命人员向宪法宣誓仪式。

2月28日，召开十届常委会第十一次会议。会议听取和审议《江门市江海区人大常委会2018年工作要点》《江门市江海区人大常委会2018年监督工作计划》。

4月28日，召开十届常委会第十二次会议。会议听取和审议区人民法院院长黄锡芳代表区人民法院所作的《关于梁海燕等同志免职的报告》，同意免去梁海燕等12名区人民法院人民陪审员职务，表决通过《江海区第十届人大常委会代表资格审查委员会关于终止周婉玲代表资格的报告》、李伟煜辞去人大代表职务的请求，听取和审议区人民政府副区长陈诚代表区政府所作的《关于江门市江海区2017年地方政府债务限额的报告》，书面听取区政府《关于落实江门高新区（江海区）科技创新工作审议意见的情况报告》和教科文卫工委《关于高新区（江海区）科技创新整改工作审情情况的报告》、区政府《关于推进“侨梦苑”建设工作整改情况的报告》和侨务农村工委《关于推进“侨梦苑”建设工作整改情况的报告的审查意见》，学习习近平总书记在参加十三届全国人大一次会议广东代表团审议时的重要讲话精神和《习近平谈治国理政》第二卷。

6月28日，召开十届常委会第十三次会议。

会议听取和审议区人大常委会主任会议《关于提请推选林锦集代理江门市江海区人大常委会主任职务的议案》、区政府提请的人事任免职案，同意任命庞晋山、梁俊刚、梁中杰为区人民政府副区长，免去谭良伟、于琦的区人民政府副区长职务，听取和审议区人民法院院长黄锡芳代表区人民法院所作的《关于陈爱兰等同志任职的报告》、同意任命陈爱兰等12人为江门市江海区人民法院人民陪审员；听取和审议黄若该代表区人民检察院所作的《关于王腾等同志职务任免的报告》，同意任命区崇挥为江门市江海区人民检察院检察委员会委员，免去王腾的区人民检察院副检察长、检察委员会委员职务，免去张伟强的区人民检察院检察委员会委员、检察员职务，免去晏乾坤的区人民检察院检察委员会委员职务；听取和审议区人大常委会执法检查组《关于检查〈中华人民共和国人民调解法〉实施情况的报告》、区政府关于高新区（江海区）污水处理进展情况的报告，通报省人大常委会、市人大常委会有关“推进县乡人大工作年”的有关工作要求、关于取消江海区人大代表履职积极分子评选的情况，书面通报《关于高新区（江海区）教育“三二一”书记工程督查情况的报告》。会议举行任命人员向宪法宣誓仪式。

7月25日，召开十届常委会第十四次会议。会议表决通过《江门市江海区人大常委会关于接受林壮强同志请辞报告的决定》《江门市江海区人大常委会关于接受周建华同志请辞报告的决定》《江门市江海区人大常委会关于接受陈瑞丹同志请辞报告的决定》，决定接受林壮强辞去区十届人大常委会委员职务、周建华和陈瑞丹辞去区人大代表职务的请求，审议区政府提请的关于陈贤免职的议案、决定免去陈贤的区审计局局长职务，审议区监察委员会提请的关于陈贤免职的议案、决定免去陈贤的区监察委员会副主任职务。

8月1日，召开十届常委会第十五次会议。会议审议通过《江门市江海区人大常委会关于补选和另行选举区人大代表的决定》《江门市江海区补选和另行选举十届区人大代表的办法》《江门市江海区补选和另行选举区人大代表工作方案》《江门市江海区补选和另行选举区人大代表委派人员建议名单》。

8月16日，召开十届常委会第十六次会议。会议通报区十届人大代表补选和另行选举的有关情况，补选余启超、邓永信、朱辉荣、杜开红、余志坚、梁辉远、赵晓斌、赵伟民、张德显为人大代表。审议个别代表辞职决定，同意曾锦源辞去区人大代表职务。

8月28日，召开十届常委会第十七次会议。会议听取和审议区发改统计局副局长何智钧受区政府委托所作的《江门高新区（江海区）2018年上半年国民经济和社会发展计划执行情况报告》、区财政局总会计师林荣耀受区政府委托所作的《江门高新区（江海区）2018上半年预算执行情况报告》、区审计局副局长林启添受区政府委托所作的《关于江门高新区（江海区）2017年度本级预算执行和其他财政收支的审计工作报告》，通报区委对区十届人大四次会议有关事项请示的批复，审议通过《关于召开江门市江海区第十届人民代表大会第四次会议的决定》、提交区十届人大四次会议的有关文件、《江门市江海区十届人大常委会代表资格审查委员会关于代表资格的审查报告》，听取和审议区人民法院院长黄锡芳代表区人民法院所作的《关于孙艳秋等同志任职的报告》、同意任命孙艳秋等11名为区人民法院人民陪审员。

10月22日，召开区第十届人大常委会第十八次会议。会议听取和审议区委常委钱杰润代表区政府提请的人事任免职案，决定任命曾国华为副区长、免去李国和副区长职务，陈诚受区政府委托所作的《高新区（江海区）2017 年财政决算草案报告》、区人民法院院长黄锡芳代表区人民法院所作的《关于提请确定江门市江海区人民法院人民陪审员新选名额的报告》，审议通过《江门市江海区第十届人民代表大会常务委员会代表资格审查委员会组成人员调整建议名单（草案）》，书面听取《江海区扶贫专项监督调研报告》。

12月27日，召开区第十届人大常委会第十九次会议。会议审议区人民检察院检察长陈智勇代表区人民检察院提请的人事任职案，任命程生彦为区人民检察院副检察长，表决通过黎炳灿辞去人大代表职务的请求，听取和审议区人民政府副区长陈诚受区政府委托所作的《关于高新区（江海区）2018年财政预算调整报告》。书面听取《关于对江门高新（江海）区财政支出预算绩效管理专项检查情况的报告》《关于高新区（江海区）2017 年度本级预算执行审计整改情况的报告》，听取和审议区政府《关于江海区十届人大三次会议代表建议办理情况的报告》， 书面听取《关于江海区十届人大三次会议代表建议、批评和意见办理情况的报告》《关于对江门高新区（江海区）2018年华夏幸福合作区项目建设情况调研报告》《关于高新区（江海区）建设创文长效机制的调研报告》《南冲电排站项目建设情况中期检查报告》《麻园河黑臭水体综合整治项目跟踪检查情况报告》，通报2018年区人大常委会组成人员走访代表活动意见综合，开展对区环境保护局的工作评议。

【区十届人大常委会主任会议】 1月4日，召开第十三次主任会议。会议研究并原则同意《江门市江海区人大常委会工作报告（草案）》， 研究《江门市江海区第十届人民代表大会第三次会议日程（草案）》《江门市江海区第十届人民代表大会第三次会议执行主席分组名单（草案）》《关于江门市江海区第十届人民代表大会第三次会议议案截止时间的决定（草案）》《江门市江海区第十届人民代表大会第三次会议选举办法（草案）》《关于江门市江海区第十届人民代表大会第三次会议代表联名提出候选人截止时间的决定（草案）》、区伟新请求辞去江门市江海区第十届人民代表大会代表职务事宜、《江门市江海区十届人大常委会代表资格审查委员会关于代表资格的审查报告（草案）》《江海区人大代表履职积极分子评选方案》并提交区十届人大常委会第九次会议审议，听取并同意《江海区人大法制委员会工作报告》《江海区人大财政经济委员会工作报告》，通报《关于高新区（江海区）2016年度本级预算执行审计整改情况的报告》，研究区十届人大三次会议的经费预算；决定2018年1月5日上午召开区十届人大常委会第九次会议并确定建议议程。

1月15日，召开第十四次主任会议。会议研究有关人事任免事项，研究通过区十届人大常委会第十次会议日期和会议议程。

1月23日，召开第十五次主任会议。会议传达《关于认真开好2017年度民主生活会的通知》《关于印发〈高新区（江海区）党和国家机关党员领导干部民主生活会评议考核实施办法（试行）的通知〉》，按照文件要求做好召开民主生活会的各项工作；研究区人大机关2017年度考核优秀人员名单。

2月8日，召开第十六次主任会议。会议研究并原则同意《江门市江海区人大常委会

2018年工作要点》《江门市江海区人大常委会2018年监督工作计划》，研究2017年度对区人民法院、区人民检察院和区政府组成部门的测评情况、《关于发放2017年度信息宣传奖励申请的请示》，决定2018年2月28日下午召开区十届人大常委会第十一次会议并确定建议议程。

3月15日，召开第十七次主任会议。会议研究并原则同意《关于到南雄市人大常委会考察学习的方案》《关于我区开展扶贫工作专项监督方案》《关于对〈中华人民共和国人民调解法〉实施情况开展执法检查的工作方案》《关于组织区人大代表、常委会组成人员到中国政法大学西安培训基地培训方案》，研究《江海区第十届人大常委会代表资格审查委员会关于终止周婉玲的代表资格的报告》，研究并原则同意《关于组织部分女代表考察学习的方案》。

4月23日，召开第十八次主任会议。会议研究有关人事任免职案、李伟煜请求辞去江门市江海区第十届人民代表大会代表职务事宜并提交区十届人大常委会第十二次会议审议，研究并同意选联任工委《关于区人大十届三次会议期间代表建议意见督办方案》，研究选联任工委《关于划拨2018年区代表活动经费的请示》，研究并原则同意选联任工委《关于划拨2018年市人大代表活动经费的请示》《关于镇、街人大干部到深圳培训费用支出方案》，研究区政府《关于高新区（江海区）2017年地方政府债务限额的报告》，研究并同意财经城建环保工委《关于赴恩平市人大工作交流学习的方案》，研究区政府《关于落实高新区（江海区）科技创新工作审议意见的情况报告》《关于推进“侨梦苑”建设工作整改情况的报告》，研究并同意侨务农村工委《关于开展生活污水处理调研工作方案》，研究并原则同意人大机关党支部《推进机关党建工作，增强党员素质教育培训方案》，研究并同意人大机关工会《关于工会小组组织会员春游活动的方案》，决定2018年4月28日上午召开区十届人大常委会第十二次会议并确定建议议程。

5月31日，召开第十九次主任会议。会议研究推进县乡人大工作年有关工作，研究并同意选联任工委《关于取消我区人大代表履职积极分子评选的报告》，研究并原则同意法制工委《关于到甘肃省定西市临洮县、平凉市崆峒区考察学习的工作方案》，研究区人大常委会执法检查组《关于检查我区实施〈中华人民共和国人民调解法〉情况的报告》，通报选联任工委《区人大代表及人大机关有关部门领导到湖南大学参加培训的名单》，区人大机关党支部《参加“推进机关党建工作 增强党员素质教育”培训人员名单》，研究部署创文复牌迎检工作，会议决定以后需参加的市人大常委会会议，根据参会人员要求和会议内容，结合区人大常委会领导的分工合理安排常委会领导轮流参加。

6月21日，召开第二十次主任会议。会议研究区人大代理主任和有关人事任免事项并提交区十届人大常委会第十三次会议审议，研究侨务农村工委《关于江海区生活污水处理调研情况的报告》、财经城建环保工委《关于对江门高新区（江海区）2018年上半年国民经济和社会发展计划执行情况、财政预算执行情况和2017年度本级财政预算执行及其他财政收支审计情况进行调研的方案》、教科文卫工委《关于高新区（江海区）文明城市建设长效管理工作情况调研的工作方案》《关于高新区（江海区）教育“三二一”书记工程督查情况的报告》，办公室《关于2018年人大干部职工体检的方案》；决定2018年6月28日上午召开区十届人大常委会第十三次会议并确定建议议程。

7月13日，召开第二十一次主任会议。会议研究和通报有关人事任免事项，传达学习《中共广东省委关于深入学习贯彻落实习近平总书记重要讲话精神奋力实现“四个走在全国全列”的决定》《中共广东省委办公厅印发〈关于加强对各级党组织一把手监督的意见〉》传达《中共广东省委办公厅关于印发〈2018年全省开展纪律教育学习月活动的意见〉的通知》，通报赵伟民参加区巡察工作的鉴定，研究《关于划拨人大代表联络室活动和建设补助经费的请示》《关于组织区人大代表、常委会组成人员到青岛人大培训中心培训方案》《江海区人大参加江门市人大系统气排球比赛方案》。

7月23日，召开第二十二次主任会议。会议研究周建华、陈瑞丹、林壮强3人请求辞去江门市江海区第十届人民代表大会代表职务事宜并提交区十届人大常委会第十四次会议审议，有关人事免职事项，决定2018年7月25日上午召开区十届人大常委会第十四次会议并确定建议议程。

7月30日，召开第二十三次主任会议。会议通报区委关于补选和另行选举人大代表请示的批复，研究江门市江海区关于补选和另行选举区人大代表的决定草案、《江门市江海区补选和另行选举十届区人大代表的办法（草案）》《江门市江海区补选和另行选举区人大代表委派人员建议名单（草案）》、下拨给各选区的选举工作经费的请示、合同制工作人员工资待遇问题的请示，决定2018年8月1日上午召开区十届人大常委会第十五次会议并确定建议议程。

8月16日，召开第二十四次主任会议。会议通报8个选区补选和另行选举人大代表的结果，研究《江门市江海区十届人大常委会代表资格审查委员会关于代表资格的审查报告（草案）》《区十届人大四次会议补选常委会委员候选人建议名单》，研究同意曾锦源辞去江门市江海区第十届人民代表大会代表职务的请求并同意提交区十届人大常委会第十六次会议审议，研究《关于做好全省推进县乡人大工作和建设先进集体推荐工作的实施方案（草案）》、制作县乡人大工作亮点视频短片预算、公务车粤JNA313内饰翻新事宜、向区政府申请区十届人大四次会议经费事宜、县乡人大工作经费事宜，决定2018年8月16日下午召开区十届人大常委会第十六次会议并确定建议议程。

8月20日，召开第二十五次主任会议。会议研究《关于2018年上半年江门高新区（江海区）国民经济和社会发展计划执行情况》《关于2018年上半年江门高新区(江海区)财政预算执行情况》的初审意见（草案）》《关于2017年江海区预算执行和其他财政收支审计工作报告》的初审意见（草案）》，学习《习近平新时代中国特色社会主义思想三十讲》之第十九讲，确定提交区十届人大常委会会议的议题。

8月24日，召开第二十六次主任会议。会议研究召开江门市江海区十届人大四次会议有关事项，研究通过代表资格审查委员会关于代表资格审查的报告草案、《江门市江海区第十届人民代表大会第四次会议选举办法（草案）》，研究有关人事任职事项并提交常委会议审议，传达学习习近平总书记在全国宣传思想工作会议上的讲话精神，确定提交区十届人大常委会第十七次会议的议题。

9月28日，召开第二十七次主任会议。会议研究《江门市江海区第十届人民代表大会常务委员会代表资格审查委员会组成人员调整建议名单（草案）》《江门市江海区人大常委会对XXX单位开展工作评议的实施方案（草案）》《关于开展对区政府2018年项目支出预算绩效评价情况的调研方案》，研究并原则同意《关于开展高新区（江海区）文明城市建设长效管理情况调研的方案》,研究《关于组织调研组部分成员前往宁波市人大及文明办进行考察学习的方案》,确定提交区十届人大常委会第十八次会议的议题,通报《江门市江海区第十届人民代表大会常务委员会代表资格审查委员会组成人员调整建议名单（草案）》。

10月18日，召开第二十八次主任会议。会议研究有关人事任免职事项并提交常委会议审议、区人民法院《关于提请确定江门市江海区人民法院人民陪审员新选名额的报告》《2018年江海区人大常委会组成人员走访方案》《关于高新区（江海区）2017年财政决算草案报告初审意见》《关于批准高新区（江海区）2017年财政决算草案报告的决议（草案）》《关于麻园河黑臭水体综合整治项目跟踪监督暨江海区人大常委会主任会议重点督办代表建议工作现场会的方案》《江海区扶贫专项监督调研报告》，确定提交区十届人大常委会会议的议题。

11月21日，召开第二十九次主任会议。会议研究《关于江海区十届人大三次会议代表建议、批评和意见办理情况的报告（讨论稿）》《关于区十届人大三次会议代表建议办理情况报告的审议意见（讨论稿）》《关于高新区（江海区）文明城市建设长效管理调研报告》《麻园河黑臭水体综合整治项目跟踪检查情况报告》，确定提交区十届人大常委会第十九次会议的议题。

12月19日，召开第三十次主任会议。会议研究有关人事任免事项并提交常委会会议审议，研究《区人大常委会组成人员走访代表活动意见综合》《关于对江门高新（江海）区财政支出预算绩效管理专项检查情况的报告》《关于对区环境保护局工作评议情况的报告》《关于召开区环境保护局工作评议会议的方案（上会稿）》《关于高新区（江海区）2018年财政预算调整的审查意见》《关于对江门高新区（江海区）华夏幸福合作区项目建设情况调研报告》、区监察和审计局《关于高新区（江海区）2017年度本级预算执行审计整改情况的报告》《关于对2019年江门高新区（江海区）部门预算编制情况跟踪审查工作方案》《南冲电排站项目建设情况中期检查报告》、机关退休干部活动经费问题，确定拟提交区十届人大常委会会议的议题。

12月26日，召开第三十一次主任会议。会议研究同意黎炳灿辞去江门市江海区第十届人民代表大会代表职务的请求并提交区十届人大常委会第十九次会议审议。

【审议决定重大事项】 区人大常委会围绕区委决策部署依法行使决定权，对区委安排的事关全区经济社会发展大局的重大事项及时作出决议决定。依法对地方政府债务限额、区级财政预算调整方案和上一年度区级财政决算等报告进行审议并作出决议，督促区政府严格遵守相关规定，加大力度防范财政金融风险，进一步优化财政资源配置，提升社会公共服务能力。创新人大依法决定重大事项的新形式，对区政府年度民生实事项目实行人大代表票决制，使民生实事项目的确定和实施依照法定程序最大程度体现群众的意愿。

【创新监督工作方式】 首次启动对政府职能部门的工作评议。根据人代会代表测评结果和群众反映热点问题较多的实际，对区环境保护局开展工作评议。创新评议方式，听取报告与专题询问相结合。持续开展对人大审议意见落实的跟踪问效，包括对义务教育“三二一”工程、科技创新工作、“侨梦苑”建设等审议事项整改效果实行持续跟进。首次组织人大代表约见国家机关负责人活动。首次尝试开展街道人大工委听取街道专项工作报告的工作，这是街道人大工委挂牌成立以后在区人大常委会委托和授权下，依法履职，发挥辖区人大代表的监督职能，开展监督工作的创新举措。

【创新立法联系工作】 区人大常委会持续深入推进基层立法联系点工作，制订《江海区人大常委会基层立法联系点工作制度（试行）》，发挥江南街道江翠社区基层立法联络单位的优势，协同打造社会治理共建共治共享示范点。发挥基层立法义务收集员作用，从不同渠道收集各方意见，对多部法律法规征求意见稿反馈有参考价值的意见。年内，省人大、全国人大都分别实地视察江南街道江翠社区基层立法联系点，肯定区人大在基层群众参与立法方面的探索与创新。

【财经工作监督】 强化经济社会运行监督，通过听取和审议国民经济社会发展计划、财政预算和审计工作报告，督促有关部门认真落实党委关于经济工作的决策部署，把预算审查监督放在重要位置，不断改进预算审查监督方式，实现全口径预算审查监督。对全区20个财政资金项目进行财政预算绩效评审，建议安排资金比原计划减少5500多万元，有效增强财政资金的使用效益。继续推行区人大常委会与同级财政部门财政预算支出联网监督，实现对政府预算开支的全过程监督。对华夏幸福整体合作开发建设约定区域项目持续跟踪监督，督促区政府有关部门重视存在问题并重点研究解决。

【重点项目监督】 配合主动强化乡村振兴工作监督，组织开展农村生活污水处理情况专题调研，督促政府加大投入，加快污水处理设施建设，参与督办乡村“三清三拆三整治”行动，推进农村人居环境整治，加快城乡建设步伐。

【民生热点事项监督】 强化民生工作监督，坚持以人民为中心的发展思想，组织代表对麻园河黑臭水体综合治理工程进行专题视察和督办。持续关注南冲电排站建设进展，年内三次前往建设工地视察。以提升城市管理水平为着眼点，对全区建立创文长效机制工作进行调研。

【司法工作监督】 开展执法检查，对《中华人民共和国人民调解法》贯彻实施情况进行执法检查，提出有针对性的改进意见和建议，加强对规范性文件的备案审查监督，进一步做好规范性文件备案审查工作，依法对区政府报备的4份规范性文件进行合法性审查，开展专项监督；到区公安分局开展扫黑除恶专项斗争和全民禁毒工程专题调研；对法院执行难问题进行专题调研，督促和支持法院创新方式方法，提高执行效能。

【首创立法意见义务收集员制度】 在立法意见收集模式上，在全省首创立法意见收集员模式并得到省人大法工委的肯定。收集员来自社会各阶层，在立法过程中提出的立法意见多次被立法机关采纳，在《广东省实施〈中华人民共和国律师法〉办法（草案修改稿征求意见稿）》征集意见中，江南街道江翠社区的立法意见义务收集员提出“律师服刑期满后执业证书予以返还”一条对律师重新执业的要求过于宽松，是否可以参考机动车驾照申领有关规定作修改被省调研组采纳并改为“刑期届满后可依照国家有关规定申请恢复执业”；全国人大征求《中华人民共和国慈善法》修改意见时，征求意见稿没有“诈捐”的规定，收集员认为应对沽名钓誉的“诈捐”行为进行惩戒并提出修改意见，使颁布实施的《中华人民共和国慈善法》对“诈捐”作出规定。

【组建法律咨询专家库】 通过筛选、考察，从高等院校、律师事务所、政法部门和区直相关职能部门中选聘19名热心立法工作、社会责任心强、专业知识扎实和实践经验丰富的专家，建立法律咨询专家库，根据不同的立法内容和立法领域组织不同的专家对立法项目、法律审议和修改进行深入讨论论证，提出专业意见，提高立法意见和建议的质量。

【共建共治共享示范点培育】 发挥省基层立法联络单位作为示范点的引领作用，创新社会治理模式，依托江南街道江翠社区作为省人大基层立法联络单位的优势，把江翠社区培育成为全区共建共治共享示范点，坚持依靠居民、依法有序组织居民群众参与社会治理，实现人人参与、人人尽力、人人共享。由立法意见义务收集员和居民中选举产生的“议事委员会”，运用他们参与立法中所学到的法律知识，自主讨论、研究、决策社区管理事务，宣传国家法律法规，自主解决社区管理中的实际问题，从而实现居民群众自我管理、自我教育和自我服务。依托广东大冶摩托车技术有限公司作为行业龙头企业的影响力和号召力，突出公司负责人个人能力和资源优势，影响和带动更多的企业参与立法联系工作，守法经营，懂用、善用法律武器维护企业的合法权益。总结江南街道江翠社区创新社区管理模式的做法，通过典型带动、示范引领并在全区推广，推动全区基层立法联系工作全面开展。

【拓展代表履职工作】 通过常委会领导班子成员联系常委会组成人员、常委会组成人员联系人大代表的“双联系”模式，架起代表和常委会沟通的桥梁。推行“四项举措”：拓宽意见征集通道。在全区各街道和部分村（社区）、企业、行业协会建成联络室15间，在全市率先实现每10名人大代表就有一间联络室的目标，建立代表意见建议动态征集机制；加强代表建议办理情况的监督。坚持主任会议督办重点建议，邀请领衔代表对重点建议进行现场督导，加强与“一府一委两院”的沟通协调督办，以解决群众关心的热点难点问题；创设条件点燃代表履职激情。出台《人大代表述职评议活动工作方案》，全面铺开人大代表述职评议活动，通过“代表述”“选民评”方式对代表履职成效进行评价，增强代表履职的自觉性；完善代表履职档案，把代表出席会议、学习培训、联系选民、视察调研等活动情况记入履职档案，每年进行评比。

【代表联络室建设】 全区共建有代表联络室15间，实现街道、社区、乡村和企业全覆盖，实现每10名代表有1间联络室，完善升级履职平台建设。各街道人大工委依托代表联络室这平台创新代表履职途径。外海街道开展一月一次“榕树头议事”，把议事地点搬到直冲村大榕树下，根据每月主题“专题约访”相关人员，听取群众心声；礼乐街道搭建党委政府和企业沟通的平台，设立腊味行业协会人大代表联络室，成为全市首个设在行业协会的人大代表联络室；江南街道以代表联络室为平台、以基层立法联络单位为根据、以代表议事论坛活动为切入点，开启“三位一体”工作模式，做到日日有接访、周周有活动、月月有议事。全年全区人大代表联络室开展活动74次，代表到代表联络室开展活动294人次，代表联系选民103人次，收集意见和建议93条。

【人大代表建议办理】 建立建议办理督办机制，坚持主任会议督办重点建议，邀请领衔代表对重点建议现场督导；加强与“一府一委两院”的沟通协调督办。全年区政府对代表们提出的47件建议全部作出答复和办理，办复率和代表对答复的满意（含基本满意）率均为100%。

【发挥人大代表作用主题活动】 按照省、市主题活动的相关要求，组织人大代表主题活动日活动，以代表小组活动为基础组织活动6场，进驻6个联络室开展活动。参与活动的市人大代表18人，参与率68%；区人大代表88人，参与率60%。组织开展专题调研、视察、走访群众和在代表联络室接待选民等形式的活动，有针对性地选取教育、环保和乡村振兴等主题，视察“三二一”工程项目建设情况、调研视察黑臭水体整治和污水处理情况、视察新农村建设情况和乡村振兴发展情况。通过接待选民和接待活动，收集选民意见建议13条并转交相关部门跟进。

【任免工作】 严格履行任前法律知识考试、投票表决、颁发任命书、向宪法宣誓等程序，增强人大选举和任命人员的宪法意识、责任意识和公仆意识，全年任免本级国家机关工作人员56人次。十届三次会议期间，做好监察委成立工作，依法选举产生监察委员会主任和任免监察委员会成员。召开十届人大四次会议，补选区人大常委会主任1名、委员2名。

【推进县乡人大工作年建设】 根据省人大常委会推进县乡人大工作年活动安排，围绕县级人大的规范化建设要求召开全区加强县乡人大工作和建设经验交流会、街道人大工作现场会、街道人大工委工作会议等，总结全区县乡人大工作和建设进展；在市人大举办的评优工作中，区人大常委会机关被评为县乡人大工作和建设创新单位，礼乐街道人大工委被评为县乡人大工作和建设先进集体。

【江海区人大常委会领导名录】

主　任：周婉玲（女，至3月）
　　　　余志坚（7月起）
副主任：林锦集
　　　　胡影儿（女）
　　　　黄卫明
　　　　陆润球
　　　　张成富
　　　　郑仕进

江门高新区管理委员会·江海区人民政府

【主要工作考核目标完成情况】 8项重点工作合计263项年度具体工作内容和任务，包括国家自主创新示范区建设、广东（江门）“侨梦苑”华侨华人创新产业聚集区建设、小微企业创业创新基地城市示范建设、江门高新产业新城建设、招商工作、电机产业新城建设、优美科新材料建设和重点城市品质提升工程。完成254项，未完成9项。116项重点项目年度总投资额121.23亿元，累计完成投资130.9亿元，完成率107.98%。其中列入省重点项目范围、年度总投资额12.2亿元的4项正式项目，累计完成投资13.02亿元，投资完成率106.72%；列入市重点范围、年度总投资额89.73亿元的77项项目，累计完成投资99.74亿元，投资完成率111.15%。102项政府工作清单任务，含15项主要经济指标，完成97项，未完成5项。10大方面合计39项民生实事，包括保障底线民生、统筹精准扶贫、提升基层服务、发展优质教育、促进创新创业、建设“健康高新（江海）”、加强环境整治、建设公园城市、改善交通环境、加大安全保障等10大类别全部完成，其中8项超额完成任务。

【督查督办】 制订《2018年高新区（江海区）重点工作任务分解表》《2018年高新区（江海区）重点建设项目计划表》《2018年江门高新区管委会江海区人民政府工作清单》《2018年高新区（江海区）十项民生实事计划表》，进行定期通报和年终考核，对有关批示内容和要求进行跟踪督办并每季度进行通报。全面推行一线工作法，开展现场督查和暗访督查，并以督查快讯等形式及时向区主要领导、责任领导汇报项目最新进展及存在问题。对接市委督查室、市府办督办科、市府办综合七科和市发改局重点办，每月按时通过市督查督办电子监察系统等方式报送各项跟进事项及重点项目进展情况。每月固定通过市督查督办电子监察系统及市有关部门报送跟进事项20项，报送省、市重点项目进展情况24期。全年刊发《督查通报》46期、《签报意见》13期，发出《督查通知书》7期。

【两会议案建议和提案办理】 受理区十届人大三次会议、区政协四届三会议期间，区人大代表和政协委员提出的建议和提案75件，其中人大代表建议47件、政协委员提案28件。承办市十五届人大四次会议、政协十三届二次会议期间，市人大代表和政协委员提出的建议和提案115件（含闭会期间建议3件），其中主办7件。协助办理省十三届人大一次会议、省政协十二届一次会议期间建议提案6件。办理市人大常委会组成人员联系走访代表活动反映意见和建议、区人大常委会组成人员走访代表活动收集意见建议、市人大代表对市政府工作意见和建议、2018年上半年“一府两院”工作通报会上对政府工作提出的意见和建议、江门市党外人士座谈会党外人士所提意见建议、市十五届人大四次会议列席华侨专题座谈会意见和建议、市政协港澳委员座谈会意见和建议等48件。244件建议提案办复，一次办复率100%，建议提案的提出人对答复的满意率（含基本满意）100%。

【金融工作】 召开金融工作座谈会，邀请市科技局、市金融局、江门银监分局、江门市各银行分行、辖区金融机构负责人参加，共同探讨解决降低实体经济企业成本、小微企业融资难融资贵等问题的方法。召开江门高新区（江海区）工商银行（澳门）股份有限公司金融合作座谈会，全区30余家有发展潜力的、对外资外贸有需求、对银行业务有需求的企业和工银澳门总裁、工商银行江门分行行长参加，加大两地金融合作的广度和深度。与工商银行（澳门）共同签署深化江澳合作携手共建大湾区框架协议。会同区财政局受理和审核辖区内2家小贷公司申报2018年度小微企业发展扶持资金；会同市金融局受理申报中小企业信用体系建设评级补助专项资金的企业31家；会同市金融局对第一批研发融资奖补资金进行下发，区内4家企业获得市级研发融资奖补资金139.58万元，占全市研发融资奖补资金的47.8%，获奖补企业数及获奖补金额均为全市第一。9月28日，广东华兴银行江门高新支行开业。年内，在中环广场举办2018年江海区防范和处置非法集资宣传活动。

【“三旧”改造】 全区“三旧”改造项目中工改商住项目5个共967.1亩，包括江门船厂“三旧”改造项目、滘头兰花味精“三旧”改造项目、春燕棉纺厂“三旧”改造项目、江门纸厂“三旧”改造项目、广东联合化纤染织有限公司“三旧”改造项目均已动工，2018年计划投资13亿元，完成投资9.68亿元。其中滘头兰花味精“三旧”改造项目办理竣工验收手续。全区审批工业升级项目4个共169.76亩，分别为外海街珠西云谷科技企业孵化、加速器（中小微企业创业创新基地）工业升级项目；金溪实业工业升级项目；隆源物业发展有限公司工业升级项目；江门海琪电子科技有限公司工业升级项目。珠西云谷、金溪实业和海琪电子均已动工，隆源物业办理报建手续，2018年计划投资0.99亿元，完成投资0.733亿元。按照省动态监测系统的最新统计数据，全区完成新增实施任务551.29亩、完成改造任务421.49亩，全部完成市下达任务。全区“三旧”改造计划供地项目4宗135亩，分别为联星村旧厂改造项目、新时代黏合胶旧厂改造项目、红星村旧厂改造项目以及新民村益中围、合罗围旧厂改造项目。纳入全市城中村改造计划表的项目6个31.19公顷，其中纳入标图建库面积27.28公顷，包括江南街道滘头联社、滘头红星村、滘北联社、滘北油湾村、滘北北街村和外海街道七东村，其中滘头红星村项目办理完善历史用地手续、滘头联社水上人家项目制订改造方案。

【政府采购】 全年政府采购项目预算金额4887.87万元，实际金额4708.00万元，节约179.87万元，节约率3.88%，采购347次。“三二一”工程是市委、市政府和全区公办学校建设的重点工程，工程包括新建景贤、朗晴、实验三所小学的设备、办公家具、综合布线等项目。按时按量完成采购工作，采购预算517.93万元，实际采购金额446.1万元，节约金额71.83万元，节约率13.87%。协助区应急办完成江门高新区（江海区）综合指挥中心信息化系统（应急、三防、综治指挥中心信息化系统）建设项目的采购咨询工作，并完成招标采购流程。根据《江门市2018年政府集中采购目录及限额标准》调整，20万元～50万元的服务类项目采用网上系统进行采购，通过电子采购，缩短采购周期，增强灵活性和及时性。网上采购模式成为采购主要模式，全年一般办公用品网上询价采购208次，采购金额1496.09万元，增加231.25万元；网上购买服务采购72次，采购金额1800.71万元，增加549.68万元。

【信访工作】 全年办理群众来信来访网上信件738件次，其中来信53件次，减少1.9%；来访85批387人次，增加174.2%。网上信访60宗，增加25%。其中群众到区集体上访17批289人次，增加142.9%；群众到市集体上访2批99人次，减少28.6%；没有发生群众到省上进京集体上访。突出信访矛盾包括涉房地产、军、劳资纠纷和信访积案。年内，中巡组交办的7宗案件、国专件、省专件和市专件全部办结，区排查案件化解办结4宗。江海区连续6年获得全市信访工作考核一等奖，2018年再次荣获中央联席办全国信访工作“三无”（无进京越级上访、无大规模集体上访、无因信访问题引发的极端恶性事件和舆论负面炒作）县（市、区）表彰。全省共有10个县（市、区）获得表彰授牌，江海区为江门市唯一获得此荣誉的市、区。

【江门高新区管理委员会领导名录】

主　任：彭章瑞
常务副主任：汤惠红（女）
副主任：郑耀强
陈焕溪
任安良
柯杰兵（至6月）
郭　军（挂职，7月起）

【江海区人民政府领导名录】

区　长：汤惠红（女）
常务副区长：陈诚
副区长：王作青（女）
谭良伟（至5月）
梁中杰（5月起）
丑继明
李国和（至9月）
区　用
曾国华（10月起）
于　琦（女，挂职，至6月）
梁俊刚（挂职，1月起）
庞晋山（挂职，2月起）

中国人民政治协商会议江海区委员会

【四届三次会议】 1月10－12日，召开中国人民政治协商会议第四届江门市江海区委员会第三次全体会议。会议听取区政协常委会工作报告和区政协常委会提案工作报告，举行“委员论坛”大会发言，列席区十届人大三次会议，表彰2017年度区政协优秀提案和督办、办理提案先进单位，审议大会决议，选举增补马岸宇、区伟龙、田吉平为区政协常委。

【常委会会议】 1月12日，召开四届七次常委会会议。会议听取区政协四届三次会议期间各组讨论情况汇报，确定增补区政协常委候选人名单，通过选举办法草案，确定总监票员、监票员建议名单，审议通过区政协四届三次会议期间提案审查情况的报告草案，审议区政协四届三次会议决议草案。

7月25日，召开四届八次常委会会议。会议学习贯彻党的十九大精神和新的政协章程，听取和讨论江海区2018年上半年经济社会发展情况通报、2018年“一号提案”办理情况报告和2017年“一号提案”督办意见落实情况。

12月28日，召开四届九次常委会会议。会议学习贯彻习近平总书记视察广东重要讲话精神，听取区政府2018年经济社会发展情况通报及2019年的发展思路、区纪委监委审计局2018年工作情况通报（书面）、区人民法院2018年工作情况通报（书面）、区人民检察院2018年工作情况通报（书面）和区政府关于政府部门办理区政协四届三次会议以来的提案工作情况通报（书面），讨论区政府、区纪委监委审计局、区人民法院、区人民检察院2018年工作情况通报和政府部门办理区政协四届三次会议以来的提案工作情况通报并提出意见建议，审议通过关于召开区政协四届四次会议的决定草案、区政协四届四次会议议程草案、区政协四届四次会议日程草案，审议通过提交区政协四届四次会议审议的常委会工作报告草案、提案工作报告草案、区政协四届四次会议期间提案收集截止日期草案、区政协四届四次会议邀请列席人员的决定草案、关于表彰区政协2018年度优秀提案和办理提案先进单位的通报草案；听取区政协各专门委员会2018年工作情况报告（书面），审议通过提出请辞的区政协第四届委员会委员，协商决定增补区政协第四届委员会委员，审议通过《政协第四届江门市江海区委员会常务委员会关于授权主席会议审议区政协四届九次常委会会议未尽事宜的决定》。

【主席会议和党组会议】 1月30日，召开党组会议。会议传达学习省委书记李希在政协第十二届广东省委员会第一次会议上的讲话，学习区纪委、区委组织部《关于认真开好2017年民主生活会的通知》，研究部署区政协党组民主生活会的有关事宜，学习研讨习近平新时代中国特色社会主义思想有关理论，研究人事问题。

3月7日，召开主席会议。会议研究区政协赴广西开展扶贫工作调研的有关事宜、区政协举办常委履职能力培训班的有关事宜、区政协机关合同工待遇方案和区政协2018年工作计划。

3月7日，召开党组会议。会议研究区政协党组2018年第一季度学习计划，学习党的十九届三中全会精神，研究区政协合同工人事安排。

4月25日，召开主席会议。会议研究区政协2018年学习重点专题，学习《中国人民政治协商会议章程修正案》，审议确定区政协2018年“一号提案”“重点提案”、区政协机关工会2018年度预算、“文昌杯”书法美术比赛方案和区政协联络组活动经费预算，研究区政协常委和委员履职能力培训班的有关事宜、区政协机关清洁工劳务费问题，民主推荐区政协机关优秀干部。

5月31日，召开党组会议。会议学习《中华人民共和国监察法》《中华人民共和国民法总则》，学习贯彻上级对党组会议的要求，研究区政协党组党建“书记项目”。

5月31日，召开主席会议。会议学习《中华人民共和国监察法》《中华人民共和国民法总则》，研究区政协领导班子办公场所整改事宜和赴港澳向区政协港澳联络组通报工作事宜。

7月6日，召开主席会议。会议传达贯彻中共中央办公厅《关于进一步激励广大干部新时代新担当新作为的意见》《中共广东省委关于深入学习贯彻落实习近平总书记重要讲话精神奋力实现“四个走在全国前列”的决定》《中共广东省委关于深入学习贯彻落实新时代党的建设总要求努力把各级党组织锻造得更加坚强有力的意见》《中共广东省委宣传部关于做好〈习近平新时代中国特色社会主义思想三十讲〉学习宣传宣讲工作的通知》和省委书记李希在省委十二届四次全会上的讲话精神，传达贯彻7月4日区委党委会议精神，研究区政协四届八次常委会会议议程和赴港澳向区政协港澳联络组通报工作事宜。

8月2日，召开党组扩大会议。会议学习贯彻中共江门高新区工作委员会工作会议暨中共江门市江海区第九届委员会第六次全体会议精神，研究开展“政协委员活动月”事宜和近期工作。

8月13日，召开党组会议。会议学习贯彻习近平总书记关于意识形态工作的重要讲话精神，传达贯彻区委落实意识形态工作责任制专题会议精神，学习贯彻中央宣传部《正确认识妥善应对中美经贸摩擦》学习材料精神，布置民主生活会事项。

8月21日，召开党组专题民主生活会议。会议通报区政协党组专题民主生活会征求意见情况、区政协党组领导班子专题民主生活会对照检查材料，党组成员作个人对照检查发言并开展批评和自我批评，区委督导组进行点评。

9月10日，召开党组会议。会议传达贯彻习近平总书记关于更好完成新形势下宣传思想工作使命任务和在深入推动长江经济带发展座谈会上的讲话精神，传达贯彻市委专项巡视工作会反馈意见精神，部署区政协纪律教育学习月活动安排，传达贯彻扫黑除恶专项斗争动员大会精神。

10月9日，召开党组会议。会议学习修订的《中国共产党纪律处分条例》，学习习近平总书记在全国教育大会上的重要讲话精神，研究区政协2019年度财政预算计划、第三届江海区政协书画院会员作品展经费预算。

10月31日，召开党组扩大会议。会议学习贯彻习近平总书记视察广东重要讲话精神，与会人员学习心得发言，观看警示教育片《铸魂》，传达省市机构改革工作会议精神，布置近期工作。

11月23日，召开党组扩大会议。会议传达学习贯彻习近平总书记在民营企业座谈会上的讲话精神，学习贯彻《关于加强新时代人民政协党的建设工作的若干意见》，传达学习贯彻高新区（江海区）宣传思想工作暨网络安全和信息化工作会议精神，研究区政协党建工作、区政协增补委员建议名单，学习宣传贯彻习近平总书记视察广东重要讲话精神专题研讨和习近平总书记关于加强党的领导和党的建设的重要论述。

11月29日，召开党组会议。区政协党组理论学习中心组学习贯彻习近平总书记视察广东重要讲话精神专题研讨之三，开展习近平总书记关于推动高质量发展的重要论述专题研讨。

11月29日，召开主席会议。会议学习贯彻习近平总书记视察广东重要讲话精神专题研讨，开展习近平总书记关于深化改革开放的重要论述专题研讨，研究区政协四届四次会议时间、地点、建议议程、筹备工作方案和筹备工作日程安排，研究区政协四届九次常委会的时间、地点、议程和会议安排。

12月19日，召开党组会议。区政协党组理论学习中心组学习贯彻习近平总书记视察广东重要讲话精神专题研讨之四，开展近平总书记关于提高发展平衡性和协调性的重要论述专题研讨，学习《中国共产党支部工作条例（试行）》，研究区政协机关合同工年终奖金方案。

12月27日，召开主席会议。会议审议关于召开区政协四届四次会议的决定草案区政协四届四次会议议程草案、日程草案，审议区政协常委会工作报告讨论稿、提案工作报告讨论稿、区政协四届四次会议期间提案收集截止日期草案、区政协四届四次会议邀请列席人员的决定草案、关于表彰区政协2018年度优秀提案和办理提案先进单位的通报草案、提出请辞的区政协第四届委员会委员名单，审议增补区政协第四届委员会委员名单、《政协第四届江门市江海区委员会常务委员会关于授权主席会议审议区政协四届九次常委会会议未尽事宜的决定（草案）》，研究区政协四届九次常委会会议议程。

【调研工作】 根据区委《区领导同志调研督导学习贯彻党的十九大精神工作方案》部署，开展主题为“充分发挥民主监督职能，推进民生实事建设”专题调研，撰写《充分发挥民主监督职能，大力推进民生项目建设——学习贯彻党的十九大精神调研报告》；为进一步推进“河长制”建设，开展“河长制”专题调研活动，撰写高新区（江海区）“河长制”实施情况调研报告。

2月24日，区政协主席何腾、副主席吴刚参加市政协到江海区围绕提案和社会法制工作及提案工作研究会的筹备成立情况专题调研座谈会。

3月2日，区政协副主席吴旭、黄少芳到区政协委员企业时尚五金实业有限公司和立信物业管理有限公司走访调研。

3月6日，区政协主席何腾、副主席周明，秘书长何国祥到区政协委员企业金溪实业有限公司和广东中特卫安保服务有限公司江门外海分公司走访调研，副主席吴刚到区政协委员企业江海区华源混凝土有限公司走访调研。

3月7日，区政协主席何腾参加省政协到江海区开展的“促进我省民营经济发展”专题调研。

3月20－22日，区政协组团赴广西壮族自治区崇左市大新县开展扶贫调研。

4月23日，区政协主席何腾、秘书长何国祥参加市政协到华夏幸福建设项目开展的调研活动。

5月2日，区政协主席何腾参加中共中央党校调研组到江门高新区公共码头的调研活动。

5月4日，区政协主席何腾参加江海区政协、区委统战部与区域民主党派组织的第46次季度调研活动。

5月30日，区政协组织开展江海区全面推行“河长制”专题调研。

6月29日，区政协主席何腾到重点项目江门高新区公共码头、区政协委员企业中外运仓码有限公司开展督导调研活动。

8月24日，区政协主席何腾参加江南街道人大代表联络组开展的“更好发挥人大代表作用”主题调研活动。

8月31日，区政协主席何腾到外海街道清兰社区、礼乐街道跨龙村开展乡村振兴调研督查活动，副主席周明到外海街道东宁村开展乡村振兴调研督查活动。

9月13日，区政协组织对江海区禁毒情况开展专题调研。

10月9日，区政协副主席黄伟权参加江门市政协副主席向斌到江海区开展“扶持优质中小企业发展”专题调研。

11月15－17日，区政协提案与联谊委成员赴江西省南昌国家高新技术产业开发区考察调研。

【视察活动】 3月20－23日，区政协副主席周明赴黑龙江省七台河市高新区、经济开发区进行商务考察和对口合作交流。

5月15日，区政协主席何腾，副主席周明、吴旭，秘书长何国祥到恩平市政协考察。

5月17日，区政协主席何腾、秘书长何国祥陪同清远市政协负责人在江海区参观考察。

7月6日，区政协主席何腾参加江海区与济南市天桥区党政考察团工作交流座谈会。

7月16日，区政协主席何腾参加澳门政协委员和青年骨干在江海区的考察活动。

7月24日，区政协副主席吴刚参加省政协副主席邓海光到江海区瑞健颐养院的调研考察活动。

8月31日，区政协副主席黄少芳参加江南街道政协联络组调研视察活动。

11月13日－16日，区政协主席何腾参加江门市政协组团赴梅州市和河源市的学习考察活动。

12月12日，区政协副主席黄少芳参加市知联会学习习近平总书记视察广东重要讲话精神暨会务日活动。

12月18日，区政协主席何腾参加广东省人大代表集中视察江门高新区公共码头活动。

【提案督查督办】 2018年提案工作基本情况：立案28件(其中并案2件)，不予立案的2件，立案率93.33%。参与提案委员73人次，28件提案分别由21个单位承办并办复。其中解决或采纳13件、列入计划拟解决7件、留作参考8件。委员对提案办理结果满意92.86%，基本满意7.14%。对由区委、区政府主要领导督办的“一号提案”和重点提案，由区政协召开专题协商视察会议，邀请区委、区政府有关领导以及提案承办单位、提案者和政协常委、各民主党派负责人、提案委成员开展专题调研，通报有关情况，面对面沟通交流意见建议，提出落实意见，推动提案有效办理。以点带面、举一反三，达到办理一件提案解决一批问题的实效。通过副主席带队视察、调研督办重点提案，出席提案交办会、提案办理协商会，走访提案承办单位，组织委员和承办单位到先进地区及高校专题学习提案工作，增强提案办理工作合力。

【履行民主监督职能】 组织听取区经济社会发展情况和区纪委监委、区人民法院、区人民检察院工作情况通报，围绕各项通报履行民主监督职能，主席会议组成人员配合区委、区政府做好督导工作，包括督办江门高新区公共码头、南方职院建设、珑山居等重点项目，做好挂点社区和创文难点的督导工作；配合实施乡村振兴战略和人才战略，开展“一对一”联系专家工作，推进粤桂扶贫协作；组团到广西壮族自治区崇左市大新县开展调研考察活动，落实“一对一”精准扶贫工作部署；组织市政协江海联络组委员，为完善盲道建设、进一步提升城市文明程度建言献策。

【联谊交流活动】 组织港澳委员和历届港澳委员代表参加区委、区政府组织的港澳委员座谈会，听取区委、区政府工作通报，开展向港澳委员宣传学习贯彻习近平总书记视察广东重要讲话精神、通报高新江海区经济社会发展情况等活动，组织港澳委员围绕庆祝改革开放40周年进行系列庆祝活动，配合有关部门做好港澳专项工作。做好省政协到江海区开展“促进我省民营经济发展”专题调研、澳门区政协委员和青年骨干考察、清远市政协到江海区开展实体经济考察调研、鹤山市政协到江海区开展高新产业新城建设考察调研等活动。

【慈善公益活动】 组织香港政协委员和热心人士，在江南街道开展“千叟宴”活动，到社区老人群众的家中开展节日慰问，协助区委、区政府开展公益慈善月活动，发动政协委员和社会热心人士为江海区慈善事业捐款。组织爱心团体及爱心人士在重大节日期间对辖区的贫困户开展“送温暖”慰问活动。联合市政协历届委员联谊会，到区内的养老院开展敬老慰问活动。

【政协江海区委员会领导名录】

主　席：何　腾

副主席：吴　刚

周　明

黄伟权

吴　旭

黄少芳（女）

群众团体

QUN ZHONG TUAN TI

江海区总工会

【组织建设】 制订区总工会改革实施方案和区总工会机构编制方案，配齐兼挂职副主席。外海、礼乐、江南街道成立总工会，配齐兼职副主席以及社会化工会工作者。全区办理工会组织统一社会信用代码503家，其中缴费企业386家，机关事业单位33家，教育系统32家；社区、村工联会62家；行业协会4家；建立园区工会联合会2家，为江海区宝源工业园工会联合会和外海街道直冲工业园工会联合会。开展百日建会行动，全区新建50家25人以上企业工会，其中100人以上26家。

【维权工作】 全区600多家企业签订集体合同，企业工资集体合同建制覆盖率85%以上，涵盖法人单位2951家，覆盖职工7万余人。其中546家企业签订劳动安全卫生专项合同。聘请律师担任工会法律顾问，妥善处理维权案件5宗。健全劳动争议联席会议制度，召开法院、司法、社事等部门联席会议，指导街道成立劳动争议调解委员会，通过建立劳动争议调解员队伍，劳资纠纷调解成功率超过80%。

【劳动竞赛】 开展涉及工业生产、医疗技能、厨艺、家政、园林和教职工等多方面的劳动竞赛，分别组织职工参加粤港澳大湾区劳动竞赛、全省焊工比赛和全市叉车等竞赛，参与技能竞赛10000多人。推进产业工人队伍技能培训，落实技能补助89人。发动员工41人申报资助优秀职工提升技能和资助优秀职工学历提升技能补贴。

【关爱慰问活动】 为职工提供就业信息，包括编制招工信息20条，涉及120家企业，招聘职位390个。全年开展送温暖活动，慰问困难员工和助学人数533人，发放金额60万元。做好送清凉工作，投入15万元，分别到125家企业进行职工慰问。做好职工互助保障，全年住院二次医保、职工医疗互助保障计划、女职工安康互助计划参保13203人次，发放职工互助赔付款使395名住院或患大病者得到资助。

【评先推优】 在基层工会评选江海区优秀工会工作者55名、工会积极分子80名。年内，地尔汉宇公司和励福公司研究中心分别获得广东省“五一劳动奖状”。科恒公司万国江、谦信化工公司吴海昌获得广东省“五一劳动奖章”，安诺特公司刘琳获得“全国优秀工会积极分子”称号。

【创新业务项目】 创建劳模（职工）创新工作室，全区共有15家企业成立创新工作室，为企业科研做出贡献。围绕基层工会的台账不完善、职工薪酬偏低、激励帮扶不到位等薄弱环节，出台针对性措施，完善工会制度和台账。为规范工会管理，服务职工，开展实名制登记工作，全区4.5万名职工会员登记在册。开展基层工会各类培训，为基层工会干部提供外出学习交流机会，包括安全生产培训、幸福6+1讲座、各类法律知识培训共20多期，参加培训2500人。

共青团江海区委员会

【青年就业创业指导服务】 根据区委提出建设成为创新型经济主导的高水平高新区的目标，在团市委的支持下，以服务科创人才为出发点，工作重心向高校大学生和刚毕业创业青年、港澳创业青年等群体覆盖，整合社会资源开展梦想课堂项目，对初创青年开展“梦想课堂进校园第一季、第二季”等创业讲堂，对港澳青年开展“江港汇，菁英行”青年商务合作交流会、“粤港澳创业青年高峰论坛”等创业沙龙介绍；对在孵化的青年企业家开展“梦想课堂实战篇”“青春追梦新时代，我们就是这么young”等主题互动培训。通过“校一企一地”三方合作模式，开展创业讲堂、创业沙龙、创业培训等系列活动16场次，挖掘、孵化创新创业项目52个，引入辖区孵化器落地培育，建立创新创业青年人才库，入库53人。

【基层团干部培训】 年内先后组织开展井冈山革命传统教育基地培训班、学习党的十九大专题培训班、学习贯彻习近平总书记“7·2”重要讲话精神和视察广东重要讲话精神、团十八大会议精神宣讲会和省第十四次团代会精神等培训学习11场次，覆盖基层团干1300人次。一批优秀团干和团组织相继为全区村（居）、“两新组织”、学校等重点领域树立榜样，江南街道新中社区团支部获广东省五四红旗团支部标兵称号，第十一中学团委书记李淑霞获省优秀团干称号，启迪之星运营总监陈如月获广东省优秀团员称号，古旗亭工业设计有限公司团支部书记林炳塔被评为全国向上向善好青年（创新创业组）。

【两新组织团建】 与区委组织部沟通，推进“两新”（新经济组织、新社会组织）组织团建，出台《江海共青团整治软弱涣散基层组织三年行动“命脉工程”实施方案》，重点在已建党组织的“两新”组织和青年集中的规模以上企业和示范企业建团，依托党组织和工会组织，结合“智慧团建”系统建设，加快推进“两新”组织团建，重新建立“失联”团组织联系。

【智慧团建系统建设】 根据团省委、团市委“命脉工程”工作方案，结合江海区实际出台《江海区“智慧团建”团员报告工作方案》《江海共青团整治软弱涣散基层组织三年行动“命脉工程”实施方案》，深入推进基层“智慧团建”工作。全区共有团组织306个，其中团委（团工委、团总支）11个、团支部292个；实名在线报到团员4641名，报到率77%，专兼挂职团干部590名。

【扩大团属社会组织】 团属社会组织是共青团做好青年工作参与社会发展的新生力量，通过种子计划进行孵化培育，同善社工中心、青年新媒体协会等6家青年社会组织完成注册，承接的政府购买服务资金400万元，承接各类社会服务50多项。

【特殊青少年宫青年服务工作】 以区青少年宫、街道一级“430学堂”为载体，团区委开展“青春护航、伴你同行”“警报110”小学生安全教育等项目，开展困难青少年学习辅导、新留守儿童心理咨询等服务。以“社矫青少年”为中心，服务延伸覆盖至“前期预防”的边缘青少年以及“后期巩固”的安置帮教青少年，实现“边缘青少年--社区矫正青少年--安置帮教青少年”的服务阶段全覆盖。先后跟进对象32人，其中社区矫正及安置帮教青少年20人、学校边缘青少年2人、社区留守儿童10人，累计服务325人次；开展成长小组18节，累计服务138人次；社区服务16场，累计服务2960人次。7名服务对象在社工的引导下注册登记成为志愿者并参加志愿服务65次。

【青少年服务志愿站建设】 结合“创文复牌”工作，在青年志愿服务站、党员义工服务站、白水带风景区和高新区汇源步行街学雷锋志愿服务站的基础上，新增陈少白广场、东海路商业街（江海广场）、釜山公园、江南文化广场等4个学雷锋志愿服务站亭，从风景区到工业区，从商业区到休闲区，实现服务项目和后勤保障的全覆盖，形成“义工联指导、社工机构运营、周边群众参与”的共建共治共享社会治理格局。区义工联深入“不忘初心，服务社群”志愿服务行动，鼓励26个社区志愿服务站和165支“草根”服务队开展爱老助残、青少年义教、环境整治、争当“河小青”（守护河流的青年志愿者）等多元化志愿服务，全年开展活动2170场，服务时数13万小时。

【团队组织设立】 年内成立江海区少先队工作委员会、共青团江海区教育工作委员会、共青团江海区“小个专”（小微企业、个体工商户、专业市场）工作委员会等，以系统团建、全团带队、行业团建的方式凝聚青年，做好党的青年工作。其中“小个专”团工委成立以来，成立区域性市场团组织12个，通过示范作用，以先进带动后进，以点带面，逐步把松散的社会团员凝聚成为团的基层工作力量。成立外海中学、礼乐中学、江门市第十一中学、麻园中学、礼乐二中、礼乐三中和文昌中英文学校7所中学团校，满足中学生成才发展需要。

【共青团改革工作】 根据中央、省、市的统一工作部署，按照共青团工作职能的变化，整合优化团区委机关机构挂兼职人员机构和职能调整，重新制订《关于中国共产主义青年团江门市江海区委员会机关主要任务、内设机构和人员编制规定》，加强团区委专职、挂职、兼职相结合的干部建设。团区委班子按照“专职书记1名＋专职副书记1名＋兼职副书记1名＋挂职书记助理1名”的结构配备，改革以后挂兼职干部占干部总数比例达到50％。机关工作人员根据工作需要，配备兼职团干部2名，改革以后挂兼职干部占专挂兼职干部总数的比例达到57%。严格把控团员发展标准，做到从严从精入团，保证团员在青年群体的先进性，全区中学团员、青年比例降至21％。

江海区妇女联合会

【妇联改革和换届工作】 落实区委关于加强和改进党的群团工作的意见和妇联改革实施方案的工作要求，11月8日，区级妇联完成换届工作，通过无记名投票选举出主席、副主席各1名，挂职副主席1名，兼职副主席2名，妇联班子成员中挂职和兼职成员达到50%的要求。全区62个村、社区全面完成妇代会改建妇联工作，选出妇联主席62名、副主席80名、执委696名；街道完成妇联换届，3个街道妇联执委会队伍从原来46人增至77人，解决基层妇联薄弱的问题。在各级妇女代表大会中，代表、执委以及常委比例中各行各业劳动妇女和知识女性的优秀代表比例均提高至70%、40%和30%以上。

【网上妇女之家建设】 加强妇联系统网络及新媒体建设、网上妇女之家建设，开通进驻“南方企鹅号”，建立完善妇联微信服务群、工作群，建立妇联网络宣传员队伍，打造妇联系统新媒体集群，开拓“互联网+妇联工作”新常态。在微信公众号、区妇联网站上开设“微课堂”、设置“巾帼心向党 建功新时代”主题宣传栏，引导广大妇女增强理想信念为社会贡献力量。

【妇女儿童发展规划实施工作】 2018年为江海区贯彻实施妇女儿童发展规划的关键之年，在江门市妇儿工委办的精心指导下，以促进妇女儿童发展为目标，以全面实施妇女儿童发展规划为主线，落实男女平等基本国策和儿童优先原则，发挥组织、协调、指导和督促的职能作用，推动妇女儿童发展规划的全面实施并完成全年工作任务。2017年末，江海区妇女发展规划、儿童发展规划量化指标共有87项，达标69项，达标率79.31%。其中妇女发展规划量化指标57项，达标47项，达标率85.45%；儿童发展规划量化指标30项，达标22项，达标率81.48%。

【乡村振兴巾帼行动】 出台《江海区落实江门市妇联推进“乡村振兴巾帼行动”任务工作表》，按照“一个任务八个行动”（各市、区选2个镇，每个镇选1至2个村；思想引领、素质培训、创业创新、家庭文明、美丽家园、精准帮扶、共建共治、志愿服务行动）工作要求部署，为实施妇女创业小额担保财政贴息贷款项目，以“政策项目支持、技术交流培训”的形式，帮助妇女创新创业。全年组织发放小额贴息贷款118万元，扶持13名妇女创业发展。开展各类技能培训和科技服务活动10多场次，培训妇女500多人次，提升农村妇女参与规模化、专业化农业发展的能力。

【创业创新巾帼行动】 年内成立高新区（江海区）巾帼创业创新基地，通过“孵化服务+创业培训+天使投资+开放平台”的运营模式，为入孵巾帼创业项目提供一体化、全方位的创业创新扶持，包括提供办公环境和孵化服务，组织多个项目到不同城市参加启迪之星创业营、梦想课堂等专题集训，参加香港、马来西亚国际创客节活动，开展“清华遇江海——演绎巾帼创客风采”“魅力巾帼的理财智慧”和新媒体特训营等学习、交流活动，组织桑叶生物碱健康项目10个项目参加粤港澳大湾区妇女创新创业大赛。区内华辉煌满长植高效农业营养灯项目荣获启迪之星（滁州）女性专场活动一等奖，江门大诚医疗器械有限公司的充气升温装置项目荣获粤港澳大湾区妇女创新创业大赛企业组优胜奖。全年举办“清华遇江海——演绎巾帼创客风采”等培训分享活动5场次，8个巾帼创业项目入驻创业创新基地并稳健发展，5个女大学生创业项目在孵化扶持中。

【巾帼文明岗创建】 推进以“岗位建功、岗位立业、岗位成才、岗位奉献”为主题的巾帼建功活动，全年共有7个单位申报创建市级、区级巾帼文明岗，通过实地了解创建情况，指导创建工作，举办创岗培训班，江海供电局营业部营业班、江海区人民医院急诊医学科获得市级巾帼文明岗命名。

【家庭文明示范点创建】 联合区文明办、区教育局、区综治办制发《2018年高新区（江海区）深化家庭文明建设工作方案》，以培育和践行社会主义核心价值观为根本，深化家庭文明建设，以点带面推进家庭文明建设工作，指导外海街道墟镇社区、江南街道正南社区、江南街道江翠社区开展家庭文明示范点建设，通过“家庭文化主题公园”“家庭美德文化墙”“家风文化街”建设，推动好家风好家教好家训走进千家万户，外海街道墟镇社区、江南街道正南社区被评为市级家庭文明建设示范点，其中外海墟镇社区被评为省级家庭文明建设示范点。

【十大最美家庭评选】 依托基层“妇女儿童之家”阵地，深化文明家庭、平安家庭、最美家庭创建，举办“最美家庭”事迹宣讲和分享会活动30多场次。全区评选出五好文明家庭2500户，十大最美家庭10户，其中冯静家庭获得市级十大最美家庭称号，陈长益家庭、谭群爱家庭和陆月如家庭获得市级优秀最美家庭称号。

【妇女儿童权益保障】 为保障妇女儿童合法权益，出台《江门高新区（江海区）反家庭暴力联动机制实施意见》文件，与相关部门联动推进《中华人民共和国反家庭暴力法》的实施，出具家暴告诫书10份，裁定人身安全保护令1份。建立区级婚姻家庭纠纷人民调解联席会议制度，成立江海区婚姻家庭纠纷人民调解委员会、江海区妇女维权志愿服务队，启动妇女代表在区妇女维权服务站轮值接访制度。加大普法宣传力度，以“三八”妇女维权周、“6·26”国际禁毒日等活动为契机，开展创建“平安家庭”“不让毒品进我家”“防艾滋病”等各类法治宣传55多场次。开通“12338”妇女热线，定期开展妇联主席接听热线活动，全年开展妇女普法宣传20场次，处理来电来信来访331宗，跟进服务典型信访个案12个。

【基层妇联服务阵地建设】 加强基层妇联服务阵地建设，全区36个行政村、26个社区均挂牌成立“妇女儿童之家”，实现“妇女之家”与“儿童友好社区”功能整合、资源共享，江南街道仁美社区创建成为省级儿童友好示范社区，区税务局、外海街道直冲村、江南街道北湾社区创建成为市级第六批“妇女儿童之家”。

【关爱妇女儿童工作】 把困难妇女儿童帮扶项目纳入全区民生实事计划，以江海区妇女儿童十大民生实事项目为目标，拓宽巾帼慈善基金筹款渠道，发挥江海区女企业家协会会员作为妇联执委的作用和优势，成立奇绩爱心帮扶基金、裕景爱心慈善基金。其中奇绩爱心帮扶基金三年（2018—2020年），每年定额捐赠15万元，裕景爱心慈善基金五年（2019—2023年），每年定向捐赠30万元，定向用于帮扶江海区妇女儿童困难群体。持续开展“关爱母亲·温暖儿童”困难妇女儿童帮扶项目，每年办好妇女儿童民生实事10件。“心心相连”关爱重病妇女儿童和“妇女儿童快乐大本营”两个项目列入区公益创投项目。全年，各级妇联筹集善款42多万元，其中助学困难家庭子女211人次，救助患重病妇女儿童42人次；会同市妇幼保健院为礼乐和外海街道妇女进行免费“两癌”（乳腺癌、宫颈癌）检查，11名患者得到医疗救助。开展“爱心父母”牵手“困境儿童”志愿行动，115个（名）“爱心父母”集体和个人牵手结对困境儿童助学、助养405人次。继续举办第二届“关爱母亲·温暖儿童”慈善义卖活动，组织参与各级慈善义卖活动，筹得帮扶善款2.8万多元。

【完善妇联系统工作机制】 加强妇联工作制度建设，建立健全相关制度规范，从源头上对各项工作进行规范，形成相互衔接、相互配合的长效机制。建立“主席接访日”“妇联系统干部三个100%下基层联系工作”“妇联干部定点联系基层妇联”等制度，健全执委工作制度和妇女代表联系机制，开展“下基层、访妇情、办实事”活动，倾听妇女呼声，解决实际问题。

【家庭教育亲子系列活动】 落实区家庭教育五年规划实施方案，推动家庭教育工作纳入各级公共服务范畴，开展“家庭教育大讲堂进社区（村）”活动，举办各级各类家庭教育讲座、报告会、亲子活动等50多场次，其中外海街道妇联开展“回味峥嵘岁月”分享会、“党旗飘扬暖人心，中秋关爱困境儿童”主题党日活动；江南街道妇联开展 “文化传承学习醒狮文化”活动、“童心心向党”亲子户外拓展等活动。

江海区工商业联合会

【工作会议】 1月30日，召开工商联主席活动日暨迎新春总结座谈会。会议通报2017年工作，对2018年工作进行部署。

3月19日，召开党组扩大会议，传达学习习近平总书记在参加十三届全国人大一次会议广东代表团审议时的重要讲话精神以及省委、市委、区委的会议精神。

5月31日上午，召开各对口帮扶责任单位“百企扶百村”扶贫工作推进会议，外海商会、礼乐商会、江南商会、照明协会、光电协会、餐饮协会、食品协会、江艺实业和安诺特公司等相关负责人参加。

【校企联盟】 继续与区教育局开展校企联盟活动，联手打造特色教育品牌，通过召开高新区（江海区）2018年校企联盟工作会议，现场进行新增校企合作单位签约仪式；对新增3所公办学校和6所民办学校进行校企全面结对。至此，校企联盟成员单位总数67个，其中学校31家、企业36家；全区所有公办和民办中小学实现全覆盖结对企业。组织发动36家企业参与对接全区所有公办、民办学校，为科普教育提供资金、教学辅导以及校外实践基地。设立“英才成长基金”并开展助学助教活动，奖励优秀教师，资助品学兼优的学生和困难学生全年奖励优秀教师（校长）55名，优秀学生120名，并组织优秀学生外出进行学习体验。通过校企联盟活动，在全区企业中形成关心支持教育的氛围，使企业家主动为全区教育事业发展出力。4月26日，由江海区工商联负责组建的江门市智能装备及机器人协会全体会员大会暨成立大会在江门市圣龙大酒家举行，80多名会员参加选举，产生第一届领导班子成员23个理事单位和个人，五邑大学机电学院副院长康献民当选江门市智能装备及机器人协会首届会长、五邑大学机电学院院长王建生当选江门市智能装备及机器人协会执行会长。首届智能装备及机器人协会共有会员企业40多家，主要分布通信、科技、智能、装备和机械等行业。10月19日，由高新区（江海区）青年企业家、经营管理者和工商界青年代表等自愿组成并经江海区社会事务局核准注册的江海区青年企业家商会成立。由江海区工商联组建的江门市江海区青年企业家商会举行第一次会员代表大会，选举产生第一届领导班子成员，广东中特卫安保服务有限公司董事长梁广东当选第一届执委会会长，江门市江艺实业有限公司董事总经理陈梁暖当选执行会长。首届江海区青年企业家商会会员企业62家，主要分布科技创新、创业孵化和文化创意等创新型产业。

【交流联谊活动】 3月20－23日，江海区工商联（总商会）组织12位企业代表参加区委组织的赴黑龙江省七台河市开展商务对口合作考察工作，与七台河市工商联（总商会）签订缔结友好商会协议书，并建立外海商会驻七台河市联络处，为两地会员提供商务及信息服务。

4月27日，由国家旅游局、澳门旅游局主办，澳门旅行社协会承办的第六届澳门国际旅游（产业）博览会在澳门举办。区工商联组织有关旅游行业、食品行业、大健康行业的企业参加，推广区内旅游产品资源。组织企业参加香港秋季产品展活动。

11月29日，湖南省衡阳市工商联副主席凌均梅一行20多人到江海区考察学习交流。双方举办交流学习座谈会，两地企业家协商、探讨有关经济、人才、资源信息的交流和合作途径，江海区工商联（总商会）与衡阳市蒸湘区工商联（总商会）签订友好商会协议书，缔结成为友好商会。

【专项调研和学习】 1月9日，区工商联与会员企业参加区国税、区地税举办的“提高风险防范意识 共建诚信经济秩序”主题宣讲会。
4月24日，组织区内各基层商（协）会参加江门市工商联（总商会）在江门市委党校大礼堂举办的以“加强现代化经济体系建设、推动民营经济高质量发展”为主题的第二期邑商大讲堂活动，30名民营企业家及企业代表参加。
8月14日，区工商联会同区劳动监察大队到照明行业协会调研，解决照明行业企业和员工纠纷和构建照明行业和谐稳定的劳动关系。
12月4日，到江南商会进行调研，就减费降税、社保缴费等倾听各企业家代表的意见。
12月26日，陪同江门市工商联负责人江海区裕景食品有限公司、江海区江南商会开展非公党建、商会会务等进行工作调研。

【基层商会协会建设】 做好全国工商联、省工商联开展2018年“四好”商会认定工作和推荐外海商会作为省级“四好”商会工作，联合省、市工商联到外海商会进行调研。12月5日下午，为贯彻落实《广东省深化“互联网+先进制造业”发展工业互联网实施方案及配套政策措施》，加快工业互联网应用，促进工业企业进一步降本增效提质，江南商会召开广东省工业上云补贴宣讲会，邀请江门市明道信息技术有限公司副总监蔡金城解读有关政策，会员企业之间开展探讨和交流。12月21日，江海区食品行业协会召开年度总结会员大会，并举行广东省盐业集团江门有限公司与食品行业协会签订合作项目签约仪式。组织会员企业参加恩平市大槐镇服务区的指导推广会、新疆和田商贸交流会，为两地企业提供商务及信息服务，开拓两地的经贸合作。组织会员企业参加商务考察、贸易洽谈、展销会等各种经贸活动120人次；签订各种投资项目、合作协议 2个，出访组团数4个、100人次。健全各商（协）会的联系机制，定期举行主席日活动，集中研究商会的活动和需解决的问题；每季度组织召开一次秘书长会议，加强工作指导和信息沟通，利用各商、协会各自的优势和特点，进行信息、服务资源整合共享，提升行业协会的影响力和凝聚力。联合区司法局、区总工会在商（协）会中设立人民调解委员会和劳动争议调解委员会。至此，全区共有街道商会3个、行业商会1个、行业协会8个、会员2308人。年内，承办江海区环保协会的筹备工作。

【参政议政活动】 先后联名企业在区政协闭会期间，根据中央关于生态文明建设和环境保护的决策部署提出《关于聚集社会力量齐抓共管做好环境保护工作的建议》，要求政府职能部门协调企业的发展要建立在绿色可持续发展的基础上，做好自身环保治理，实施达标排放。成立高新区（江海区）环保产业协会，帮助和促进企业依规经营生产，倡导、支持绿色生产和使用新能源，提高江门市、高新区的固废物处理能力，规划和建设有关固废处理中心或力推市政府加快规划和建设新的固废处理项目。针对全区工业园区内供水、供电、道路、燃气等设施基本实现全覆盖，入驻企业增多而园区公共服务功能滞后的问题，提出关于加快高新工业园区公共服务设施建设的建议，包括应对园区的商业、文化、教育、生活配套设施进行整体规划和布局，预留发展空间和用地；适度倾斜专项资金支配，加大对园区公共服务设施建设的资金支持力度，加快园区必要的生活配套服务设施建设。

【公益慈善活动】 年内，组织会员企业参与粤桂扶贫协作工作，其中组织企业3次到广西壮族自治区崇左市大新县实地考察并设立扶贫车间5个，引入设立生产项目6个。协助大新县在江海区举行知名画家张阅画展义卖活动，发动江南商会、外海商会、龙溪新城等参与义卖活动筹款128万元贫困学生助学及贫困家庭助医等扶贫项目。发动江门气派摩托车公司向大新县公安局捐赠52辆价值45万元的警用摩托车。发动和组织各商（协）会、会员企业及个人，为大新县贫困家庭和学生捐资、捐物20万元。根据《江门市江海区帮扶崇左市大新县扶贫协作规划方案（2017－2020年）》与大新县工商联签订《缔结友好商会协议书》，协助年销1000万元以上农产品和名优产品，帮助组建电商销售平台并培训专业电商人员；组织会员企业到开展招工解决劳动力就业问题。组织发动会员企业筹集慰问品，包括安诺特炊具公司、凌志餐厨公司炊具60套，坚敦光电公司等企业LED节能灯泡1000多只。外海商会到开平市赤水镇松南村开展扶贫工作、教师节期间到外海街道东南学校举行第二届奖教奖学颁奖大会。江南商会到江南街道北湾社区4户困难户家庭进行走访慰问；江海区个体私营企业协会继续开展帮恩平市牛江镇龙湾村3户贫困家庭。年内，按照市扶贫办、市工商联的工作要求，开展“百企扶百村”活动，总结和上报“百企扶百村”活动开展情况，实施帮扶项目 16个，投入帮扶资金55万元，帮扶贫困人员75人。发动会员企业参加2018年慈善公益活动并认捐100万元筹款，主要用于江海区精准扶贫、校企联盟活动。倡议企业家将慈善款项定向捐赠给由江海区工商联（总商会）筹办的“江海区英才成长基金”，每年对全区范围的困难学生（按实际人数定）进行助学，对全区各中、小学优秀教师（60名）和优秀学生（120名）进行奖励。是年，江海区外海街道彩虹慈善联谊会成立。

【政企交流平台建设】 组织企业参加由中国国际电子商务中心培训学院江门教学基地和江门市科创电子商务园有限公司主办的“助力电商赢战双十一宣讲”活动，200多家企业的电商代表参加。活动邀请辅导卖家系统布局“双十一”经验的电商实战专家李健围绕“布局运营”“引爆流量”“承接转化”三大主题，为到场的电商进行推广和解读。与区人民检察院共同举办“发挥检察职能,服务高新区（江海区）企业发展”为主题的座谈活动，建立起检察机关与企业互动关系，使检察机关更好地服务企业，组织企业参加全省组织在清华大学举办的粤商高级研修班。与区社会事务局在江海区原雅学校联合举办的2018年高新区（江海区）企业人力资源管理业务培训班，全区300多名企业负责人参加学习。通过搭建政企交流平台，及时提供政策信息，密切与经促、科创、社事、教育、环保、税务和工商管理等部门的沟通和联系，向企业宣传有关新政策和法规，全年发布相关政策信息和商贸信息1000多条，协助企业解决劳资纠纷问题、员工子女入学、环保治理和企业招工等问题。

江海区归国华侨联合会

【全区侨务概况】 根据2017年江门市侨情普查结果，全区旅居海外华侨、华人、港澳台同胞8.7万多人。华侨、华人主要分布在美国、加拿大、新加坡、马来西亚、越南、英国等31个国家和地区。有旅外社团4个，分别为旅港外海同乡会、香港礼乐同乡会、澳门外海同乡会和澳门礼乐同乡会。

【重要活动】 做好困难归侨救助工作，全年收到6名归侨申请救助，其中3人申请临时救助、3人申请子女助学金，发放救助金12000元。会同市侨联、市侨商总会上门慰问困难归侨侨眷12人次，送上慰问金和慰问品。春节、中秋节期间先后举办全区归侨侨眷座谈会，把国家最新的惠侨政策传递给各位归侨侨眷。结合江海区高新企业集中、侨资企业多的特点，市侨联选取江门市江艺实业有限公司作为试点，建立首个“党建带侨建”企业示范点并于4月24日挂牌成立，同日挂牌“侨联工作组”“侨胞之家”。江南街道正南社区确定为江海区首个基层“党建带侨建”示范点并于11月19日挂牌成立。通过整合基层党务、侨务资源，建立一支“党建带侨建”队伍，调动和发挥侨界、侨商、侨企的积极性，借助“侨胞之家”等阵地，形成党建促侨建的局面。8月10日，澳门礼乐同乡会在澳门成立。9月25日，澳门礼乐同乡会在礼乐街道亮庆酒楼举行成立暨就职典礼。

江海区残疾人联合会

【创新整体工作】 推进残疾人各方面服务整体规划，加快江海区残疾人综合服务体系建设，不断提升残疾人社会治理体系现代化水平，在统筹规划、资源整合，政府主导、社会参与，政府购买残疾人服务的服务内容、购买方式、监管机制和绩效评价等方面形成“残联主导推动、社会协同运作、服务项目互补”的社会助残服务格局。推进残疾人商业保险试点工作，营造政府主导与市场结合机制。增强残疾人抵御意外风险能力，全区持证残疾人全部购买补充医疗商业保险。

【康复服务】 为全区残疾人1483人提供康复服务，服务率83.79%；残疾人家庭医生签约2721人，签约率88%；辅助器具适配56人，适配率100%。

【居家无障碍改造】 投入资金7.8万元，为有改造需求的32户贫困重度残疾人家庭实施居家无障碍改造工程，改造项目涵盖进出门坡道改造，扶手、房门改造、地面平整坡化、闪光门铃、室内电源线路改造及防护网,并完成竣工验收。

【残疾人精准扶贫】 加大与区扶贫办的沟通协调，主动报送助残政策，及时帮助列入精准扶贫的残疾人家庭得到政策支持，通过建立

“特色种植+旅游”产业扶贫基地、“爱心商行”以及资产性收益扶贫项目等特色扶贫措施，增强重点帮扶残疾人家庭自我发展的“造血”能力，实现残疾人家庭稳步增收。

【就业扶持力度】 完善以天柱庇护中心为阵地的示范性辅助就业机构建设，以4H服务理念整合社会资源，打造残疾人就业扶贫培训基地和礼乐街道辅助就业机构建设，为残疾人提供更多的实训岗位。扶持残疾人家庭发展生产和自主创业，全区为18名残疾人申请自主创业扶持资金。在江门市第二届残疾人“众创杯”创业创新大赛中，江海区培育和选送的创业创新项目“送到家”获得三等奖。

【残疾人就业保障金征缴】 通过两微一端、政务网、寄信等方式，做好与区税务部门的业务衔接工作，确保保障金征缴。按时完成相关年审工作，为276家安排残疾人就业的用人单位办理残疾人职工年审工作，安置残疾人就业716名。

【文化体育建设】 助残日期间，开启全区文化进家园“五个一”活动，通过残疾人五大协会、街道残联、助残社工机构等，定期组织开展残疾人读书会、游园、观看电影、参观展览和举办文化活动等文化进家庭活动。在江南街道江翠社区新建残疾人体育健身示范点1个，依托残疾人体育健身示范点，以点带面在各街道有序开展各项残疾人体育健身活动。培育残疾人羽毛球队，依托外海残疾人羽毛球俱乐部定期开展训练活动。在2018年度的全省残运会上，江海区运动员获得两金两银一铜的成绩。

【全区残疾人办证情况】 全区已办证残疾人3074人，其中视力189人、听力182人、言语29人、肢体1478人、智力404人、精神618人、多重174人，一、二级重度残疾1672人。

江海区文学艺术界联合会

【重要会议】 1月28日，召开2017年度江海区文联工作总结会议，区文联机关和各文艺家协会代表16人参加。会议总结2017年工作，对2018年工作做出部署。当晚，在长廊生态园开展“百花迎春心向党”江海区文联迎春联欢会暨爱舞团两周年汇报晚会。

6月12日，召开下半年工作布置暨“使命在肩、文艺为民”主题教育实践活动动员会，深入学习贯彻党的十九大精神和习近平新时代中国特色社会主义文艺思想，提出“使命在肩、文艺为民”主题教育实践活动要求。区文联机关和各文艺家协会20人参加。

11月5日，召开“习近平总书记考察广东时的重要讲话精神”专题学习座谈会，区文联机关和各文艺家协会代表18人参加。

【重要活动】 1月1日—2日，组织创作反映江门侨都五邑非遗和民俗文化的音画《侨都记忆》并在江门演艺中心侨都大剧院上演。

1月18日，成立邱菁萍舞蹈创作工作室，开展为舞蹈类文艺精品创作和舞蹈创作人才专业培训。

11月20日，原创舞蹈精品《醒狮耀岭南》获邀到央视参与综艺频道《舞蹈世界》“舞蹈全民星”的录制，为江海区文艺精品首次登上央视舞台。推荐选手王莹在风雅颂第四届广东省朗诵大赛总决赛中荣获金奖，江海区广场舞队在广东省第九届老年人体育健身大会的首场自选套路赛事中获得金牌一等奖；选送的以弘扬爱国精神为主题的原创曲艺作品《烽火侨乡》和以反腐倡廉为主题的《清正廉明梦正圆》在广东省第九届群众戏剧曲艺花会比赛中获得1银1铜奖牌。区舞协代表队代表江门市参加在广州举办的2018年广东省健身广场舞联赛总决赛荣获青年组一等奖。另外两支队伍代表参加江门市纪念改革开放40周年—2018年江门市民运动大会暨江门市原创歌曲广场舞大赛获奖。

全年组织艺术作品展览及文化艺术专题讲座活动18场，其中包括李毅仁策划的“放眼”世界风光和“中国梦·山河颂”的摄影作品展、江海区书法家协会组织的“心墨同源”中山、江海、雷州三地书法联展、江门（五邑）炎黄研究会江海分会《侨都记忆》书画作品展览、江海区民间文艺家协会开展的青少年书法知识讲座及“欧阳询《九成宫》练习技法—书法练习”讲座等多项活动。江海管弦乐团在江门演艺中心演出一周年音乐晚会、新春音乐晚会获好评。

年内举办管弦乐进校园、进社区系列活动，组织到江南街道滘头小学、礼乐街道新民小学和原雅学校举办校园音乐会。

以“我的中国梦—文化进万家”为主题发动组织下属各文艺家协会加入江海区文化志愿服务队并在区内开展文化志愿服务活动。组织开展第三届陈少白文学艺术奖评选的工作。举办“第七届文化艺术节”涵盖8大活动项目包括展览、比赛。

【改革工作】 贯彻落实中央《中国文联深化改革方案》《广东省文联改革方案》《江门市文联改革方案》精神，提出文联深化改革方案，主要内容包括健全文联组织基本职能、强化管理服务、增强组织建设和改进文联及所属文艺家协会的运行机制。

江海区科学技术协会

【工作会议】 7月20日，组织广东省科普示范社区的江南街道江翠社区、外海街道银泉社区有关人员到江南街道江翠社区就“科普中国e站”建设问题召开现场调研会议，江门市科协、江海区科协、江南街道科协和江翠、银泉社区等相关人员参加。

9月22日，2018年江门市纪念全国科普日主场活动暨长廊生态园科普周活动启动仪式在江海区长廊生态园欢乐大舞台举行。

【科普活动】 3月13日，江门市科协、江海区科协联合外海街道科协开展2018年世界睡眠日、水日、气象日等主题科普进社区活动，为3月23日世界气象日活动做好各项工作安排。

3月14—16日，举办2018年江海区“大手拉小手—科普报告希望行”科普讲座活动，中国科学院老科学家科普讲师团先后在区内的中小学校举办主题讲座。

3月23日，为世界气象日，江门市科协联合江海区科协等20多个协会、学会在外海街道五大祠广场举办2018年纪念世界森林日、睡眠日、气象日、防痨日科普进社区集市活动。

7月18日，广东省医师学会江门心血管分会秘书、江门中心医院心内科副主任医师赖浚兴到礼乐街道英南村开展2018年江海区“科普进社区（村）—健康讲堂”活动。

7月31日，江门市疾控中心专家李一鹏在江南街道富横社区举办食品安全知识讲座。 8月16日，江门市心理卫生协会心理咨询师陈捷峰在外海街道东升村委会为两委干部、党员群众、企业工会代表、科普志愿者开展健康睡眠知识讲座。

8月21日，江门市药协会主任谭瑞威药师到礼乐街道向民村委会举办食品安全专题讲座。

8月22日，江门市心理卫生协会心理咨询师陈捷峰在礼乐街道新丰村委会举办应对夏季心理感冒困扰知识讲座。

8月23日，江门市心理卫生协会心理咨询师陈捷峰在外海街道银泉社区举办主题为“关爱老年心理，享受黄昏生活”科普知识讲座。

9月4日，江门市心理卫生协会心理咨询师陈捷峰在外海街道金溪社区举办主题为“预防心理中暑，享受美好夏日”科普知识讲座；江门市药学会主任药师谭瑞威在外海街道四大社区举办主题为“老年人的健康饮食方法”健康讲座。

9月6日，江门市心理卫生协会心理咨询师陈捷峰为外海街道永康社区举办主题为“战胜神经衰弱，齐享积极人生”科普知识讲座。

12月7日，江门市药学会主任药师谭瑞威在礼乐街道文苑社区举办主题为“2018年11月至今中国境内非洲猪瘟疫情分析”食品安全知识讲座。

12月18日，江门市心理卫生协会心理治疗师吕园园在礼乐街道文苑社区内举办主题为“情绪与身体变化”科普知识讲座。

12月19日，江门市疾控中心专家李一鹏在江南街道永明社区举办社区居民室内环境卫生知识讲座。

12月20日，江门市疾控中心专家李一鹏在江南街道蓬苑社区举办社区居民生活饮用水安全知识讲座。

12月29日，江门市药学会主任药师谭瑞威到江海区景贤小学举办食品安全知识讲座。

【科技培训】 3月19日，举办高新区（江海区）2018年国家高新技术企业申报培训会，各街道相关人员和有意向申报高企的企业负责人等200人参加。

4月13日，由广东华科新材料研究院有限公司主办、广州三环专利商标代理有限公司江门分公司协办开展江门高新区高价值专利培育暨科技项目与研究开发费用专项培训，区内企业的知识产权相关负责人68人参加。

5月18日，举办高新区（江海区）2018年国家高新技术企业重新认定专题辅导会。

法治·军事

FAZHI · JUN SHI

政法委及综治

【维稳信息管理】 完善“各级党委政府主导、职能部门联动、社会力量广泛参与”大维稳工作格局，建立全区维稳信息管理平台，打破区内不同系统、不同部门信访涉稳信息壁垒，做到底数清，情况明。落实“三同步”机制（现场处理、网上舆情、依法打击同步），联合公安、宣传部门严密监控网上相关的社会舆情信息，加大有害信息的拦截力度，确保网络安全。

【平安共建共治建设】 以重在培育，亮在创新的思路，继续以行业、家庭等“社会细胞”为基本元素，指导培育新亮点。加强“双实”（实有人口、实有房屋）管理，配套研发信息平台，进一步在全区推广使用。持续推进公益创投，以江南街道江翠社区为试点，以“1+2+N”模式探索推动基层共建共治共享示范点建设，打造外海街道“青枣红枣话剧社”“龙溪百姓二三事”和江南街道“助人自助，自助助人”义工生态循环体系等一批特色品牌。

【社会矛盾源头治理】 重点突出劳资纠纷、物业管理、环保等领域，出台《高新区江海区社会矛盾源头治理工作方案》，有效防范和化解社会矛盾。逐一落实领导包案，全面梳理、核查重点信访案件、重点人员，没有发生脱管情形。构建大调解工作格局，把矛盾纠纷化解在基层，消灭在萌芽状态，全年排查化解各类矛盾纠纷成功率99.7%，化解涉稳矛盾纠纷成功率94.1%。

【扫黑除恶专项斗争】 围绕“一打三结合”（打击黑恶势力违法犯罪，反腐败斗争、加强基层组织、建设系统综合依法治理结合）整体工作部署，以党建为引领，坚持深挖彻查，侦破打击黑恶犯罪，与基层组织建设、基层反腐败、社会治安综合治理结合涉黑涉恶刑事案件，形成震慑效果，并强化综合治理。全区公安机关立涉恶刑事案件62宗、破案40宗，破案数上升48.15%；刑拘114人，提请批准逮捕95人，移送起诉90人；分别上升31.03%、69.64%、23.29%，打掉涉恶团伙13个87人。区人民检察院批准逮捕涉黑案件1宗2人，涉恶案件22宗46人。区人民法院受理涉恶刑事案件4宗，经审结一审判决3宗21人，其中生效判决1宗11人。区纪委监委立案查处涉黑涉恶腐败案件3宗，留置调查2人，查处“保护伞”2人。

【推进中心网格化信息化建设】 全面建成各街道联勤指挥室，监控平台、APP终端(手机)和专兼职网格员全部配备到位，提升街道综治中心“治安防控、矛盾化解、安全隐患排查”三大能力。推进视联网建设，全区62个村（社区）综治视联网的链路铺设联通工作全面完成，实现中央至村（社区）六级纵向连通。深入开展“雪亮工程”“天网工程”，多项工作在全市率先完成，立体化社会防控体系建设成效显现。外海街道被市委政法委评为全市“中心+网格化+信息化”建设优秀镇（街）。

【严打专项整治行动】 主要由公安机关集中整治“两抢两盗”（抢夺、抢劫，入室盗窃、盗窃机车）、电信诈骗等案件，落实区、街道、村（社区）三级全员额全覆盖排查机制。深入开展城轨沿线乱搭乱建专项整治行动，建立长效机制，城轨沿线治安乱象得到根治。配合开展全区河湖区域违建专项整治、缉枪治暴专项行动、电气火灾综合治理、电动车“正源清违”专项治理、校园周边安全专项整治和防范处置非法集资等专项整治行动。

【重点人群管控和救助】 按照强化保障、把好关口的工作要求，加强对精神障碍患者救治救助，排查率、管理率和管控率达到“三个100%”，保持连续几年精神障碍患者零肇事肇祸的局面。年内，为辖区在册三级及以上精神障碍患者全部购买严重精神障碍患者监护责任补偿保险。

公　安

□ 治 安

【简述】 全区社会治安情况持续良好，没有发生重大恶性案件和治安灾害事故。年内接报刑事有效警情1549起、治安有效警情1898起；立刑事案件1944宗，破案934宗；刑事拘留531人、提请批准逮捕412人、移送起诉393人。

【社会治安重点整治】 按照市公安局的统一工作部署，组织开展为期3个月的社会治安重点整治工作，重点打击“涉盗抢、涉黄赌”违法犯罪。打击“涉盗抢”违法犯罪，破刑事案件133宗，提请批准逮捕56人，追逃23人；打击“涉黄赌”违法犯罪，破刑事案件6宗，查处行政案件68宗。

【扫黑除恶专项斗争】 通过组建打击专班、强化线索排摸、与区纪委、监委建立联合办案机制等措施，对涉黑恶犯罪始终保持高压打击态势，成功侦破礼乐街道乌纱村、金环岛玉器店欺诈游客等涉黑恶案件40宗，刑拘114人、提请批准逮捕95人、移诉90人，刑拘、提请批准逮捕、移诉上升31.03%、69.64%、23.29%，打掉犯罪团伙12个84人，抓获在逃人员6人。

【飓风2018专项行动】 按照省公安厅和市公安局的部署要求，组织开展以打击涉枪、治爆、电诈、两抢一盗、黄赌和食药环等各类突出违法犯罪为重点的“飓风2018”专项行动，破获各类案件1749宗，逮捕犯罪嫌疑人412人，移送起诉393人。先后侦破“3·2”特大烟草非法经营案、“7·10”组织卖淫案、“8·3”特大网络赌博案等一批案件；追回被盗摩托车19辆、电动车4辆、手机16台、现金4万元，止付冻结电信网络诈骗款项7万元，挽回财产损失24万元。

【放管服改革】 落实上级公安机关业务办理时限减半的要求，户政业务实现在户政窗口即时办结25项，出入境审批服务事项36项、户政审批服务事项29项审批时限减少至法定时限的一半。户政、出入境、治安等82项业务全部进驻各街道公共服务中心；推出“邑微警”平台24小时网上服务、网上电子化印章备案、出入境办证大厅周六上午提供窗口服务等12项便民举措。深化户籍制度改革，进一步放宽亲属投靠入户、人才引进入户、稳定居住就业入户等7类入户政策；开展无户口人员核查和登记工作，为198名无户口人员登记办理户口。

【社会治安防控】 主动适应防控工作科技化、信息化发展趋势，依托智慧警务深入开展社会治安防控“铸盾”行动，加快推进大数据支撑下的数据网、技防网、巡防网“三张网”

建设，全力打造科技信息主导防控警务新模式。全警配发新一代移动警务终端，完成视频监控“十三五”规划、智感小区等建设项目的规划设计，试点智慧新群防指挥管理平台建设，推广安装出租屋视频门禁系统45套，在白水带公园、城轨江门东站等人员密集场所安装人脸识别系统。坚持囤警街面，全面强化社会面巡逻防控，落实城轨江门东站和外海大桥等重点部位定点武装执勤和“1、3、5分钟”快速反应机制，增设外睦路、礼睦路2个治安卡哨，实现“一点报警、及时响应”。

【出入境管理】 实行申办护照等出入境证件“只跑一次”制度，进一步推广延时办证服务，共受理各类出入境证件36385件，受理审批港澳定居250件，辖区6部自助一体机受理证件29896件、制证30232件、缴费32748件，受理商务备案企业63家。全年查处“三非”（非法入境、非法居留、非法就业）越南人78人并全部遣送出境。

【人口管理】 2018年，全区登记常住人口172477人，有效流动人员105041人，出租屋7468间，办理群众户口审批4266份、群众户口项目变更登记申请638份，发放户口簿2173本，第二代身份证15191张（其中异地身份证4817张）、临时身份证4574张、居住证17416张。

□交 通

【春运和两会安防工作】 根据公安部、省公安厅和市公安局、交警支队的工作部署和要求，围绕“遏事故、保畅通、强服务”的工作目标，制订春运安保工作方案，做好春运和全国及各级“两会”期间道路交通安全各项管理工作，进一步完善各类应急措施，包括人车流密集应急预案、危运车辆意外应急预案、高速公路分流应急预案等。根据春运情况，把江海一路、五邑路、白水带大道、东海路和白水带风景区、长廊生态园确定为春运重点关注区域，安排警力加强巡逻监控，对白水带风景区和长廊生态园一带制定勤务应急预案。在春节假期，就白水带桃花园、长廊生态园聚集游览赏花的群众进行疏导管理，采取临时交通管制措施。联合江海公安分局巡警组成执勤行动小组，在外海大桥执勤点设卡开展春运执勤隐患防治工作，加强对“两客一危一货一校一面”等重点车辆路面检查力度，严防客车超员、超载、“营转非”车辆和无牌无证车辆等严重威胁交通安全的违法行为发生。在全国和地方两会期间，落实各种勤务安排和勤务工作，完成各级“两会”的安保工作。

【规范车辆停车秩序管理】 结合创文复牌迎检和提升城市品质“美化、亮化、绿化、净化”专项工作要求，成立执法队，联合江海区城管等职能部门对辖区内机动车、共享单车的乱停乱放现象进行集中整治。根据不同时段在东海路中环广场、中华大道、江门城轨东站、金瓯路、碧桂园路段、永康路、五邑路、龙溪路、高新西路、江海一路以及外海市场、江南市场、滘北市场、滘头市场和文昌市场等占道违停严重的路段开展停车秩序管理整治。结合处罚与教育方式，向临街商铺、单位派发《2018年关于规范江海区停车秩序的通知》宣传单张，从源头上加强对群众的宣传教育力度。全年因道路交通事故死亡23人、受伤334人，直接经济损失380万元。

【加强重点车辆动态与静态防控】 为进一步

加强辖区道路交通安全防控，有效预防和遏制重大交通事故隐患发生，采取定点设卡与流动巡逻相结合整治举措，结合不同时段、不同路段，重点检查“营转非”大客车、泥头车、危化品运输车和校车等重点车辆，检查驾驶员相关证件、营运车辆超员超载等安全隐患情况、驾驶员疲劳驾驶等严重交通违法行为，核查规范安装卫星定位记录仪情况，对存在安全隐患问题车辆落实整改措施；对出现违法行为的及时通报给有关企业加强源头管理和整改反馈；对出现交通事故启动倒查问责制度结合各项专项行动，加强对违法驾驶员交通安全宣传教育工作。

【完成各重要节日交通安保任务】 在春运、清明节、高考日、国庆节、中秋节等重大节日期间，在端午节赛龙舟、礼乐葡萄节等特色活动期间，提前介入，制订应急预案，安排勤务岗位，实现不发生特大交通事故、不发生严重交通拥堵、不发生负面涉警舆情的目标，保障节日活动期间道路交通安全畅通，包括假期高速公路免费通行交通应急保障工作到位，保障江门一中高考点周边道路安全畅通。

【开展专项行动】 按照上级统一工作部署和要求，开展“夏季攻势”专项行动，集中整治酒驾、醉驾、毒驾等违法行为，严打严管，结合实际重点加大对重点车辆、摩托车、电动车摩托车超员、驾乘人员不戴安全头盔、违反信号、逆向行驶、不按规定参加检验或不购买交强险、多次违法未处理、改装两轮或三轮的超标电动车、汽油助力车违规上路行驶、农村地区货车、农用及拖拉机违法载人、面包车车窗玻璃阳膜不达标、超员等违法行为。通过上门走访或电话催促等方式，督促重点车辆所有人和重点驾驶人及时办理相关业务，对辖区违法未处理或不按规定安装GPS的重点车辆发出责令整改通知书29份，要求限期完成整改。全年查处交通违法15032宗，暂扣车辆1199辆，行政拘留38人，无证驾驶85宗，遮挡号牌违法行为70宗，套牌车75宗，酒驾55宗，醉驾1宗，新闻直播报11次。

【加强交通安全隐患排查治理】 在日常交通管理工作中，对辖区各主要路口、路段进行逐一排查梳理，针对道路交通安全隐患，及时向相关路权、职能单位发出隐患情况告知函，协调相关部门完善各项交通设施，多次与住建、公路部门和各街道办联合行动对辖区道路安全黑点进行排查，重点是礼深二路、礼睦路、龙溪路等重点督办路段，优化了道路交通通行环境。

【创新宣传方式】 主动联系当地电视等媒体于电视、网络上发布“3+N”春雷行动、夏季攻势战绩和深化文明城市建设工作。以第三方测评开展满意度调查，把市民的热点关注聚焦到交通安全管理上，开展网上直播的方式，对校车检查、现场执法等在头条、蓝鲸FM等平台进行直播，为新一代的交通安全宣传方式作了尝试。为不断加大对群众的宣传感染范围和力度，运用电台、互联网、手机等信息资讯平台，以电台、电视台交通直击连线、江门交警公安微博、微信等方式，深入开展交通状况和服务信息的发布工作，加强了与群众的互动交流，使群众明白“安全出行，全靠你我”，推动全民共同维护交通安全保障的氛围。

□ 消防

【社会面火灾形势】 全年全区共发生火灾45起，无发生亡人及社会影响较大的火灾，直接财产损失下降35%。灭火救援接警出动565起，出动车辆1278辆，出动消防员7215人次，抢救被困人员13人，抢救财产价值698万元。

【完善部门联动机制】 加强与行业部门之间的联动，推动行业部门的责任落实，深入推进行业部门微型消防站建设，开展群租房、可燃泡沫材料、六类场所等消防安全专项整治行动及电气火灾综合治理、电动车“正源清违”专项治理行动，集体约谈电动车企业负责人，以规范消防安全工作。加强对基层派出所消防工作的监督指导，对派出所的消防工作开展执法质量考评。

【消防网格化管理】 各街道设立完善消防工作专职办公室，配备人员开展日常消防安全巡查工作，对各村居消防网格员进行培训指导，督促村居开展日常消防安全排查，形成长效机制。推进企业单位消防工作主体责任落实，深化社会单位消防安全“户籍化”管理，督促社会单位落实相关措施。通过开展消防安全标准化管理达标创建活动，推进企业单位消防工作主体责任落实。结合区内实际情况，加大对群租房、人员密集场所、大型城市综合体等高风险区域的关注力度，包括全区的消防重点单位60个，“三小”场所（小档口、小作坊、小娱乐场所）3776家、出租屋7462栋、人员密集场所78家、高层建筑371栋、易燃易爆生产储存场所161家，大型城市综合体1个。部署开展各类场所整治专项行动，开展各类消防安全专项督查行动，对重点单位、电动车企业、群租房的业主、娱乐场所、物业管理单位和大型商业综合体负责人进行消防安全约谈，检查单位2372家，发现隐患数4381处，关停查封26家，拆除可燃性泡沫顶棚3万平方米。

【开展综合应急救援实战演练】 依托现有装备训练设施，开展实战化练兵攻坚培训，参加装备技能比武竞赛、专职队比武竞赛。持续深化高层建筑、地下工程、大型城市综合体、石油化工、人员密集场所灭火救援实战演练，承办全市消防部队双盲演练，开展灭火实战演练132次、跨区域演练2次，圆满完成台风“山竹”等急难险重任务。

【探索开创城乡立体消防新模式】 根据《城市消防队站建设标准》要求，城市每7平方千米建设消防队站1个，而全区110平方千米仅有消防队站1个。按照《江门市消防工作责任清单（2018－2020）》要求，外海、江南街道消防专职队站年内投入使用，江海、礼乐普通站年内要完成征地立项，三年内要完成建设；市政消防火栓年内全区应建80个，实建60个，尚余缺口340个。继续推进外海、江南街道专职消防队站的建设，落实礼乐街道消防队站建设方案，全力打造“设施完善、反应及时、应对有力”的城乡立体消防与应急救援体系。

检　察

【深化检务公开】 坚持落实检务告知、公开审查、文书说理等工作，及时公开检察环节案件信息。全年公开案件程序性信息530条、法律文书285份、重要案件信息39条。建成“12309”检察服务中心，不断拓展司法为民渠道，丰富检务公开形式，打造全方位、全覆盖、立体式的检察服务新模式。

【参与扫黑除恶专项斗争】 组建专门办案小组，从快办理涉黑恶犯罪案件。全年批准逮捕涉黑恶案件23件48人，提起公诉5件28人，排查涉黑恶违法犯罪线索3条。利用高新区（江海区）扫黑除恶教育基地，接待57个单位共2000多人参观接受教育，使扫黑除恶教育覆盖区党政机关、街道、农村、社区干部。联合区人民法院、区公安分局制订《江海区涉黑恶案件办理工作办法》，形成办理涉黑恶案件的长效机制。派驻检察室深入辖区街道开展扫黑除恶专项斗争宣传活动，派发宣传资料和张贴宣传海报，举办专题讲座。

【检务建设】 开展全程同步录音录像及技术协助工作，做好统一业务应用系统及分级保护系统管理，推进检察工作网、云桌面、远程提讯、远程庭审工程和检委会无纸化会议系统建设。全年完成技术鉴定2件，录音录像30件，技术协助67件，为各业务部门提供技术服务2300次。

【刑事诉讼】 全年受理提请批准逮捕案件246件346人，经审查批准逮捕201件300人。受理移送审查起诉案件249件382人，经审查提起公诉192件294人。配合公安机关开展“飓风2018”专项行动，深化涉枪涉暴等专项行动，打击各类涉毒、涉两盗一抢和涉诈骗等犯罪，办理毒品类犯罪案件9件13人，盗抢类犯罪案件90件126人，诈骗罪案件19件27人；办理污染环境罪3件11人，办理生产、销售有毒有害食品、药品罪3件4人；受理贪污贿赂罪案件4件4人，其中由江海区监察委移送审查起诉案件2件2人。联合区公安分局出台《关于加强对公安派出所刑事侦查活动监督的工作意见》《刑事案件提前介入引导侦查取证工作办法》《提请审查逮捕案件双向说理实施意见》等制度，建立对公安派出所刑事侦查活动监督的长效机制。全年发出《纠正违法通知书》6份、《侦查活动监督通知书》18份，纠正漏捕54人，纠正漏诉17人，监督立案5件、撤案11件。全面加强对审判活动的监督，提起刑事抗诉6件10人，获江门市人民检察院支持抗诉2件2人。

【民事行政监督】 联合区法制局印发行政执法监督工作规定和监督工作联动机制两个规范性文件，开展行政执法案卷评查3次，对11个行政执法单位110件行政许可、行政检查、行政处罚类案件进行全面评查，发出检察建议书9份。江海区印发以上两个规范性文件的做法为全省首创，被广东省检察院内部刊物转发推广。

【基层检察监督】 派驻检察室全年共走访基层单位、村、社区、企业408次，重点调查环境保护、食品安全等问题，对150多间校外托管机构开展食品安全监管专项整治行动。接受群众非涉检涉诉咨询17件24人、法律咨询89次，开展对拟附条件不起诉当事人开展社会调查2件2人。自行发现民事执行监督线索2件，诉讼监督线索5件，行政监督线索40件，控告申诉线索8件，先后发出检察建议书40份，均得到回复。

【司法救助】 开展国家司法救助工作和公开审查活动，受理国家司法救助案件5件8人，决定救助4件7人，不予救助1件1人，对5名未成年人实施救助，其中向江门市慈善会护苗帮教基金项目申请救助金1.8万元。首次召开国家司法救助案件公开答复会并获《江门日报》等媒体公开报道。

【未成年人检察工作】 联合区司法局、区社会工作服务中心在各街道办事处建立未成年人观护教育基地4个，引入社会工作服务中心专业力量、专业人员对涉罪未成年人进行教育、考察和矫治，最大限度挽救涉罪未成年人。全年对犯罪情节较轻的未成年人不批准逮捕6人、不起诉5人、附条件不起诉5人。开展“法治进校园”活动，联合区人民法院、区公安分局、区司法局和区教育局等单位在礼乐中学建立青少年法治教育基地。举办第二届“江海检杯”青少年法治知识竞赛，组织全区11所中学学生参加。开展检察官兼职法治副校长活动，江海区人民检察院正、副检察长受聘为法治副校长，建立检察机关与学校共同开展学生法治教育新机制。

【深化司法体制综合配套改革】 全面落实司法责任制，建立检察官绩效考核实施细则、案件质量评查办法和检察官司法档案管理制度，把案件质量评查结果作为检察官业绩考评和职级晋升的重要依据，对检察官办案活动实行全方位动态监控。突出检察官办案主体地位，推行院领导带头办案制度，实现领导办案常态化，全年院领导办理案件173件。推进司法体制配套改革。全面试行“捕诉合一”办案机制，落实检察长列席同级法院审判委员会制度。做好检察官选任和检察官助理、书记员职务等级套改工作，合理设置司法辅助人员、书记员，组建专业化办案组织。

法 院

【收案结案工作】 全年收结案数均创历史新高，收案数突破6000件，受理各类案件6591件（含旧存），办结6232件，分别增长13.19%和10.69%，结案率94.55%，居全市第一。法官人均结案250件，增长15.2%。

【诉讼服务】 在全省创建诉讼服务示范窗口活动中，江海区人民法院被评为广东省法院诉讼服务示范窗口，成为全省13家示范法院之一。

【参与扫黑除恶专项斗争】 贯彻落实中央关于扫黑除恶专项斗争的部署要求，做好涉黑涉恶案件审理工作，受理涉恶案件4件，惩处犯罪分子16人。深化线索排查机制手段，发现线索20条，上报线索4条；收到区扫黑除恶办交办核查线索2条均已办结。贯彻宽严相济刑事政策，审结刑事案件283件，判处罪犯391人。严惩严重暴力犯罪和多发性犯罪，审结故意杀人、故意伤害、抢劫、强奸、盗窃等案件131件186人，“黄、赌、毒”等犯罪案件19件41人，诈骗案件26件59人。

【营造法治化便利化营商环境】 审结各类民商事案件2394件，结案标的额10.7亿元。审结金融借款、民间借贷、票据、保险纠纷案件219件。建立金融风险防御机制，打击“套路贷”，对涉执业放贷人的民间借贷原则上均作无效合同处理。维护经济市场良性运行，审结买卖、工程施工、担保等经济流通领域合同纠纷案件472件。妥善处理外海街道光博汇等房地产纠纷案件306件。强化中小股东权益保护，审结公司股权、合伙纠纷案件27件。加大对“僵尸企业”处理力度，处理“执转破”案件61件。坚持内外资一体保护，妥善处理涉外、涉港澳台商事案件38件。

【助推创新驱动发展】 强化知识产权保护，全年审结知识产权案件48件，妥善处理小米科技有限责任公司、中粮集团、北京一得阁墨业有限公司等一批知名品牌和知名企业的案件。出台《江海区人民法院充分发挥知识产权审判职能作用服务高新（江海）创新驱动发展的实施意见》，为全区经济转型升级提出相关意见。升级跨区域诉讼服务，设立广州海事法院江门巡回审判庭，推进广州知识产权法院入驻高新区江海区前期工作。

【依法服务绿色发展理念】 践行生态优先的新发展理念，审结环境资源案件3件，其中审结污染环境罪案件2件，判处罪犯5人。开展中央环保督察组督办案件集中执行行动，联合市、区环保局和礼乐街道对江海区页岩空心砖厂、工业油脂加工厂进行强制执行。发挥典型案例指导作用，审理的杰成公司诉江门市环保局案件入选“服务绿色发展促进美丽广东建设十大典型案例”，依法支持环保行政执法。

【提升诉讼服务水平】 划分诉讼服务区域，实现信访区、服务区、办公区三区分离，在江海区人民法院诉讼服务中心建立起“六区十庭”的服务布局。推动“智慧”诉讼服务，设立自助查询机、自助立案机和智能机器人等设备，开通远程视频调解，推行网上立案。出台“最多跑一次”工作方案，引入物管公司提供诉讼引导、案卷复印、安全保卫等保障服务。开展诉讼档案数字化工作，完成2.8万册183万页卷宗扫描，为档案资源利用提供便利。开展司法救助，救助困难当事人8人。

【群众利益案件处理】 以“和”为本推进家事审判改革，担负起全市家事审判试点工作，推行家事审判“三合一”改革。全年审结家事案件161件，其中73.9%的案件成功调解撤诉。实行“人身安全保护令”制度，以司法手段反对家庭暴力。推行婚姻冷静期、家事调查、离婚财产申报、子女抚养计划和判后回访等创新制度，邀请3名专家进驻法院提供心理辅导，化解家庭矛盾。加强民生权益司法保护，审结涉及医疗、教育、产品安全等案件211件。联合公安、交警部门和市保险协会成立交通事故诉调对接中心，实现道路交通纠纷高效处理，全年处理交通事故案件209件。平等保护劳动者和用人单位合法权益，审结劳动争议案件196件，打击拒不支付劳动报酬罪，追究刑事责任4人。

【法治政府建设】 深化江门市行政案件集中管辖工作，提升行政审判公信力，全年行政案件收案数受理行政案件1271件，审结1204件，其中行政诉讼案件630件、非诉审查执行案件641件，结案率95.48%。进一步畅通官民沟通渠道，行政首长出庭率61.06%，行政机关工作人员出庭率99.31%，“告官见官”成为新常态。落实全区法治政府创建工作要求，建立行政案件旁听常态化机制，组织行政案件旁听2次，旁听人数242人次。

【执行工作】 贯彻落实最高人民法院工作部署，深入开展执行攻坚战，全年受理各类执行案件2086件，执结1955件，分别上升31.62%和21.05%，结案率94.6%，执行到位金额6.16亿元。推进执行案件繁简分流改革，出台《江海区人民法院简单执行案件快速执行工作规程（试行）》《执行团队办案模式建设方案（试行）》，分别成立快速和普通案件执行团队，全年办结执行案件1216件，占执行案件结案数的62.36%。加强执行联动，与区公安分局、区人民检察院联合出台《关于办理拒不执行判决、裁定刑事案件实施细则》，全年共移送拒执犯罪4件4人，作出罚款决定22人次、拘留77人次、限制出境13人次、限制高消费1138人次。加大失信曝光力度，通过在人流密集的住建大厦、江海广场等户外显示屏及微信公众号曝光失信被执行人，全年向社会发布信息650例，其中法人和其他组织269名、自然人381名。推行执行案件繁简分流改革，工作经验在全市法院推广。在基本解决执行难28个考核指标中，综合考核得分稳居全省法院前列。推行“失信彩铃”的创新做法，2次被中央电视台焦点访谈栏目宣传报道。案件财产网络查控常态化，对银行存款网上集中查控，信息1841条。推广网络司法拍卖，坚持涉标的物拍卖全部上网竞拍原则，在淘宝网司法拍卖平台完成266件拍品拍卖，网拍率100%，成交率74.7%，成交拍品的平均溢价率36.65%。

【接受监督】 自觉接受监督作为公正司法的重要保障，主动向社会公开法院各项工作和接受人大、政协及社会监督。先后就司法改革、诉讼服务中心建设、基本解决执行难工作等向区人大、区政协领导作专题汇报，邀请各级人大代表、委员100余人次旁听庭审、见证执行。落实与上级法院联合开展部分全国、省、市人大代表视察区人民法院活动，听取意见和建议。推进司法民主，提高人民陪审员参审率，提请任命人民陪审员23人。推行7人庭大合议机制，人民陪审员参审案件占普通程序案件的90%。依法接受法律监督，审理检察机关抗诉案件10件，办结检察建议10件，邀请检察长列席审委会，支持检察机关依法开展法律监督工作。坚持以公开为原则，不公开为例外，打造“审判流程、庭审活动、裁判文书、执行信息”四大公开平台，通过法院网站、微信公众号等媒体公开法院工作信息381条。全面推行案件全程同步录音录像和庭审网络直播。推进裁判文书公开，在中国裁判文书网公开文书3242份，做到应上网文书全部上网。开展法院公众开放日活动2次，通报法院工作，接受舆论监督。

司法行政

【普法工作和活动】 把深入推进法治宣传教育工作纳入全区加强依法治区和法治政府创建工作。年内，完成“七五”普法中期检查验收工作，召开全区“谁执法谁普法”工作会议暨“七五”普法中期检查督导动员会，通过市检查组的检查验收。落实“谁执法谁普法”工作责任机制，制订《江门高新区（江海区）国家机关“谁执法谁普法”履职报告评议活动实施方案》，完成首届“谁执法谁普法”履职报告评议活动。落实区联席会议学法制度，组织职能部门到学校开展送法活动50多场次、送法进企业活动10场次。组织村居律师面向村（居）民群众派发“法治红包”，组织基层法治骨干140人举行法治培训。在各街道开展“美丽乡村法治行”活动5场次。推荐白水带公园、礼乐中学、路思拓电机电器有限公司和外海街道麻一村等24个村（居）创建广东省“法治文化主题公园”“青少年法治教育实践基地”“法治文化建设示范企业”“民主法治村（社区）”等活动项目。开展宪法宣传教育学习活动，向全区公职人员派发宪法单行读本，开展宪法知识学习。利用开展各项活动契机到学校、村居、企业等进行宪法宣传。开展“12·4”国家宪法日活动，通过晚会、设摊咨询、普法健步比赛、法治讲坛、宪法宣誓等形式开展宪法宣传20多场次。

【依法治区工作】 贯彻中办、国办《党政主要负责人履行推进法治建设第一责任人职责规定》，2018年起推行区党政主要负责人履行推进法治建设第一责任人述法制度。区委、区政府出台《关于落实2018年依法治区、法治政府创建若干措施的通知》，区委法治领导小组推进实施《2018年高新区（江海区）全面依法治区工作要点》。贯彻落实中办、国办《关于完善产权保护制度，依法保护产权的意见》，成立江海区产权保护工作部门联席会议，推进实施《高新区江海区贯彻落实“关于完善产权保护制度，依法保护产权的意见”重要任务分工方案》。实施珠西先进装备制造业知识产权保护试点工作，启动知识产权保护“五大平台建设”。继续实施一季一次的行政执法案卷评查工作，促进行政执法工作依法规范。成立由首批21名法学专业人士组成的江海区法治智库，为依法治区提供智力支撑。开展以审判为中心的刑事诉讼制度改革，组建全覆盖律师团实施刑事案件律师辩护全覆盖。全区3个街道、62个村（社区）全部达到广东省法治街道、民主法治示范村（社区）创建标准。实施建设平安江海三年行动计划和《高新区江海区社会矛盾源头治理工作方案》，创新矛盾纠纷排查调处工作落实“三同步”（依法办理、舆论引导、社会面管控）机制。

【创建法治政府工作】 贯彻落实中央、国务院《法治政府建设实施纲要（2015－2020年）》《广东省法治政府建设实施纲要（2016－2020年）》《江门市关于加强依法行政工作的若干意见》和区委法治工作部署，实施区委《关于加强依法治区法治政府创建的若干意见》，推进依法行政，创新建立行政执法监督工作机制。区法制局、区人民检察院联合印发《高新区（江海区）行政执法监督工作规定》，以开展季度案卷评查来推动实现行政执法监察全覆盖工作，以问责制为突破口建立行政复议、行政应诉工作联动机制，落实行政执法工作责任；推进行政执法“三项制度”（行政执法公示、执法全过程记录、重大执法决定法制审核制度），把区公安分局落实行政执法全过程记录制度的试点经验推广全区，推进严格规范公正文明执法工作取得阶段性成果；实现政府法律顾问全覆盖，出台《高新区（江海区）建立法制合法性审查工作细则》《高新区（江海区）法制合法性审查“一事一议一付费”工作规范》，发挥政府法律顾问法治智库作用；实现行政执法人员综合法律知识网络远程培训，建立行政诉讼案件庭审旁听长效机制。

【法律援助】 落实省委“打造覆盖城乡的半小时公共法律服务圈”的工作要求和省司法厅《关于成立公共法律服务工作领导小组及公共法律服务三平台建设管理工作专班的通知》，成立江海区公共法律服务工作机构建成社区（村居）公共法律服务示范工作室。根据《广东省司法厅广东省律师协会关于组织开展“法援惠民助力乡村振兴”活动的通知》精神，派驻7名律师到各街道公共法律服务站开展工作。全区3个公共法律服务工作站、62个公共法律服务室进入广东省法律服务网运营系统。年内受理、指派法律援助案件316件，其中刑事案件296件，民事案件20件，涉及未成年人35人，农民工300多人，老年人10人，聋哑人残疾人5人，妇女20人，其他10人，接待群众来访、解答群众来电咨询3000多人次。开展刑事案件律师辩护全覆盖试点工作，33名律师参与全覆盖案件的办理。落实驻法院工作站值班制度，每周由一个律师事务所负责值班为群众提供法律服务。

【律师工作】 落实司法行政机关对律师和律师事务所的执业活动实施日常监督管理职责，督导律师事务所和律师在执业活动中严格遵守法律法规、职业道德以及执业纪律。各律师事务所担任常年法律顾问237家，受理刑事辩护及代理295件，民事诉讼代理1334件，经济诉讼代理470件，行政诉讼代理137件。鼓励村、社区律师主动参与信访积案调解，利用中立的“第三方”身份以及专业的法律知识，在涉法涉诉上访案件、陈年旧案、重大敏感案件和复杂疑难矛盾纠纷的调解中获得村（居）民的信任，引导他们理性反映诉求、依法维权。加强一村（社区)一法律顾问工作的日常检查督导，全区22名律师负责一村（社区）一法律顾问的工作。组织律师参与扫黑除恶专项斗争，发挥律师职能，依法做好涉黑涉恶人员的刑事辩护和代理工作，做到对法律负责、对社会负责、对当事人负责，达到法律效果、整治效果、社会效果的全面统一。完成区政府交办的法律事务，共办理区政府及其级成部门的诉讼案5件，承办法律援助案件3件。

【公证工作】 全年承办各类公证案件10220件，其中国内民事9651件、涉外公证569件，司法辅助事务3380件。根据司法部会议要求精神贯彻落实在公证领域实施“放管服”政策要求，在办证方面开通网上预约、上门办证和绿色通道等渠道，缩短办证周期、开展证后延伸服务、增加夜间公证办理时段等，不断改进服务方式、完善服务流程，推出送证上门、邮寄送达、代办认证等服务，提升公证服务效能。打造诉讼与公证协同创新工作局面，成立司法辅助小组并进驻区人民法院，参与办理司法辅助案件3503件。在广东省高院、省司法厅共同举办的全省公证参与人民法院司法辅助事务试点工作座谈会中，江海公证处作为先进试点工作单位在会上作经验介绍。

【基层调解服务】 完善街道人民调解委员会各项规章制度及其工作规范对调解案件受理、登记、调查、调解、调解协议制作、回访和监督各环节进一步规范化。按照“排查得早、控制得住、解决得好”的工作原则，基层司法所定期对影响社会稳定的矛盾纠纷苗头，围绕社会热点和难点问题开展排查，全面掌握辖区内的各种矛盾纠纷情况，对突发性和群体性矛盾纠纷及时填报相关信息表格进行上报。组织开展定期排查及重大节假日、敏感时期集中大排查活动，把矛盾纠纷化解在基层，消灭在萌芽状态。

人民武装

【战备训练工作】 按照“能打仗、打胜仗”要求和“全方位做好应急、应变和应战准备，确保一声令下就出动”的战备训练思路，严格落实各项战备制度和规定，加强战备教育，落实战备值班，强化军事训练，按照江门军分区统一工作部署，组织干部职工以及民兵应急连参加紧急出动训练；对“观音开库”地方民俗活动和清明上山祭祖等重要防火时期，组织民兵森林防火分队集训和备勤训练2次；组织现役干部、专武干部和民兵营长77人到开平市长沙街道人武部和冲澄社区民兵营进行正规化建设参观学习。开展各单位民兵队伍组织整顿，组织民兵应急连开展为期一周的基础科目训练；组织民兵85人参与新会区民兵装备仓库搬迁工作，分批参加民兵武器装备中心库搬迁警戒执勤任务；出动干部职工和民兵48人，携带冲锋舟3艘、橡皮艇8艘支援蓬江区抗洪抢险救灾；为抗击“山竹”台风，全区出动民兵813人次，清理疏通道路48千米，加固加高防洪河堤1.8千米；在西江水域组织民兵应急连进行为期5天的抗洪抢险技能训练；组织干部职工和民兵队伍把存放的6门37高炮安全搬迁到江门市民兵武器装备中心库统一管理；对“重阳节”群众登高可能造成的森林防火隐患组织民兵应急分队进行备勤训练；组织民兵应急连进行森林防火演练。

【征兵工作】 组织区征兵办成员单位召开兵役登记任务部署会议，协调区政府发布兵役登记通告，组织各街道业务负责人培训；对各街道18周岁男性公民兵役登记率进行排名通报，把武装工作纳入对各街道年终绩效考核。至3月15日，全区兵役登记率100%。参加江门市2018年征兵工作启动仪式；到学校进行征兵宣传进校园活动，鼓励大学生报名投身国防事业；按照年度征兵工作计划，7月中旬举行江海区征兵启动仪式；组织广东南方职业学院应征报名人员和参加直招士官的大学生到江海区人民医院体检，组织预定新兵到国防教育基地开展为期5天的役前教育训练，役前训练结束对双合格预定兵进行审批定兵，邀请家长代表和地方公证人员参会并经过现场摇号确定入伍当兵人员名单；组织召开入伍新兵欢送大会。派员分三批到广州、四川、湖南等地组织新兵跟踪教育。

经济管理与监督

JING JI GUAN LI YU JIAN DU

发展规划和体制改革

【主要社会经济指标】 2018年，全区地区生产总值191.48亿元，增长7.7%，比全市平均增幅（7.8%）慢0.1个百分点，全市排名第四；规模以上工业增加值112.38亿元，增长12.4%，比全市平均增幅（9.4%）快3个百分点，全市排名第一；固定资产投资148.15亿元，增长18.7%，比全市平均增幅（9.5%）快9.2个百分点，全市排名第一；社会消费品零售总额51.05亿元，增长2.4%，比全市平均增幅（10%）慢7.6个百分点，全市排名第七。

【强化经济运行监测分析】 制订全区2018年国民经济和社会发展计划，合理确定各项经济指标分解方案，加强经济运行监测跟踪，坚持月度、季度形势分析，及时提出经济运行情况及相关应对措施建议；做好国民经济和社会发展计划执行情况报告；开展全区“十三五”规划纲要中期评估相关资料的收集工作，做好情况分析，找准差距和短板，根据全区“十三五”规划纲要实施情况开展中期评估工作。

【继续全面推行企业投资项目网上备案】 根据《广东省发展改革委关于全面实行企业投资项目网上备案的指导意见》《广东省省政府核准的投资项目目录（2017年本）》工作要求，对核准目录以外的、符合备案条件的企业投资项目统一网上办理，进一步明细相关办事指南和业务手册，加强对服务窗口业务人员的综合培训，做到窗口受理和科室办理无缝对接，优化办证流程，提高办事效率。

【深化投资项目承诺制改革】 根据江门市投资项目承诺制改革试点意见要求，制订江门高新区（江海区）投资项目承诺制改革试点实施方案，成立改革试点工作领导小组，全面推进改革工作落实。出台《江门高新区（江海区）进一步深化投资项目承诺制试点方案》，继续深入推进投资项目承诺制改革。率先把承诺制改革试点覆盖至全区域及所有工业投资项目纳入改革范围。承诺制改革试点工作开展以来，全区已有27个项目的相关审批采用承诺制管理，其中完成承诺制试点项目15个、“容缺审批”项目12个。

【动态调整投资准入负面清单】 进一步推动全区投资管理体制改革，在《江门高新区（江海区）投资准入负面清单（2016年本）》的基础上，结合全区经济社会发展实际情况，出台《江门高新区（江海区）投资准入负面清单（2018年本）》，动态调整负面清单，执行清单管理制度，完善公平统一的市场准入制度，赋予市场主体更多的主动权，促进形成统一开放、竞争有序的投资环境。

【新能源汽车推广应用】 开展新能源汽车推广应用专项审核，会同区财政局委托第三方专业机构对全区2016年度新能源汽车推广应用情况进行专项审核，编制专项审核报告并报市发改局，进一步推动新能源汽车的推广应用。推广电动汽车充电桩建设，礼乐街道基本落实武东村委会12个充电桩、新华村委会4个充电桩等布点方案，区机关大院16个充电桩建设方案及相关合作协议并协调供电部门对接。

【固定资产投资项目管理】 贯彻落实《关于进一步加快江门高新技术产业开发区发展的决定》《赋予江门高新技术产业开发区市级经济

管理和相关行政管理权限事项目录（第一批）》《江门市人民政府赋予各市（区）人民政府行使市级经济管理相关的行政审批和管理职权目录（第二批）》通知赋予和下放的行政审批权限，加强委托制管理，投资项目按照属地原则在区级办理，提高投资项目办理效率。全年办理固定资产投资项目188项，增长1.11倍，其中审批类89项、核准类9项、备案类90项；投资额288.72亿元，增长1.51倍。结合投资准入评审制度，引导优质项目落户江海区，促进全区产业转型升级。

【政府投资项目管理】 结合全区政府投资项目管理的实际情况和投资政策变化调整，会同区财政局按照规范性文件的编制要求，制订《江门高新区（江海区）政府投资项目管理办法》并于7月5日实施，进一步加强和规范全区政府投资项目管理，健全科学决策、实施和监督管理制度，提高政府投资效益，强化投资计划调控。

【做好重点项目前期谋划跟踪服务】 对优美科、德昌电机产业城项目备案立项并开展项目节能审查上报工作，德昌电机项目节能通过省发改委审查。出台《江门高新技术产业开发区江海区约定区域项目立项管理办法》并于3月5日实施，及时完善华夏幸福相关项目前期工作，全年办理约定合作区域项目立项17个，计划总投资估算合计20.3亿元，推进产业新城建设。推动中电江门高新区天然气分布式能源站项目前期工作，加快推进年初开展的软基处理工程、桩基施工等。跟进江门高新区公共码头首期、江海区综合管廊工程、云沁路、江睦路、一行路、南冲电排站、黑臭水体整治工程麻园河清淤、城镇污水处理厂提标改造、五邑路污水管网、南方职院六期等项目建设进度，“三二一”工程的景贤、朗晴、实验3间小学按时交付使用。

【完善信用体系建设】 推进全区行政处罚和行政许可信用信息“双公示”系统建设，实现行政许可和行政处罚等信用信息的全面公示，年内全区通过信用江门网及信用中国（江门高新江海）网公示行政许可信息19568条、行政处罚信息813条。推动各相关部门对失信执行人进行联合惩戒，定期在信用江门网和信用中国（江门高新江海）网对失信名单进行公示。出台《江门高新区（江海区）加强政务系统诚信建设实施方案》，按照省、市统一部署，开展2018年国务院大督查迎检工作，梳理、建立全区国务院大督查政务系统诚信建设工作台账，强化政府部门诚信施政、诚信作为、诚信执法能力。贯彻落实《江门高新区（江海区）建立完善守信联合激励和失信联合惩戒制度实施方案》，推动重点部门、重点领域大力落实“黑名单”制度，引导各行业完善信用约束机制，联合发挥对失信主体的惩戒作用；动态更新全区行政许可和行政处罚信用信息公示目录2018年本，梳理形成社会信用体系建设联合惩戒事项清单20项。出台《江门高新区（江海区）社会信用体系建设联合奖惩专责小组工作方案》。

【做好粮食安全责任制考核工作】 落实粮食安全责任制，加强粮食生产和流通等环节的监控，与市政府签订《江门市2018年度耕地保护目标责任书》，落实市下达的粮食种植面积和粮食总产量考核指标任务，2017年完成粮食种植面积3510亩，粮食产量2183吨，二项指标均超过前5年平均数，通过市粮食局对全区2018年度粮食安全责任考核任务。

【经济动员常态化建设】 落实经济动员需求任务，做好调查摸底，掌握企业动员潜力情况，做好国防经济动员潜力数据调查，做好财政金融、基建营房、物资油料、医疗卫生等方面的潜力基础数据，按照国防动员委员会统一部署，开展国防动员潜力信息系统数据的采集和统计工作，与动员企业建立工作联系制度，完善互动合作协调机制，促进经济动员工作规范化建设。

【配合市开展与七台河市对口合作】 制订黑龙江省七台河经济开发区与江门高新技术产业开发区合作框架协议，组织区直有关部门及区内11家企业负责人组成考察组赴七台河市进行商务对口合作考察。按照双方商务对口合作考察团议定事项，在七台河市专家接待中心综合楼设立广东外海商会七台河联络处。随市参加哈尔滨国际经济贸易洽谈会并赴七台河市考察期间，签订《江门高新技术产业开发区与七台河经济开发区合作框架协议》。

【配合推进深茂铁路江门项目规划建设】 按照相关要求配合做好协调工作，确保深茂铁路江门段按照上级工作部署稳步推进。为确保江湛铁路开通，对影响新会站周边环境的养殖场，按照上级有关要求，协调区有关部门提供土地征收补偿及标准、拆迁补偿标准等资料。根据市征求意见，牵头研究深茂铁路深圳至江门段项目江门市境内线站位方案问题。

统计工作

【组织开展第四次全国经济普查】 按照省、市统一工作部署和安排，成立江门高新区（江海区）第四次全国经济普查工作领导小组及其办公室，统一组织江门高新区（江海区）第四次全国经济普查工作，落实机构人员、经费，选调普查员300人。通过组织动员、宣传、培训和物料采购以后，从9月底开始，全面开展经济普查的清查工作。至11月13日，清查登记8263个单位，上报15055个个体户。与此同时，进行查缺补漏和数据编码、数据审核等工作。2019年1月1日，普查工作全面开展，全区300名普查人员对区内调查对象开展全面的入户登记工作。

【全区经济发展现状数据审核】 加强对企业联网直报数据和各项统计数据的审核，通过用电、用工、税收、利润等匹配性指标的关联审核，提高数据质量，真实反映地区经济发展现状。经审核全区地区生产总值、规模以上工业增加值等指标增幅在江门市排名靠前。通过加强分析和预警，沟通协调街道和区直部门，督促街道和企业依法统计、如实统计，防止少统、漏统。

【企业和项目入统】 会同区经促局和各街道等，加强对企业经营状况的调查研究，力促企业和项目入统。把广东科世得润汽车部件有限公司在外省的分公司纳入全区统计，企业总部和本地化核算取得新进展。企业入统方面，通过省、市和区初审的上规模小微企业共82家，其中工业51家、建筑业1家、批发零售业23家、住宿餐饮业1家、服务业6家。

【开展科技部火炬统计工作】 根据国家和省的文件通知精神，结合全区统计工作实际，进一步完善《江门高新区火炬统计调查实施方案》。针对高新技术企业入库统计规模不断扩大的状况，会同科技部门形成协同发力、分类管理和重点跟进的工作机制，提高企业统计的效率和质量。继续推动“一区多园”统计管理政策落实，新增入统新会分园区企业。进一步做好火炬统计数据监测和月度报表报送工作，完成火炬统计各期报表和火炬统计分析报告的报送。

【推进1+21+1目标体系工作】 根据《江门市人民政府办公室关于印发江门市2017年“1+21+1”总体工作方案的通知》要求，制订全区工作目标，分解到各街道、各有关单位和部门，强化经济部门职责，全面落实发展责任。对经济指标短板进行研究分析，推动街道、区直部门的协作，保持全区GDP的稳定增长。

【统计普法和执法检查】 重视统计相关法律法规和文件的学习，贯彻落实中央《关于深化统计管理体制改革提高统计数据真实性的意见》《统计违纪违法责任人处分处理建议办法》、江门市统计局《转发省统计局关于认真做好领导干部违规干预统计工作记录台账填报工作的通知》《转发省统计局关于深入学习贯彻执行防范和惩治统计造假弄虚作假督察工作规定的通知》，深化“依法统计、依法治统”理念，举办学习统计相关法规文件专题讲座，由市统计局派员就统计法规相关文件作专题辅导，区党政领导班子成员、各街道主要领导及分管领导、区直各单位主要领导及分管领导和统计工作有关人员110人参加。按照重点检查和“双随机”（抽检数据随机、执法人员随机）抽查两种方法，对26家“四上”企业（规模以上工业企业，限额以上批发零售、住宿、餐饮业企业，资质以内建筑房地产开发企业，重点服务业企业）进行检查，检查是否按照统计调查制度的要求真实、准确、及时、完整地报送统计资料、依法履行相关的统计义务等。

江海区主要经济指标表

表4

指　　标	单位	2018年	增长%
江海区国民经济和社会发展主要指标			
江海区生产总值	万元	1914800	7.7
江海区工业总产值	万元	5349000	15.0
江海区农业总产值	万元	88700	6.0
江海区国民经济主要指标人均占有量			
人均生产总值	元	71000	6.3
江海区人口、土地面积和人口密度			
土地面积	平方千米	109.16	0
年末常住人口	万人	27.16	1.4

续表

指　　标	单位	2018年	增长%
江海区就业和失业变化情况			
江海区年末从业人员数	人	150821	1.9
江海区主要农作物播种面积、亩产和总产量			
粮食总产量	吨	173	－30.5
江海区工业企业单位个数	个	4041	18.2
江海区规模以上工业企业主要产品产量			
摩托车	万辆	42.57	－1.7
洗衣机	万台	176.5	17.6
空调器	万台	29.84	－2.8
江海区固定资产投资及其增长速度	万元	1481500	18.7
外商直接投资	万美元	15500	65.7
社会消费品零售总额	万元	510500	2.4
江海区居民消费价格指数			
公共财政预算收入	万元	134220	11.7
公共财政预算支出	万元	177639	20.4
江海区房地产开发投资情况	万元	764000	37.8
江海区卫生机构、床位及人员数			
卫生技术人员数	人	940	12.3
医院床位数	张	525	1.4
江海区各类学校情况			
普通中学在校学生数	人	15008	2.2
小学在校学生数	人	26203	8.2
财政支出中教育支出	万元	35073	35.3

物价管理

【规范教育收费管理】　继续贯彻落实省发改委、教育厅义务教育“一费制”相关政策，督促区内各学校不得收取托管费。审核江海区阳光学校、江海区江南幼儿园、外海中心幼儿园提交的教育培养成本，结合全区中小学生和公办幼儿园生均培养成本及居民的承受能力，重新制订其书杂费、保教费等收费标准。春、秋季开学以后联合区教育局、区财政局等部门进行教育收费检查。

【开展相关的价格检查】　按照国务院2018年降低一般工商业电价10%的要求，全省年内三次调低电价，通过召集各大型商业体、产业园区、物业、写字楼等涉及转供电企业召开宣讲会，要求这些企业务必将国家对一般工商业电价降低每千瓦时8.19分的红利落到转租户中。

转发《省发改委省环保厅关于废止排污费征收文件的通知》，督促环保部门及时取消排污费，继续减免多项行政事业性收费，减免本部门价格调节基金，减轻企业和群众负担。对提出退出管理的10家平价商店和平价药店，依法发文取消其平价商店（平价药店）资格，及时收回其“江门市平价商店”“江门市平价药店”牌匾，并报市申请撤销其水电优惠政策。

【进一步夯实价格公共服务基础】 督促涉企行政事业性收费清单和政府定价经营服务性收费清单的贯彻落实，贯彻执行《政府定价（或指导价）涉企经营服务性收费目录清单》，检查各收费部门是否严格按清单的收费项目、收费标准进行收费，是否有超范围收费，发现违规收费坚决查处。针对区内的海逸华庭、宏都新城、怡景湾君铂花园、联合高峰汇小区等新楼盘提出物业服务收费超出政府指导价请求，根据其提交的物业服务预测成本资料，结合全区居民的价格承受能力，合理核定这些楼盘的物业收费标准，为企业做好价格服务。

【强化价格监管检查】 继续开展“菜篮子”和食盐价格监测，聘请两名专职人员每天对市场的猪肉、鱼、蛋、禽、蔬菜、食盐价格监测。加强价格监测，特别在节假日、各种自然灾害发生期间，通过巡查小组对市场价格进行巡查，做好粮食、食用油、猪肉、副食品、化肥、药品、成品油、液化石油气等重要商品市场价格动态监测，及时掌握市场价格动态，防止发生哄抢物品、哄抬物品价格事件的发生。鉴于年内砂石价格涨幅较大，聘请区内的恒耀建材贸易公司作为全区砂石价格监测定点单位，每半个月向省、市报送砂石价格情况，为上级部门作出决策提供依据。做好政府服务热线“12345”及群众来电、来信工作，全年受理投诉120宗，其中政府热线115宗、电话咨询5宗均作出答复，结案率100%。做好物业小区有关管理费、停车费、公共水和电分摊收费等争议调解工作。

经济与科技发展

□ 农业

【国家农产品质量安全示范县创建】 贯彻《国家农产品质量安全县创建活动方案》，做好各项创建工作，落实问题整改，迎接省专家组的核查验收，开展农产品质量安全监测工作，出台《2018年江海区农产品质量安全监测方案》，抽检农产品样品1860份（其中定性检测1560份、定量检测300份），合格率100%。根据第二次全国污染源普查工作部署以及省、市农业源普查实施方案要求开展农业源普查工作，全区完成规模养殖69个，养殖专业户（散养户）3户和典型种植地块2个的入户调查工作，完成农业源普查任务。按照要求按标准采集样品108份，做好农用地土壤污染状况详查样品采集工作。推进畜禽养殖废弃物资源化利用，制订《江海区畜禽养殖废弃物资源化利用工作方案》，落实畜禽养殖场“一场一策”管理，全区45户规模养殖场完成污染减排建设工程，实现污水零直排。加强品牌认证推广，对认证单位实施资金扶持和奖励补助，年内认证有机农产品种植企业1家，认证良好农业规范企业（合作社）3家。参加省、市农博会，开展品牌农产品宣传推介活动。加强检测体系建设。升级改造农产品质量安全检测站，优化仪器和人员配置，制订检测技术培训计划，提高检测能力。根据《2018年江门市农产品质量安全专项整治方案》要求，继续开展农药安全使用、生猪屠宰和“瘦肉精”等专项整治行动。查处经营动物未附检疫证明案件2起，协助新会区公安部门对涉嫌生产销售病死猪的养殖场进行监督管理。推动诚信体系建设，引导生产经营主体诚信经营，制订《江海区农资和农产品质量安全监管“黑名单”管理办法》，实施“黑名单”信息公示制度；建立农产品生产经营单位信用档案，全区51家规模种养殖场全部完善信用档案。

【农村土地经营承包经营权确权工作】 推进并全面完成农村土地承包经营权确权登记颁证工作并通过市级验收考核，全区31个行政村有确权任务，共确认家庭承包地块面积51532亩、地块数1014块，完成农户签印确认16535户，颁证率99.5%。

【三清三拆三整治行动】 全面启动“三清三拆三整治”工作，牵头制订行动宣传和督办工作方案，完成“三清理”16870处、“三拆除”3773宗（处）96704平方米、“三整治”3889处，完成率均为100%，列入整治范围的48个村（居）达到干净整洁村标准，农村环境“脏、乱、差”的面貌得以改善，全区农村人居环境整治工作全面突破。

【示范村建设】 高起点、高标准建设礼乐街道丰盛村、英南村等示范村，全力推进英南村“醉美江门100村”示范村建设，通过设计旅游精品路线、村容村貌整治，标识牌建设等提档升级。重点打造10条美丽宜居示范村，外海街道直冲村和礼乐街道丰盛、英南村基本进入美丽宜居阶段；打造丰盛村成为全区乃至全市农村人居环境整治示范村；礼乐街道威东村、新华村和丰盛村代表江门市迎接省第三方评估组实地考核评估。礼乐街道东红村的村级博物馆、英南村的“七彩南堡”成为热门的旅游拍照点。

【落实支农惠农政策】 做好政策性保险工作，办理水稻保险投保141.4亩，办理甘蔗保险投保42.3亩，办理保险投保能繁母猪1900头。做好农机购置补贴工作，落实中央农机购置补贴各类机具240台。

【农村基础设施建设】 全力做好高标准农田建设工作，完成省、市下达全区2016年度高标准基本农田建设项目800亩任务。完成2015—2016年项目工程建设，2017年项目工程进场开工，开展2018年项目工程的前期工作，整体进度位居全市前列。

【扶贫工作】 全面完成脱贫攻坚工作，对建档立卡贫困户170户575人实现精准帮扶，落实“三保障”（义务教育、基本医疗、住房安全有保障）政策，实施产业扶贫项目4个、资产收益项目5个、创业扶贫项目1个，全区80%以上的贫困户参与产业扶贫和资产收益扶贫项目，使农村贫困户年人均纯收入达到7832元以上、城镇贫困户年人均纯收入达到12600元。贫困户159户544人达到脱贫标准，保障户11户31人实施低保兜底政策，100%完成三年脱贫攻坚目标任务。

【新增礼乐扶贫工作坊】 礼乐扶贫工作坊是江海区2018年打造的重要的“输血式”产业扶贫项目，由礼乐街道结合中山市灯饰产业的发展优势，与中山市格丽特照明有限公司与威东村开展合作，投入资金7万元，改造威东村原村委会800平方米旧址，打造威东村LED灯饰扶贫工作坊，为贫困户提供车间内生产和外发加工两种灵活的就业方式，帮助扶贫对象实现家门口就业和增收脱贫。经过发动推荐，扶贫工作坊吸纳一批40－70岁、或因需要照顾家庭或因年老残疾等贫困户低保户进坊工作。扶贫工作坊开展手工产品外发加工业务，结合礼乐街道“爱心商行”项目，把LED灯饰产品外发至贫困户家中。

【粤桂扶贫协作】 按照国家关于东西部扶贫协作的决策部署，在资金投入、产业协作、劳务协作、人才交流、社会帮扶等多方面开展对口广西壮族自治区崇左市大新县粤桂扶贫协作。年内，两地结对县（区）召开联席会议5次，交流对接工作15批次，年度财政援助资金3030万元，累计投入财政帮扶资金5067万元，实施明仕田园服务区、明仕村旅游扶贫民宿项目和皇鸽、蜜蜂养殖和种桑养蚕基地等帮扶项目8个，项目帮扶贫困户1683户，建设农民工创业园和大新和乐城扶贫厂房 1个，带动电摩配件、电子商务等8家江海区企业入驻投资。引导东部企业投资项目2个、投资额5.8亿元，建设摩托车配件和电商2个车间。对402户建档立卡贫困户危房改造进行补助。各级财政安排51万元，用于扶持贫困村建设路灯工程、文体设施以及爱心超市等项目。发动社会力量捐赠资金及物资折现合计73.15万元。开展对口帮扶工作以来， 11056名贫困户实现脱贫，贫困发生率2.43%，达到国家贫困县退出标准。

【牲畜屠宰管理】 在屠宰场安装远程监管系统，确保屠宰环节病害猪无害化处理率100%。做好非洲猪瘟防控工作，成立防控重大动物疫病应急指挥部，召开专题工作会议，全面落实生猪调运、排查监测、屠宰整治、消毒灭原和应急处置等防控措施。

【三防工作】 坚持“安全第一，常备不懈，以防为主，全力抢险”三防（防汛、防风、防旱）工作方针，落实安全度汛保障措施，及时做好组织动员，加强汛期安全检查，强化三防问题清单整治，开展三防抢险救灾演练，落实24小时领导带班值守制度等措施，做到早谋划、早部署、早检查、早落实。按照层级负责要求，签订责任书61份。全面开展度汛安全检查，检查重点堤防53千米、电排站11座、水闸24座、在建水利工程3宗、山塘1宗。成功防御4号 “艾云尼”、9号 “山神”、16号“贝碧嘉”和22号 “山竹”等台风。全年启动防汛IV级应急响应2次、防汛III级应急响应2次、防风IV级应急响应4次、防风III级应急响应3次、防风II级应急响应2次和防风I级应急响应1次。按照省、市三防标准化建设的要求，投入资金780万元完成区、街道两级三防指挥会商平台建设，全面提升全区防灾减灾救灾指挥会商效率。

【河道五清专项行动】 制订区、街道“五清”（清污、清漂、清淤、清障、清违）专项行动方案，分解目标任务，落实责任分工和措施，全区“清污”完成入河排污口401个摸底排查、16个登记备案工作、2个封堵和1个拆除工作；清理水浮莲和水面垃圾8085.42吨；清淤河流长度34.933千米，清理河道淤泥量399200立方米；清理行洪障碍物116处，清理量16872立方米；清理河湖管理范围内违章构筑物和堆积物174宗，清拆面积171323.38多平方米。

【礼乐南冲电排站建设】 工程项目地址为礼乐街道礼西围北头咀支渠的南冲水闸侧，贯穿礼西围，北头咀支渠是西江的重要支流和潭江流域的重点支流，保护范围为礼西围和礼乐街道主城区22.45平方千米，涉及农田2.3万亩、人口3.5万人。投入建设投资6441.15万元，设计标准为装机容量2400千瓦(6X400千瓦)，排洪流量每秒35立方米，排涝标准采用水利最高标准10年一遇24小时暴雨一天排干，挡洪（潮）标准为50年一遇。计划工期21个月， 2019年10月30日完工。年内完成进水段拦污栅挡墙、出水箱涵施工，占主体工程的80%，完成投资额3500万元。

【水资源管理】 按照水资源开发利用控制红线、用水效率控制红线和水功能区限制纳污红线的要求，落实最严格水资源管理各项制度，实行用水总量控制，严格控制入河排污总量。以“世界水日”“中国水周”为契机，印发节水用水宣传单张向群众宣传节水护水意识。对公共管网月用水1万吨以上的用水户做好计划用水管理工作，增强用水大户的节水意识。对13家河道取水企业做好监督管理服务工作并组织征收水资源费 。市政府对全区2017年最严格水资源制度考核并获优秀等次。推进水行政许可审批改革，依法开展水行政许可审批，全年依法对建设项目水土保持方案、河道和水利工程管理范围内建设和作业许可等审批18宗、开展水行政监督检查20批次。

【黑臭水体综合治理】 完成麻园河、龙溪河、马鬃沙河、石咀河和横沥河的清淤工作，完成河堤挡墙6千米、沿河截污管网6.4千米、检查井181座、三元排灌站和石咀第一、二排灌站等项目工程建设。

水闸情况统计表

表5

区	序号	涵闸名称	过闸流量（立方米/秒）	水闸净宽（米）
礼西围（30.5平方千米）	1	南冲水闸	387.6	40
	2	三眼水闸	40.59	7
	3	何围水闸	34.03	6
	4	闪滘水闸	30.3	6
	5	北头咀水闸	33.16	6
	6	五冲水闸	20.54	4
	7	迎信水闸	25.61	5
	8	二沘水闸	42.53	5
	9	礼西船闸	33.58	6
	10	中沙水闸	18	12
礼东围江海区部分	11	金溪水闸	17.8	3

续表

区	序号	涵闸名称	过闸流量（立方米/秒）	水闸净宽（米）
（70.75平方千米）	12	金溪水闸	22.3	3.15
	13	石咀水闸	18.7	4
	14	壳滘水闸	28.6	8
	15	横沥水闸	26.5	8
	16	横海南水闸	32.4	8
	17	石洲水闸	31.8	8
	18	礼东船闸	52.67	6
	19	三元水闸	18.5	4.8
	20	南船坦水闸闸	33.83	5
	21	横滘闸	31.28	4
	22	老滘水闸	49.33	6
	23	子渠冲水闸	26.97	4
	24	虾蛟滘水闸	38.41	5

电排站统计表（排向围外）

表6

分区	分片	序号	电排站名称	设计流量（立方米/秒）	装机（千瓦）	备注
礼东围江海区部分	东北片	1	金溪电排站 2	1.8	110	2×55 千瓦
		2	金溪电排站 1	2.6	160	2×80 千瓦
			小计	4.4	270	
	西北片	3	北村电排站	1.2	74	2×37 千瓦
		4	油湾电排站	1.1	67	30+37 千瓦
		5	滘北泵站	3.45	396	3×132 千瓦
		6	活力路电排站	0.9	55	1 台
			小计	6.65	592	
	东片	7	石洲电排站	17.4	900	5×180 千瓦
		8	横海南电排站	13.8	720	4×180 千瓦
		9	横沥电排站	11.66	840	4×210 千瓦
			小计	42.86	2460	

续表

分区	分片	序号	电排站名称	设计流量（立方米/秒）	装机（千瓦）	备注
礼东围江海区部分	西南片	10	虾蛟滘电排站	15.82	900	5×180 千瓦
		11	滘头电排站	13.2	800	4×200 千瓦
			小计	29.02	1700	
	合计	11		82.93	5022	34 台

新建成/在建/拟建电排站统计表（排向围外）

表7

序号	电排站名称	设计流量（立方米/秒）	装机（千瓦）	备注
1	南冲电排站	35	2400	6×400 千瓦
2	南口电排站	17	1200	3×400 千瓦
3	闪滘电排站	15	1200	3×400 千瓦
4	三元泵站	5.82	540	3×180 千瓦
5	石咀 1 泵站	4.92	420	2×210 千瓦
6	礼东电排站	20	1600	4×400 千瓦
7	地字股电排站	27.5	2250	5×450 千瓦
8	龙泉滘电排站	40	2840	4×710 千瓦
9	石咀 2 泵站	5.64	480	2×240 千瓦，引水
10	滘头引水泵站	5.36	310	2×155 千瓦，引水

□ 工业

【主要经济指标完成情况】 规模以上工业增加值完成112.38亿元，增长12.4%，全市排名第一；其中装备制造业增加值完成45.84亿元，增长18.5%，占全区规模以上工业增加值比重40.8%。固定资产投资的工业投资完成41.28亿元，增长27.9%；装备制造业投资完成14.3亿元；完成技改投资完成31.16亿元。全区单位GDP能耗预计累计下降5.84%，超过江门市下达江海区“十三五”年均下降任务（预计4.01%）1.83个百分点。社会消费品零售总额51.05亿元，增长2.4%，完成区奋斗目标的92.6%。外经贸进出口总额256.6亿元，增长26.1%，全市排名第一；其中出口总额178.3亿元，增长24.4%。合同利用外资40085万美元，增长114.61%。实际利用外资15548万美元，完成任务的146.68%，全市排名第一。

【推动实体经济发展】 大力发展以高端机电制造、新材料、新一代电子信息与通信三大产业为主导的实体经济，新增规模以上装备制造企业18家、母机制造企业5家、签约装备制造业投资1亿元项目8个，覆盖新能源汽车产业、工作母机、机器人等领域；新动工项目5个、新投产项目2个。加强对10亿元以上骨干企业跟踪服务，优美科长信公司产值65亿元，增长140%；科恒实业公司列入全市骨干企业名录并实现产值20亿元，全区9家骨干企业（集团）共实现产值233.97亿元，占全区工业产值46%。发展绿色循环经济促企业转型升级，发挥财政资金放大效应，引导工业企业实施技术改造，全年获批各级企业扶持资金4113.75万元。推动企业实施“智能制造”和“机器人应用”工程，15家企业开展“机器人应用”，新增机器人设备每套180台。全区29家企业参与电力直接交易并累计降低企业用电成本6279.23万元。江海产业转移工业园在2017年度省产业园绩效评价中，固定资产投资、规模以上工业增加值增速、税收总额增速等3项考评指标排名居同类园区的前50%并获得省专项资金和专项用地指标奖励，批准成为全省唯一泛珠三角区域工业和信息化合作创新发展示范试点园区。全区盘活闲置厂房3万平方米、闲置用地178.75亩。

【优化小微双创生态环境】 鼓励支持民营企业做强做大，成功申报国家级小微双创升级载体，获得国家资金奖补2500万元。重点推进珠西创城核心基地，珠西云谷重点基地，智能云科工业互联网双创基地重点项目建设。核心基地和重点基地建成30万平方米创业创新载体，引入项目200个，包括从事智能光源、卫星定位技术研发，基因检测服务、3D打印、智能穿戴等科技研发类企业。广东智能云智造有限公司获工业化联网联盟颁发的全国首个工业互联网实训基地称号。完善中小企业服务体系，江海区中小企业综合服务平台等3个平台获省级中小企业服务平台和公共技术服务平台评定，新增市级公共服务平台2个和小微企业签约服务机构6家。区内各类企业服务平台为小微企业提供涉及法律、财务、投融资、管理咨询、上云上平台等培训和咨询服务。加强小微企业培育，建立小微企业培育库，兑现小升规企业奖补337万元。全年新增“小升规”企业82家，被认定为省高成长中小企业4家。实施省政府关于促进民营经济高质量发展的若干政策措施、省降成本10条以及市民营经济12条等惠企政策，出台江海区振兴实体经济三年行动计划，从去费减负、简政放权和专项扶持等方面减轻企业负担，全区减负税额6.47亿元。

□ 商贸

【招商引资】 按照“招商工作推进年”的工作部署，加大产业招商引资力度，围绕高端机电制造、新材料、新一代电子信息与通信三大主导产业集群项目需求，派员分赴香港、澳门、深圳等地举办招商投资推介会、春秋两季招商项目集中签约动工仪式，全年签约项目42个，签约金额250亿元；落地项目12个，计划投资额68亿元。全年15个项目通过准入评审，供地面积超460亩。创新开展“先承诺后审、边建边批、容缺审批”的管理新模式，率先推动电机产业城、优美科两大重点项目全面实施承诺制并于年内施工，鑫辉新材料项目从取得用地到动工建设仅用23日。出台《江门高新区（江海区）企业投资代办制实施细则》《赴百家企业上门招商到千家企业上门服务专项行动工作方案》，专责协调解决企业整合重组、配套建设等问题。

【实际利用外资成效】 为企业搭建外经贸大平台，组织企业参加2018粤澳名优商品展览会、2018德国法兰克福春季消费品展览会等

20余个展会，加强对新兴市场和部分“一带一路”沿线国家的经贸合作，推动企业不断提高出口产品技术含量和品牌知名度，金羚电器、健威家具、大冶摩托等企业成为外贸企业出口大户。全年全区进出口总额256.6亿元，增长26.1%，全市排名第一。落实《广东省进一步扩大对外开放积极利用外资若干政策措施》(外资新十条)，力促外资入资，实际利用外资增长较快。新设立外商直接投资项目36个，合同外资金额超4亿美元，增长114.61%；实际吸收外资金额1.56亿美元，完成全年任务146.68%，全市排名第一。优美科新材料、量子高科等外资项目继续扩大投资，其中优美科增资1.3亿美元，量子高科股权增资5500万美元，谦信化工合同增资1.1亿美元。

□ 旅游

【概况】 全年全区旅游收入34.03亿元，增长18.16%，接待游客310万人次，增长17.76%，接待过夜游客164万人次，增长17.98%。整合全区旅游资源特色，结合本土特色，以巨峰葡萄、农家美食等特色资源为亮点，举办“礼乐葡萄文化旅游节”特色节庆活动，增强特色乡村旅游品牌效应。不断发掘礼乐街道南堡片区等地的乡村旅游发展潜力，完善乡村旅游基础设施，打造礼乐乡村旅游特色小镇。“五一”期间，举办“江海区侨都龙狮旅游文化美食节”活动，促进当地体育、文化、旅游和餐饮的有机结合，吸引周边城市游客和提高群众参与度；打造本土特色乡村旅游品牌，6月举办“礼乐葡萄旅游节”活动，为期40天，巨峰葡萄、桃花、果蔗、锦鲤等特色农业资源与旅游的融合，推动餐饮业、旅宿业的发展。结合乡村振兴战略，开展全区美丽乡村宜居乡村建设，制订《2018年江海区美丽乡村宜居乡村建设项目实施方案》，对市级下达的乡村旅游建设资金进行合理分配，有序推进编制乡村文化旅游资源目录、“醉美100村”建设、连片推进乡村旅游开发和乡村旅游交通标识建设等工作。开展创建江门市乡村旅游示范村工作，通过设计旅游精品路线、村容村貌整治、标识牌等提档升级，推进礼乐街道英南村“醉美100村”示范村建设并完成工作验收和评定。开展旅游招商工作，做好礼乐万亩农田、羽林春秋等文化旅游项目推介；投资500万元，引进“浅水湾生态庄园”项目，年内竣工并投入使用。

【完善相关设备设施】 做好江海区乡村旅游规划，聘请江门职院专家进行江海区乡村旅游发展纲要编制并完成验收工作。创建县级乡村旅游示范村，推动礼乐街道丰盛村、英南村创建县级旅游示范村工作并完成认定工作。根据2018年旅游工作任务，全区需要新建旅游厕所3座，其中至少1座达到AAA标准。新建旅游厕所3座主要分布龙溪湖公园2座、长廊生态园1座，全部建成使用。推进旅游标识系统建设，需要建设旅游交通标识牌5块。结合旅游资源分布和乡村旅游标识牌工作，开展江海区旅游标识牌制作及安装工程，针对长廊生态园、稌穆生态园、礼东主灌河绿道（羽林春秋、礼乐食街）、巨峰葡萄种植基地、白水带风景区、釜山公园和茶庵公园等景点，在礼义路、东环路和江海路等交叉路口设置景点旅游标识牌16个。

【AAA级景区创建】 年内，开展AAA旅游景区创建，邀请江门市旅游行业协会到园区调研指导，组织长廊生态园启动AAA景区申报工作。

□ 科技

【高新企业认定】 2018年下达至高新区（江海区）的国家高企认定目标数240家，争先目标数262家。全年发动企业194家参加高新企业认定申报工作，其中123家（含重新认定）通过高新技术企业资质认定。通过落实《江门高新区培育高新技术企业三年行动方案（2016—2018）》，全区高企存量从2016年的91家发展至2018年的273家，实现高企存量数新的突破，其中外海街道以237家高企数成为高企第一大镇街。

【科技型小微企业备案】 2018年下达至高新区（江海区）的科技型小微企业存量考核数为620家，结合企业实际发展需求，发动企业参与备案工作，是年底全区拥有科技型小微企业628家。

【专利管理】 全年全区专利授权量2254件，增长46.46%，其中发明专利授权量166件，增长30%；有效发明专利797件，每万人发明专利拥有量28.7件，为全国平均水平的2.5倍。

【深化产学研合作创新模式】 贯彻市委、市政府“举全市之力推动粤港澳大湾区建设”的工作部署，推进湾区合作平台建设，促进科技成果转移转化，带动传统产业升级，全年集聚一批优秀产业项目，引进泛亚生物研究院、元熙科技及香港科大仿生机器人项目；为完善创业孵化体系，引进台湾打开创意、深圳企鹅、深圳南大机器人等先进孵化器、众创空间；持续推进珠西科创中心建设，引进珠海七弦琴和广州三环等2家服务机构。

【高新技术企业培育倍增行动】 全区高企存量273家，其中138家为规模以上企业，占高企存量的50.55%；认定资质研发机构的高企占存量的60.8%。年内，有99家小微企业获得高新技术企业认定资质，22家有效高新技术企业通过持续发展升级为规模以上企业。

【实施知识产权发展战略】 主要利用两大国家级平台深入实施知识产权发展战略，利用知识产权促进区域自主创新能力的提升，包括建立知识产权保护协调机制。成立知识产权工作领导小组和珠江西岸制造业知识产权保护试点领导小组，完善顶层设计，构建横向到边、纵向到底的知识产权管理体系；出台知识产权保护方案《珠江西岸先进装备制造业知识产权保护试点实施方案》，在江门高新区重点开展先进装备制造业知识产权保护试点工作；打造五大平台，通过横琴国际知识产权交易中心签订合作协议打造信息检索平台、通过组建广东省首家知识产权服务联盟打造中介服务平台、通过对接横琴国际知识产权服务中心打造维权援助平台、通过与区宣传部和区知识产权服务联盟等协商合作协议打造协同保护平台、通过依托司法局打造司法保护平台，实现知识产权服务全方位覆盖；引导企业建立知识产权管理体系，指导园区内100余家高新技术企业把知识产权纳入企业发展战略和经营管理体系，发动和指导4家企业申报省知识产权示范、优势企业，其中崇达电路板认定为省知识产权优势企业。全区共有省知识产权优势企业7家、市级知识产权示范企业25家、通过贯标认证企业7家。

【孵化器建设】 全年新增市级众创空间、孵化器5家，全区共有17家众创空间及孵化器，其中国家级3家、省级2家。孵化器面积16万平方米，众创空间面积1.53万平方米；当年毕业企业数22家，在孵企业数266家。

【科技金融融合发展】 通过政银企合作，鼓励和支持各类金融机构在高新区内设立营业机构，稳健发展科技支行、科技小额贷款公司、融资性担保公司等新型金融机构，充分利用多层次资本市场，着力为区内科技型中小微企业提供全面的金融配套服务。中国银行、工商银行、农业银行、建设银行、交通银行和农商银行等6家银行均在区内设立高新科技支行，实现全区主要商业银行挂牌科技支行全覆盖。

【创新平台建设】 全年全区新增省级以上创新平台新增14家，累计80家；市级工程技术研究中心新增52家，累计241家；新增市级新型研发机构1家，累计10家，实现主营业务5亿元以上工业企业研发机构全覆盖。

□ 信息化

【简述】 区政务服务数据管理局的主要职责是组织起草全区政务服务、政务信息化相关政策和规范性文件草案并组织实施。统筹推进“数字政府”改革建设，拟订建设规划和年度建设计划并组织实施。负责“数字政府”平台建设运维资金管理工作；对区级政务信息化项目建设实施集约化管理；区财政资金建设的政务信息系统项目统筹协调、立项审批；全区行政审批制度改革、审批服务便民化等“放管服”改革相关工作；全区“1+3+N”清单和政务服务事项目录管理和标准化建设。统筹协调区级部门业务应用系统建设，统筹管理政务云平台和电子政务外网，指导各单位部门、各街道、村（社区）网上政务应用和建设。负责政务服务体系建设、电子政务标准体系建设，推进全区政务服务和电子政务标准化工作。组织协调推进政务数据资源共享和开放，统筹政务数据资源的采集、分类、管理、分析和应用工作。统筹全区电子政务基础设施、信息系统、数据资源等安全保障工作，负责“数字政府”平台安全技术和保障体系建设，监督管理区级政务信息系统和数据库安全和政务服务相关工作，并配合市做好公共资源交易管理相关工作。 统筹推进全区“互联网+政务服务”模式改革和政务服务体系建设，指导、协调、监督各街道、村（社区）公共服务中心（服务站）的规范运作。负责对市 12345 政府服务热线交办的事项进行跟进和督办，及时处理群众投诉。完成区委、区政府和市政务服务数据管理局交办的其他工作任务。

【三级公共服务平台建设】 进一步完善线下服务平台，全区综合服务中心主要服务企业法人，以街道公共服务中心为基础主要服务自然人，以村（社区）公共服务站为拓展主要服务村（社区）群众。通过标准化规范审批事项和公共服务事项，简化办事流程，减少层级审批程序，提高办事效率。全年受理各类办件42394件，3个街道公共服务中心受理各类办件123157件，62个村（社区）公共服务站受理各类办件251216件。

【一门式网上办事大厅建设】 全区构建“1+3+62”三级公共服务平台，推进政务服务“一门服务、一窗通办”，进一步强化一门式平台系统管理应用，规范审批事项和公共服务事项标准，减少层级审批程序，简化办事流程，提高办事效率。

【侨都之窗改造升级】 2016年年底完成区、3个街道、62个村（社区）侨都之窗自助终端机布设并投入使用。“侨都之窗”为群众自助办理公积金，社保、医保查询和打印，个人所得税缴税查询，医院预约挂号等业务。年内基本完成全区村（社区）公共服务站“侨都之窗”24小时自助服务改造工作。实现全区村居公共服务站设置24小时自助服务区摆放“侨都之窗”自助终端机。2018年，全区“侨都之窗”自助机办理业务总量为84372件。

【“12345”政府服务热线】 全区“12345”热线共28家责任单位承办公众求助服务事项，各单位落实“12345”工作分管负责人和办理人员，建立江海“12345”服务微信群。根据《江门市“12345”政府服务热线管理和考核办法》，对全区28个热线平台单位统一考核。全年，受理群众求助14981件，办理14981件，办结率100%。通过电话方式咨询、建议、举报占18362件，通过微信方式（主要江海微区长）2507件。

【服务事项入驻办理】 落实行政审批和公共服务事项集中一门式大厅办理工作，完成对区委宣传部、区经促局等6个部门134项行政审批事项进驻区行政服务中心办理并指导各单位、部门进一步完善网上办事大厅事项目录和材料清单等的规范发布。

【完善村社区公共服务站服务设施】 按照统一标准加强村（社区）公共服务站建设，实施规范化管理。各村（社区）按照统一标准规范名称、整治外观、整合内部设置，配备专职人员，配备1台立式宣传一体机等设备，完善村（社区）公共服务站的制度建设及台账管理。每月检查督促村（社区）公共服务网站的村务居务信息更新，督促指导各村（社区）使用江门市政务服务一体化平台办理业务。

【审批服务流程优化工程】 全面梳理和动态调整政务服务事项和行政权力清单，以“最多跑一次是原则、跑多次是例外”为核心，以“零跑动”为目标推进政务服务标准化工作，规范的政务服务标准化工作，规范行政许可、公共服务等事项的条件、材料、流程、时限等，建成全区统一、规范的政务服务事项库并对社会公开。推动开办企业、投资项目审批、工程竣工验证等重点事项在跨部门协同审批、集成服务上的突破。

【投资项目承诺制改革】 推行“先承诺后审，边建边批”项目管理模式和 “容缺审批”制度，选择节能审查、规划选址意见书等12项审批事项作为首批试行投资项目承诺制事项，完善配套改革，提高投资项目审批效率，简化优化审批环节，缩短项目前期准备时间，加快项目落地。

【证照分离改革】 发挥国家高新区地位优势，利用江门市获批成为全省第二阶段“证照分离”改革试点契机，深度融入试点工作，通过直接取消一批、改为备案一批、实行告知承诺制一批以及优化准营管理，进一步解决企业“办照容易办证难”“准入不准营”的问题。

【网上中介超市】 根据《广东省推进职能转变协调小组关于印发广东省网上中介服务超市建设工作方案的通知》《关于印发〈江门市网上中介服务超市建设工作方案〉的通知》要求，建设全区统一的网上中介服务超市，形成统一规范、开放竞争、健康有序的中介服务市场，进一步推动政府职能转变。

【政务服务事项清单标准化梳理】 按照《广东省人民政府办公厅关于做好全省政务服务事项实施清单“十统一”标准化梳理工作的通知》《关于印发全市政务服务平台集约化改造提升工作方案的通知》要求，在江门市行政服务中心和江门市网信统筹局召开全市政务服务事项实施清单“十统一”标准化梳理和政务服务平台集约化建设工作视频培训会议以后，全区完成政务服务事项实施清单“十统一”标准化梳理6000项。

【江海区数字政府综合改革】 贯彻落实《江门市人民政府办公室关于印发江门市实施“政务上云”工作方案的通知》要求，组织区直机关单位、各街道办事处相关人员召开培训会议，听取江门市政府数字江门有限公司的云技术专家的授课，为江海区推进“政务上云”的调研打下基础。按照全市统一工作部署，出台《关于印发江海区政府网站集约化建设方案的通知》《关于印发江海区政务服务平台集约化改造提升工作方案的通知》，召开政务服务事项实施清单“十统一”标准化梳理工作会议，邀请省技术专家进行系统操作培训。完成事项认领和实施清单编制工作，全区认领事项5712项并完成5711项事项的梳理，完成率99.98%。10月29日，江海区政务服务网在省平台上线，达到省考核要求。江海区政务网站集约化工作建设完成，网站集约化平台撤销区直各政府机关部门二级域名，按照省、市统一规范标准对各部门网站重新编写，构建在江海区的网站集约化平台并启动区网站集约化平台向市网站集约化平台迁移工程。配合江门市网络信息统筹局开展大数据平台的建设工作，开展全市服务平台集约化改造提升，实现信息系统互联互通，通过大数据平台整合多个数据孤岛的数据。根据涉税数据共享要求，在江门市大数据共享平台上已经完成江海区涉税部门数据的录入和公共数据资源共享工作，类别条目21个，共享数据2054条。利用全市政务服务平台集约化改造提升建设契机，通过政务服务平台实现与多个部门信息系统整合，按照统一身份认证、统一事项目录、统一效能监督、统一智能客服和知识库、统一申办受理系统的要求对原有的部门自建审批系统进行改造。

【电子政务系统建设】 贯彻落实《广东省政府转发国务院办公厅“互联网+政务服务”技术体系建设指南的通知》《关于印发江门市国民经济和社会信息化“十三五”规划的通知》要求，根据全区实际情况，做好“网上办事大厅”“邑门式”“邑家园”“基层综合服务中心”等电子政务服务系统的建设。配合上级部门部署系统软件和硬件，包括全面提升开办企业便利度的系统平台功能，增加开展江海区智慧城管系统建设、江海区河长制平台建设工作、扬尘在线监测系统建设和江海区应急指挥中心建设工程等。继续做好日常网站管理，运用开普云网站检查系统定期对全区政务网站群开展扫描、监测工作。落实公安网警相关工作要求，保障网站安全，上半年通过政府采购服务聘请第三方网络安全提供商的服务，对区政府政务网站群开展云防护的保护。

安全监督管理

【安全生产监管】 坚持“安全第一、预防为主、综合治理”的方针和“安全发展”的理念，以强化政府部门监管、落实企业安全生产主体责任为重点，推进党政领导干部安全生产“一岗双责”和“三个必须”的要求，落实街道和部门安全生产责任制，签订《2018年安全生产责任书》，完善联防联动和协调机制，每季度召开一次全区防范较大以上生产安全事故会议。针对各阶段情况的特点，由分管领导牵头开展安全生产约谈督导，促进各项监管措施落实，做好各项安全生产工作。辖区没有发生较大以上生产安全事故，各项指标均在控制范围之内。

【机构设置】 根据《关于印发江门市江海区安全生产监督管理局主要职责内设机构和人员编制规定的通知》《关于区市场安全监督管理局和区安全生产监督管理局人员调整划分的函》要求，11月1日，江海区安全生产监督管理局单独运作，共有公务员13名、事业编制人员6名、编外人员6名。强化基层安全生产巡查队伍建设，落实《关于建立健全镇（街）园区安全生产监督检查员队伍实施意见的通知》要求，重新调整和充实街道安全生产巡查队人员编制，其中外海街道20名、礼乐街道8名、江南街道8名，全区专职安全生产巡查员编制36名。

【重点行业领域专项整治】 结合安全生产特别防护期大检查、危险化学品行业综合治理、可燃粉尘专项整治验收、有限空间作业条件确认、执法警示等专项行动，制发《高新区（江海区）危险化学品安全综合治理实施方案》，组织各街道、各部门执法人员对危险化学品和其他重点行业专项执法行动，先后开展对危险化学品行业生产、经营（带仓储）、使用、运输企业的联合行动。通过排查整治完成全区13家危险化学品生产企业，39家危险化学品经营（带储存）企业，12家加油站的查检、核查和复查工作，完成危化品行业行政许可事项88宗。

【安全生产监管和标准化创建】 针对重点行业领域重点地区安全生产攻坚工作，制订《江海区2017年安全生产重点行业领域重点地区攻坚工作总体方案》，加强危化品、涉粉防爆、涉氨和有限空间等行业监管，推进工贸行业企业专项治理。经核查全区粉尘涉爆企业45家，涉氨企业9家，有限空间企业52家。持续推进安全生产标准化建设及“回头看”工作，经企业自评、中介评审和安全监管部门复查，年内新增安全生产标准化达标企业29家。

【隐患排查治理】 持续推进城市风险排查整治工作，全区排查治理事故隐患生产经营单位3379家次，排查一般事故隐患7656项，完成整改6622项，责令限期整改1004项，限期整改隐患全部复查并根据实际情况进行销账、跟踪督查或开展执法工作。

【职业健康监管】 开展职业病危害因素检测和项目申报，发动企业74家申报备案，新增申报企业49家，全区申报备案企业1102家；体检企业395家，体检人数9032人，重点行业企业工作场所职业病危害因素检测完成20家。做好疑似职业病人调查工作，对9例疑似职业病人的5家企业进行调查处置。开展职业病防护用品执法监察专项行动、职业健康执法年活动等，推行职业病防治主体责任承诺制度。在各项专项治理行动中，监督检查企业95家次，发现职业卫生管理问题或隐患173项，出具《责令限期整改指令书》20份，立即整改25项，限期整改148项，行政处罚企业1家。

【重点监控企业（部位）监管】 推进城市风险点、危险源排查整治工作，完成危险化学品、粉尘涉爆等重点企业75家的风险排查评估工作，形成现有在册动态管控风险点危险源清单101个，其中红色4个、橙色47个、黄色29个、蓝色21个。

【安全生产监管和执法监察】 全年安全生产“打非治违”工作监督检查生产经营单位2689家，发现事故隐患2681项，监督完成整改隐患2132项，跟进限期整改隐患549项。开展“双随机”（随机抽查检查对象、随机选派执法检查人员）抽查专项行动，非联合抽查任务数11个，完成11个；参与联合检查4次。立案查处安全生产违法行为53宗。落实“黑名单”制度，按照市安全生产“黑名单”管理办法，把江海区亚菲灯饰加工厂、江海区礼乐阳成五金厂2家企业纳入安全生产不良记录“黑名单”名单。对各街道在工贸企业、建筑工地、水利防汛、地质灾害隐患点和老旧危房安全等开展排查整治，排查安全生产单位675家，发现隐患1240项，发现隐患全部完成复查整改。

【应急管理】 落实“春节”“两会”“清明”“五一”等重要时间段和节假日24小时在岗值班制，推广使用全市应急管理平台软件，强化安全生产应急值守和突发事件防范、应对处置、信息统计报送等工作。落实企业应急预案备案工作，全区累计备案企业511家，其中危化品企业145家、其他企业366家。继续开展安全生产应急管理专项检查，提高企业安全生产应急处置能力。完成《江门市江海区生产安全事故应急预案》和《江海区危险化学品生产安全事故应急预案》修订、第三方评审和征求意见等，为应急预案实施和应急演练开展打下基础。

【安全生产宣传培训教育】 开展“安全生产月”“安全生产万里行”活动，结合2018年全国科技活动周，在全区范围内开展以“坚决遏制重特大安全事故，提升防灾减灾能力”为主题的宣传活动，包括通过短信平台向辖区各村居、部门单位安全管理人员、企业负责人发放安全短信；通过QQ平台向企业发放文件，通过电视站播放宣传消防安全知识7天，开展安全生产宣传、培训活动6场，召开安全、消防警示约谈会12场；悬挂宣传横幅，派发安全生产知识、职业健康、突发事件紧急处置和应急救援等宣传资料。

市场监督管理

【工作职能】 机构改革以后，区市场监管局承接的职能主要为原区市场监督管理局、区食品药品监督管理局（区食品安全委员会办公室）的职责，以及市下放的质量技术监督管理职责，区科技创新局（区知识产权局）的专利管理职责，区发展改革和统计局的价格监督检查和反垄断执法职责等。区市场监管局按照“三定”（定部门职责、定内设机构、定人员编制）方案要求与相关职能部门沟通协调，移交相关职能。

【“双随机一公开”抽查工作】 开展“双随机一公开”（随机抽取检查对象，随机选派执法检查人员，检查结果向社会公开）抽查工作，制订《江门高新区（江海区）市场监管局2018年度“双随机一公开”抽查工作实施方案》，下达抽查任务12个，抽查市场主体481户，生成执法人员138人次，抽查市场主体836户。按照《江门高新区（江海区）2018年跨部门“双随机一公开”联合抽查工作计划》，选取监管风险及社会关注度较高的企业单位、农资市场、公共娱乐场所、房地产开发企业、药品零售企业、危险化学品生产经营行业、食盐价格、医疗机构、旅游企业10个行业，明确区社会事务局、区市场监管局、江海大队、区住建水务局、区发改局、区安监局、区食药监局、区卫生计生局、区经促局为对应牵头单位开展联合抽查，抽取检查对象49户。通过开展“双随机一公开”抽查以及跨部门联合抽查，全区实现抽查部门和抽查事项全覆盖的目标。

【多证合一登记制度】 启动新一轮“多证合一”改革，在之前“十五证合一”基础上，推行“二十八证合一”登记制度改革，19个政府职能部门的涉企证照可在办理窗口提交一套材料，按照备案项目规定的经营范围规范精准填报，利用“互联网+政务服务”及时向相关部门共享、推送企业登记注册有关信息，办理时间压减60%以上，提交材料减少55%，做到“数据网上行”“企业少跑路”，全年发出“多证合一”营业执照9033张。

【证照分离改革】 推行“证照分离”改革，对全市实行的首批51项、第二批83项行政许可事项以及高新区130项行政许可事项通过取消审批、审批改备案、告知承诺制、加强准营管理四种方式推进分类改革，进一步破解企业“办照容易办证难”“准入不准营”问题，与审批部门对接沟通，从审批部门、审批层级和证照关系等对证照分离事项进行梳理核对，做好企业登记信息部门共享推送工作，便于审批部门通过江门市商事主体信息管理和公示平台查询获取信息。全年办理“证照分离”分类改革业务251笔。

【创新商事登记模式】 推进企业名称自主申报制，改变过去预先审核的做法，利用智能申报系统，为申请人提供名称自助查询、比对，自主选定并申报企业名称的服务，用机器代替人工名称核准工作量，、减少人为裁量因素干预。推广全程电子化商事登记，多途径引导群众使用全程电子化登记模式，要求中介机构及商业银行网点办理企业设立登记原则上通过全程电子化商事登记管理系统申请，逐步实现全程电子化商事登记区域、业务、市场主体全覆盖；建立中介及银行机构工作信息交流微信群，宣传商事登记政策，解答业务及系统操作问题。全年办理全程电子化商事登记业务1320宗，其中无纸化业务666宗；推广开办企业“一窗通”“一网通”服务，把开办企业涉及的商事登记、刻制公章、银行预约开户及申领税务发票咨询导办业务整合到商事登记窗口统一受理，依托“多证合一”平台，实现部门间企业开办数据的共享交换，依托“一网通”系统服务，让企业上“一个网”即可办理所有开办事项；登记审批许可事项、审批权限和程序，实行登记审批“一审一核”“审核合一”制度。减少审批环节，压缩审批时间，提高审批效率。全年新开办企业商事登记当天办结率100%，当场办结率99.2%。

【商标广告管理】 加大《中华人民共和国商标法》宣传力度，开展商标知识培训，提高企业的商标品牌战略意识。全区有效注册商标7396件，中国驰名商标3件，广东省著名商标12件。加强监管，严厉查处商标侵权和虚假违法广告。以保护驰名、著名、涉外商标为重点，加大保护力度，立案查处各类商标案件8宗。

【动产抵押登记】 为办理抵押登记的各类市场主体提供 “一站式”服务，对提交材料齐备的动产抵押登记申请做到当场办结。采取电话预约、提前沟通等方式，明确登记需要提交的全部资料，避免企业多次往返，提高动产抵押登记效能。全年办理动产抵押登记31宗、动员抵押注销登记8宗、办理动员抵押变更登记2宗，现场办结率100%。

【商事登记银证直通车服务】 加大商事登记银政直通车服务推广力度，依托商业银行营业网点多、覆盖面广、“互联网+”应用普及的优势，促进商事登记窗口服务的不断延伸，鼓励群众接受商事登记银政直通车惠民服务；持续开展银行网点工作人员跟班学习、银政直通车业务培训班，不断提高银行网点工作人员的商事登记业务水平。全年受理商事登记银政直通车业务59宗。

【完善扩充e监管平台】 加强商事主体事中事后监管，继去年利用“电子地图+GPS定位+大数据应用”等技术开发“e监管”平台，通过实地检查与地图标注相对比、网格监管与抽查监管相结合的方式，实现无照经营监管“零盲区”的目标以后，探索“e监管”平台与“双随机一公开”抽查系统融合对接，扩充“e监管”平台功能，打造“互联网+监管”大数据平台，探索多部门联合监管新模式并纳入政府工作清单。根据区综合服务中心、区国地税局需求扩展功能，增加EMS专递，完善全区商事主体电子地图及企业导航功能，开发企业定位功能，实现监管从PC端向移动监管延伸，进一步推进简约监管、公正监管、综合监管和协同监管，提高市场监管科学化水平。

【经营异常名录管理】 制订《江门高新区（江海区）市场监管局办理企业申请移出经营异常名录工作规定》，开展实地核查，强化资料收集，做好企业异常名录管理工作。全年有1012家企业因不同原因被列入经营异常名录、84家企业申请并移出经营异常名录。

【消费投诉处理】 组织系列“3·15国际消费者权益日”宣传咨询活动，开展“品质消费教育乡村行”送法律、送知识、送服务进农村宣传活动，围绕“弘扬诚信理念，优化营商环境”主题开展诚信兴商系列宣传活动，全年受理投诉举报992宗（包括”12345”政府服务热线转办），处理率100%，为消费者挽回经济损失844.98万元。

【打假工作】 制订《江门市江海区2018年打假工作方案》《江门市江海区2018年打假警示区域专项整治工作方案》，组织开展各项专项整治行动和打假警示区整治工作，出动执法人员4071人次，检查企业2022家次，立案47宗，捣毁窝点3个，抽检各种商品793批次，抓捕2人，刑拘3人，批捕5人。

【餐饮行业明厨亮灶工程】 根据省、市关于推进餐饮服务单位“ 明厨亮灶”工作部署，引导餐饮企业和集体食堂在新建、改建、扩建中，推进“明厨亮灶”升级改造，督查全区全面完成学校、托幼机构食堂“明厨亮灶”建设工作。全区餐饮服务单位实施“明厨亮灶”数量869家，占全区餐饮服务单位比例66.73%。

【药品安全监管】 全区有药品零售药店140家，医疗机构65家，全年检查药店156家次，医疗机构75家次，发出监督意见书211份，责令改正通知书37份。根据省食药监局要求，全面推行药品零售企业分级分类的管理办法，根据企业经营场地规模、药品经营范围、药学技术人员配置情况、药品质量管理、药品追溯管理、信息化管理水平和药学服务能力等因素，对其经营资质和风险管控实施动态分类管理，完成药品抽检55批次，不合格药品6批次，立案查处6宗。

【医疗器械安全监管】 全区有医疗器械零售企业155家、批发企业15家、医疗器械使用单位65家。开展日常监督检查包括装饰性彩色平光隐形眼镜监督检查、避孕套质量安全监督检查、无菌和植入医疗器械监督检查、违规医疗器械体验店监督检查，全年检查医疗器械经营门店167家次，医疗机构60家次，医疗器械生产企业5家次，发出监督意见书167份，责令改正通知书13份。

【保健食品安全监管】 全区有保健食品经营企业201家，其中批发企业3家、药店兼营136家、含保健食品经营项目的经营企业62家。全年组织保健食品法规知识培训班2期，153人次参加。开展“食品、药品宣传周”“食品、药品安全进社区”等大型宣传活动，印发保健食品宣传资料。组织保健食品快筛快检培训2期，参加60人次；快检保健食品18批次。检查保健食品经营企业监督100家，发出责令整改通知书8份，发现问题36项并落实整改。

【化妆品安全监管】 全区有化妆品经营单位565家，其中兼具批发性质经营企业18家、化妆品使用单位163家，化妆品经营使用单位以小、散为主。组织化妆品知识培训2次，200多名化妆品从业人员接受了化妆品相关法规知识和质量管理教育培训。把化妆品安全知识宣传纳入到“食品、药品安全进社区”大型宣传等活动中，组织化妆品宣传活动3次，检查化妆品经营企业158家次，发出责令整改通知书12份。

【食品小作坊集中加工示范区提质扩园】 按照《广东省食品安全示范城市标准与评价细则》关于食品小作坊集中加工区的工作要求，采取政府部门推动，民营企业资本投资和运作的方式，以江门市海恒农产品交易服务有限公司的食品工业园区为基础并于2017年创建江门五邑地区首个食品生产加工小作坊集中加工区。全区加工区基础建设基本完成，面积5000平方米， 65家食品小作坊进驻并取得小作坊登记证，食品种类主要包括烧腊制品、水产制品、豆制品等。为保证食品安全，加工区按照“五个统一”（统一采购、统一管理、统一检验、统一标识、统一配送）模式进行规范管理。

【市场食品安全监管提升工程】 为提升农贸市场食品安全水平，把农贸市场食品安全监管提升工程作为重点工作，制订《江海区市场食品安全监管提升工作方案》，通过合理规划布局、标准设施建设、长效精细管理等措施，强化管理、提升食品安全。全年检查农贸市场

98家次、食品经营单位450多家次，发现未及时公示检验检疫证明、未规范亮证经营、熟食档敞开经营等问题126条，现场督促改正104条，引导22家经营户办理食品经营许可证；在16家农贸市场设置快检室，公示抽检信息、食品安全管理制度及食用农产品快速检测制度；开展食用农产品快检16093批次，检出不合格食用农产品158批次，其中不合格蔬菜40批次、不合格水产品118批次、合格率99.02%；处理不合格食用农产品266.28千克。

【食品生产环节监管】 全区共有食品、食品添加剂生产企业办理食品生产许可证8家、食品小作坊办理小作坊登记证31家。全年开展日常监督检查食品生产加工企业141家次、食品小作坊74家次，对1家食品标签不符合要求的酒类企业现场移交稽查部门立案查处；对9家存在原料进货查验不落实、食品生产条件发生变化尚未办理变更等问题的企业，责令限期整改。在全区范围内对小作坊食品、肉制品、酒类、柑普茶生产单位开展专项整治，检查食品小作坊74家次、肉制品企业82家次、酒类企业3家次、柑普茶企业7家次；配合上级部门完成74家次企业食品生产许可现场审查观察员任务。推进食品生产企业食品安全管理员的培训考证工作，全年92家企业99名食品安全管理员考试合格。

【广东省食品安全示范城市创建】 推进江门市创建广东省食品安全示范城市工作，出台《江门高新区（江海区）创建广东省食品安全示范城市工作实施方案》《江门高新区（江海区）创建广东省食品安全示范城市宣传工作方案》《江门市创建广东省食品安全示范城市工作制度》等方案、制度，召开各类工作会议；不定期开展创建工作督查；在江海路、胜利南路、金瓯路设置240个路灯箱广告牌及4个大型户外广告牌，印制宣传小册子、海报13万份，在6个大农贸市场开设宣传专栏。

【执业药师专项核查】 根据国家、省关于开展执业药师挂证行为专项核查工作要求，组织对区内药品零售经营企业逐一核查，采用书面检查、现场检查和书面与现场检查相结合的方式，核查药品零售企业140家，发现执业药师不在岗7家，不凭处方销售处方药15家，实施首次发现全部依法依规责令改正，后续检查再犯的一律立案处罚的措施。

江海区个体工商户发展情况表

表8

项目	2017年	2018年	增减数	增减（%）
户数	15908	19007	3099	19.48
从业人数	27919	32460	4541	16.26
按行业分				
农、林、牧、渔业	52	58	6	11.54
采矿业				
制造业	2402	2559	157	6.54

续表

项目	2017 年	2018 年	增减数	增减（%）
电力、燃气及水的生产和供应业		1	1	
建筑业	384	467	83	21.61
交通运输、仓储和邮政业	787	780	−7	−0.89
信息传输、计算机服务和软件业	53	66	13	24.53
批发和零售业	7779	9740	1961	25.21
住宿和餐饮业	1983	2502	519	26.17
金融业		1	1	
房地产业	63	81	18	28.57
租赁和商务服务业	400	520	120	30.00
科学研究、技术服务和地质勘查业	47	52	5	10.64
水利、环境和公共设施管理业	12	14	2	16.67
居民服务和其他服务业	1742	1946	204	11.71
教育	42	44	2	4.76
卫生、社会保障和社会福利业	38	46	8	21.05
文化、体育和娱乐业	127	133	6	4.72

江海区私营企业发展情况表

表9

项目	2017 年	2018 年	增减数	增减（%）
户数	7115	8054	939	13.20
从业人数	56502	51792	−4710	−8.34
按行业分				
农、林、牧、渔业	50	50		
采矿业	3	3		
制造业	3344	3663	319	9.54
电力、燃气及水的生产和供应业	4	4		
建筑业	259	344	85	32.82
交通运输、仓储和邮政业	164	170	6	3.66

续表

项目	2017 年	2018 年	增减数	增减（%）
信息传输、计算机服务和软件业	141	171	30	21.28
批发和零售业	1896	2115	219	11.55
住宿和餐饮业	69	79	10	14.49
金融业	22	23	1	4.55
房地产业	159	196	37	23.27
租赁和商务服务业	424	528	104	24.53
科学研究、技术服务和地质勘查业	350	441	91	26
水利、环境和公共设施管理业	33	41	8	24.24
居民服务和其他服务业	107	124	17	15.89
教育	13	16	3	23.08
卫生、社会保障和社会福利业	6	9	3	50
文化、体育和娱乐业	77	85	8	10.39
其他	7	6	－1	－14.29

江海区内资企业发展情况表

表10

项目	2017 年	2018 年	增减数	增减（%）
户数	556	583	27	4.86
从业人数	18554	17007	－1547	－8.34
按行业分				
农、林、牧、渔业	6	5	－1	－16.67
采矿业				
制造业	76	84	8	10.53
电力、燃气及水的生产和供应业	11	11		
建筑业	30	27	－3	－10.00
交通运输、仓储和邮政业	45	41	－4	－8.89
信息传输、计算机服务和软件业	24	19	－5	－20.83
批发和零售业	136	141	5	3.68

续表

项目	2017年	2018年	增减数	增减（%）
住宿和餐饮业	3	4	1	33.33
金融业	57	62	5	8.77
房地产业	58	70	12	20.69
租赁和商务服务业	57	62	5	8.77
科学研究、技术服务和地质勘查业	23	29	6	26.09
水利、环境和公共设施管理业	10	8	−2	−20.00
居民服务和其他服务业	7	7		
教育				
卫生、社会保障和社会福利业	1	1		
文化、体育和娱乐业	7	6	−1	−14.29
其他	7	7		

国有资产管理

【简述】 根据两区发展的需要，为健全资产管理架构，加强国有资产管理，建立创新、高效的管理体制，对高新区、江海区资产实行三级管理，即：江门高新区资产管理委员会（决策机构）—江门高新区资产管理委员会办公室（监管机构）—江门高新区管委会属下企业（运营机构）。

【公有资产管理】 做好编报2017年度行政事业单位国有资产报告工作，进一步完善行政事业单位资产信息，根据省、市工作部署，组织全区在册登记的行政事业单位开展2017年度行政事业单位资产报表编报工作。全区在册登记的32个行政单位的账面资产总额57286.46万元，负债总额5002.15万元，净资产52284.32万元；在册登记的90个事业单位的账面资产总额16396.37万元，负债总额7383.88万元，净资产9012.49万元。做好2017年度行政事业单位经管资产及自然资源国有资产报告试点工作，制订工作方案，组织动员会议和培训班，按期完成报表汇总上报。对全区行政机关和事业单位2018年7月31日前的出租、出借的资产开展专项清查，摸清底数，设立台账，对非经营性资产管理混乱问题加以整改工作,进一步规范全区非经营性资产管理。

【盘活闲置国有资产】 严格执行资产处置的审核、管理工作，严格行事单位资产的处置审批流程，申请报废的资产均进行现场核查，拍照取证，全年完成行事单位资产的处置审批86项。做好企业资产出租的审核工作，召开租赁合议小组会议，根据资产租赁的情况，发挥租金合议小组的审核作用，合理定位租金。实现公有资产保值、增值。做好资产出租经营统计工作，通过多种途径对资产物业进行盘活、出租，全年租金收入1023.82万元，盘活空置物业6764平方米。对属下公有资产的出租情况、资金监管情况和安全生产情况等进行定期检查，对存在租期长、租金低和无免责条款等较多问题的合同，重新签订新合同。完成胜利南路建设投资有限公司银城花园小区房屋的销售和交楼工作。

【解决历史遗留问题】 为保全资产，加快办证，对部分资料不全、确权未完善的资产进行重点梳理，采取先易后难的方式，与房产、国土和税务等相关部门沟通，逐步完善相关办证资料，完成江门市蓬江区江会路67号之二407等3套住宅及其夹层车房的办证工作。

【国资平台实体建设】 8月，区政府出台《高新区（江海区）做强国资平台三年行动计划（2018－2020年）》，通过政府主导、市场取向、战略重组、科学监管和配套支持，做大做强高新区（江海区）国有企业，把国有企业分为工业园和投资控股两大平台，高新工业园公司及其下属公司主要负责园区建设项目、产业基金项目和园区服务管理等；除了高新工业园以外，其他国有企业经过整合重组形成投资控股公司，主要负责闲置资产盘活和物业出租管理。

【理顺高新工业园公司经营管理关系】 为便于高新工业园的股权管理、提高高新工业园公司运作效率，9月，江门市国资委与江门高新管委会签订股权托管协议，把江门市国资委持有的工业园股权全部委托给江门高新管委会进行经营管理。

财　政

【地方公共财政预算收支执行情况】 全年全区完成一般公共预算收入134220万元，为区人大通过调整预算133370万元的100.64%，超收850万元，比2017年一般公共预算收入120163万元增加14057万元，增长11.7%，全市排名第六。税收占一般公共财政预算收入的比重89.55%，税收结构合理。一般公共预算支出完成177639万元，为区人大通过调整预算177478万元的100.09%，比2017年一般公共预算支出147833万元增加29806万元，增长20.16%。政府性基金收入完成143537万元，为调整预算数125539万元的114.34%，比2017年完成数163626万元减少20089万元，下降12.28%。政府性基金支出完成256431万元，为调整预算数260119万元的98.58%，比2017年完成数196349万元增加60082万元，增长30.6%。

【财政管理重大政策】 贯彻落实中央、省、市有关国税地税征管体制改革工作精神和领导讲话要求，研究和解决机制改革中提出的问题，会同税务部门组织实施，稳步推进税收征管体制改革。根据江门市政府《关于下放蓬江区、江海（高新）区生活污水处理费收入实施方案的通知》《蓬江区、高新区（江海区）生活污水处理事权下放工作对接会议纪要》要求，2018年江门市下放生活污水处理事权，给蓬江、江海两区，相应污水处理费改由属地征收。2018年残疾人就业保障金，由税务部门征收，征收标准按照实际薪金水平计征。

【深化财政改革】 深化预算编制执行监督管理改革，为对接省深化预算编制执行监督管理改革，出台《关于深化高新区（江海区）预算编制执行监督管理改革的意见》，优化全流程预算管控，精简预算执行流程，加强预算编制、完善预算执行、强化预算监管，强化职能部门在预算编制和执行责任主体，提高均等化财政资金使用效益，推进各领域基本公共服务均等化。为规范区本级财政预算支出管理，确保财政收支平衡，根据《中华人民共和国预算法》等法律法规，出台《关于印发高新区（江海区）区本级财政性资金支出审批权限规定（暂行）的通知》，全区财政性资金审批流程操作清晰、确保财政预算资金得以约束，实现权力制约和协调机制。

【国库管理】 完善财政专户开户银行选择制度，根据《国务院办公厅转发财政部关于进一步加强财政专户管理意见的通知》《财政部关于印发〈财政专户管理办法〉的通知》《广东省财政专户开户银行选择办法》要求，规范财政专户开户银行选择工作，出台《江门高新区（江海区）本级财政专户开户银行选择实施细则》。继续对财政存量资金开展清理，出台《关于清理预算单位基本户存量资金的通知》《关于申报调减年度预算指标的通知》，收回预算单位实有账户沉淀资金和预算年度无法形成支出的预算资金。按照以“稳增长、促改革、调结构、惠民生”为目标，结合全年工作重点和上级政策性配套增资情况，合理安排使用存量资金。根据市财政局《关于开展2017年度权责发生制政府财务报告编制试点工作的通知》要求，完成江海区2017年政府综合财务报告编制工作。根据广东省财政厅《关于进一步规范财政资金存放管理相关工作的通知》要求，进一步规范社会保险基金存放行为，出台《高新区(江海区)本级社会保险基金增值保值存放操作暂行办法(试行)》，严控库款保障水平。

【基金管理】 按照“以收定支、专款专用、收支平和、结余结转下年安排使用”的基本原则，政府性基金支出根据基金收入情况安排，自求平衡，不编制赤字预算。各项基金按规定用途安排，专款专用，主要用于城市公用事业、土地开发、基础设施等有关方面的支出。当年基金收入不足的，使用以前年度结余安排当年支出：当年基金收入超过支出的，结余资金结转下年使用，超过当年收入30%的按照规定调入一般公共预算统筹使用。严格按照上级文件有关规定，从土地出让收入中计提教育资金、农田水利建设资金、农业土地开发资金等专项资金，并实行专账管理，专款专用。向省申请2018年地方政府新增土地储备专项债券10,000万元，按照规定加快债券资金的投放，并确保专款专用。按照总预算会计制度实行“双分录”核算，确保财务报告真实反映政府资产、负债情况，从而实现有效防范财政风险、实现财政可持续发展的目标。

【预算管理】 为确保完成2018年预算收入目标，加强财税部门联动，强化税务部门沟通协作，加强征管力度，确保依法足额征税。做好税源监控、收入统计和分析工作；密切财税与国土住建等部门联系，通过部门间信息交换与协作，在税收征收中堵漏增收，提高税收收入管理和服务质量。根据《中华人民共和国新预算法》和关于执行预算支出进度考核等政策法规，加快预算执行整改，提前做好测算。全区财政支出优先向民生领域倾斜，不断优化支出结构，进一步推进财政信息公开工作，指导和协助各部门做好部门决算公开并限期内向社会公开。

【预算编制与调整】 为确保2018年各项社会民生事务的支出，实现财政收支平衡，结合区级财力状况，按照2018年全区地方公共财政预算收入增长11%的计划，编制财政收入预算，按照《中华人民共和国预算法》和全面深化财税体制改革总体要求，开展全口径预算编报改革工作，把一般公共预算、政府性基金预算、国有资本经营预算、社会保险基金预算全部纳入预算编报和管理。编制“三公”经费支出预算，确保“三公”（因公出国境经费、公务用车购置及运行费、公务招待费产生的消费）经费支出预算只减不增，严格控制“三公”经费在机关运行经费预算总额中的规模和比例。及时对2018年财政预算收支作调整，确保上级各项政策性配套、区委和区政府重点项目以及各项社会民生事务支出及落实并实现财政收支平衡。

【落实重大财政政策】 落实中央增值税留抵退税政策，根据财政部和国家税务总局《关于2018年退还部分行业增值税留抵税额有关税收政策的通知》要求，联合区税务局统筹推进如期完成退还期末留抵税额工作。按照统一工作部署，落实在编制2019年部门预算时要求预算单位因公出国出境经费、公务接待经费、公务用车经费、会议费、培训费、差旅费等一般性支出按照不低于5%的幅度压减，新增财力优先保运转、保发展、保民生。为落实《江门市人民政府办公室关于印发〈江门市全域推进农村人居环境整治建设生态宜居美丽乡村的总体方案〉的通知》关于“市县两级财政各要落实每年在土地出让总收入中拿出不低于5%－10%比例的资金用于支持乡村振兴工作”的要求，在编制预算时从区级土地出让收入中统筹安排超过5%用于乡村振兴工作，包括“三清三拆三整治”环境整治资金、城乡提质发展资金、农村治污（黑臭水体）等专项支出。

【民生保障支出】 通过进一步优化财政支出结构，强化资金统筹力度，落实中央“八项规定”，厉行节约，压缩一般性支出，加大民生投入，解决底线民生、基本民生和热点民生问题。全年拨付教育资金35073万元，确保教育事业均衡发展；拨付社会保障和就业资金26023万元，提高社会保障水平；拨付医疗卫生及计划生育资金15832万元，推进医疗卫生体制综合改革；拨付文化体育与传媒资金5418万元，推动文化惠民工程；拨付农林水事务资金5943万元，落实强农惠农政策。

【绩效管理】 全年对纳入管理的专项资金项目全过程的绩效监控，强化评价结果的应用，包括实行事前绩效目标管理，力促政府资金优化配置；开展事中绩效运行跟踪，力促项目高效实施；实施事后绩效评价，注重结果应用。为推进全面实施预算绩效管理工作，成立高新区（江海区）财政局预算绩效工作领导小组，开展“推进全面预算绩效管理，建立健全全过程预算绩效管理体系”专题调研，结合实际，修订全区财政支出绩效评价管理办法，其中增加实施绩效评价的依据、对部门整体支出进行绩效评价、预算执行中项目调整相应的绩效目标管理、第三方评审机构管理、以及绩效问责和违规责任等内容。至此，全区绩效管理机制基本建立，拓宽绩效管理范围，增强区直部门绩效意识，提高预算安排的合理性、准确性和预算单位项目内控管理水平。

【投资建设项目管理】 2018年审定工程预算75项46454.65万元，核减2007.40万元，核减率4.14%。审定工程结算154项53286.97万元，核减3245.19万元，核减率5.74%。主要审定预算项目包括江门市釜山人行天桥工程、礼乐街道东红村现有耕地提质改造工程、礼乐街道威西村现有耕地提质改造工程、白水带大道沥青路面改造工程和高新区2号地块规划一路道路、排水工程；主要审定结算项目包括高新区43号地麻二填土工程、江海区府西小区规划七路道路排水工程、高新区柏凝路道路拓宽改造工程、连海北路道路工程、连海苑小区工程结算和江海区麻园初级中学2号教学楼。重点项目支出包括支付江海区农村重点易涝区整治工程、黑臭水体综合整治工程、江门市釜山人行天桥工程、河长制沿江(河)环境综合整治、东海路（金瓯路至礼睦路段）扩宽工程、德昌电机配套基础设施建设、公园城市建设（含白水带森林公园）和江新联围除险加固工程项目。

【工程项目规范管理】 根据《中华人民共和国预算法》《基本建设财务规则》《关于加强和规范地方财政专户管理的通知》有关规定，为规范基本建设财务行为，提高财政资金使用效益，加强建设项目管理与区发改局联合出台《江门高新区（江海区）政府投资项目管理办法》。

【财政监督检查推进政府购买社会服务】 推广和规范政府购买服务，发挥市场在资源配置中的作用，促进政府购买服务承接市场的发展，继续把政府购买服务纳入政府采购预算统一管理，并按照“江海区政府向社会购买服务一揽子规程”执行。

【财政监督检查】 组织开展区本级联动监督检查、会计监督检查、小金库专项治理和扶贫资金检查，检查行政事业单位9个、会计代理记账机构1个。对区直各预算单位2017年决算及2018年预算公开情况进行专项检查，形成督查工作台账，确保单位按要求落实整改工作。开展全区财政收支真实性自查工作。

【政府采购管理】 全年政府采购预算金额11875.24万元，实际采购金额11523.05万元，通过政府采购节约资金352.19万元，资金节约率2.97%。指导区教育局做好江海区“三二一”工程各项政府采购工作，确保政府采购的各项教学设备、设施在当年9月1日开学前投入使用。开展全区政府采购代理机构监督检查，抽取区政府采购中心代理的5个采购项目进行检查，对存在问题督促整改。

【会计核算中心】 加强会计核算的指导和监督，把会计核算监督工作融合于财政监督工作中，对财政监督检查发现的问题，及时指导督促整改。做好政府会计制度改革的前期工作衔接和培训。

【供给侧结构性改革】 贯彻落实国家供给侧结构性改革，研究制订供给侧结构性改革降成本行动计划和《江门高新区（江海区）降低实体经济企业成本工作方案（征求意见稿）》，挂网公开上级涉企收费减免政策及政府性基金目录清单，对41项中央设立的行政事业性收费，从2017年4月1日起免征，减免涉企收费2700多万元。

【土地收储权限下放资金管理】 通过江门市财政局和区自然资源局等部门的衔接沟通，根据国土部门提供的2018年区域土地出让计划，做好土地收入台账管理。全年全区出让土地12宗、860.86亩，成交价款合计30.1亿元，其中商住用地4宗、309.7亩，成交价款 28.19亿元；工业用地5宗、438.54亩，成交价款1.53亿元；科教用地1宗、58.28亩，成交价款0.19亿元；公共设施用地2宗、54.33亩，成交价款0.19亿元。

税 务

【机构改革】 根据国税地税征管体制改革方案，省及省以下国税地税机构合并，具体承担所辖区域内各项税收、社保费和非税收入征管等职责，实行以国家税务总局为主与省（区、市）人民政府双重领导管理体制。改革涉及组织机构简并、职责调整、管理方式转变、业务流程再造和信息系统重构等。7月20日，国家税务总局江门高新技术产业开发区税务局、国家税务总局江门市江海区税务局挂牌成立，江门高新区（江海区）国家税务局和江门市江海区地方税务局合并。新成立的江门高新区（江海区）税务局对原有的机构设置进行调整，完善结构布局和力量配置，精简机构数量，优化机构职责，推动税务线条工作专业化。改革以后，国家税务总局江门高新技术产业开发区税务局、国家税务总局江门市江海区税务局承担区域内各项税收、社保费和非税收入征管等职责，承接江门高新区国家税务局、江海区国家税务局和江海区地方税务局税费征管的权利义务。

【税收收入】 树立收入任务和质量同步提升观念，科学研判税收经济形势，完成全年税收预期目标，累计组织税费收入69.26亿元，增长11.41%，增收7.09亿元，其中税收收入52.20亿元，增长18.65%，增收8.21亿元；费金收入17.06亿元，下降6.14%，剔除一次性趸缴养老保险费不可比因素影响，增长15.48%。实现市县级收入17.58亿元，增长14.85%，增收2.27亿元；区级收入12.02亿元，增长14.75%，增收1.54亿元。其中地方级收入和市县级收入增幅位居全市第一，分别超出全市平均增速3.66和3.93个百分点，全面完成各级税收预期目标。

【税收优惠】 落实激励创新就业、推动军民共建、支持转型升级、扶持小微和高新技术企业等税收优惠政策，加大宣传解读和咨询辅导力度，加强效应分析和跟踪督查，全年落实鼓励技术、改善民生、支持小微企业发展政策减免税6.93亿元，享受加计扣除研发费用2.34亿元。承接省税务局调研课题，撰写《向税收增量要收入》《税收政策视角下服务粤港澳大湾区建设发展研究》等调研文章，发挥以税资政的作用。

【提升优质纳税服务】 坚持“机构改革，服务先行”的理念，整合涉税业务、梳理办税流程、优化服务方式，提升纳税人的获得感和满意度。整合区内2个办税服务厅，科学划分功能区域，完善设置硬件设施，充分配备人员力量，实现“一厅通办”，通过“一窗一人一机一系统” 方式办理所有涉税（费）业务，办税时间平均提速20%以上。推行“承诺制”容缺办理机制，方便纳税人办税。简化申领发票流程，重申明确首次发票领用、税控设备领购、发票票种核定信息变更等工作流程和要求，实现一次办理、一次填报、一次报送、一次领购发票成功。

【持续优化税收营商环境】 完成2018年纳税信用评价工作，共计评价纳税人7545户，评出A级纳税人713户；巩固拓展“银税互动”工作，帮助企业解决融资难问题，有关金融机构向285户纳税人贷款3.2亿元；开展纳税人培训辅导，涵盖环保税政策、新办企业业务、个人所得税政策及系统扣缴客户端操作等专题，全年举办各类纳税人培训班36场次，参加培训5000人次。

【依法治税】 推进法治税务建设，在高新区（江海区）首届国家机关“谁执法谁普法”履职报告评议活动中，区税务局以综合评议97.709分的成绩获评全区普法优秀单位。加强对行政审批事项的监督管理，现有行政许可事项情况6项，全年办理行政审批业务898笔，均为增值税专用发票（增值税税控系统）最高开票限额审批；依法实施行政处罚，实施行政处罚1686户次，罚款总额33.64万元，纳税人遵从度大幅提高。运用内控监督平台对涉税疑点数据和税收执法疑点进行核查，查补税款46.44万元。开展税收执法督察工作，发现问题5个并立行立改，有效规范执法行为。

【创新普法税务宣传】 结合税费新政策，举办个税宣传国庆歌舞快闪活动、税收优惠助力退伍官兵就业创业宣讲活动，到学校开展“税收知识答题王竞赛”“开学第一课暨元宵灯谜会”“庆‘六一’宣税法”等多种形式的税收宣传活动，活动情况被各级部门采用宣传稿件45篇，其中《中国税务报》《南方日报》《江门日报》和江门广播电视台等媒体刊播37篇。

【提高税收征管质效】 按照“纳税规模”“涉税事项”划分的纳税人分类分级管理格局，全面推进税源管理精细化，把按申请即办类涉税事项前移到前台即时办结，前移纳税服务事项199项。对欠税突出问题，通过欠税公告、采取税收保全、强制执行和约谈企业法人代表等方式开展清理，对接市税务局疑点数据开展金三系统数据清理工作，累计清理数据4万余条。

【税收共治】 与外海、江南、礼乐街道及其商会签署三方合作备忘录，明确税、政、企三方从风险提示服务、政策宣传服务、行业综合治理、税收遵从评价等方面进行合作，创新建立起税、政、企“1+3+3”综治共同体，构建区域协税护税、综合治理大格局。

【数据信息共享】 做好系统运行维护工作，加强网络与信息安全保障，完成中心机房全面升级改造项目，实现对机房运行情况的24小时记录，保障机房健康安全运行。做好机构改革以后首次废旧税控专用设备的封存工作，把废旧专用设备管理纳入制度管理范围，封存设备617个。

【风险管理】 全年自主开展“企业用电异常”“企业捐赠支出疑点”“已出口未申报疑点”等专项检查，创新推行“房+电”立体风险模型，有效整治漏征漏管户，对区内678户风险纳税人实施风险应对，查补税款10765.27万元。

【税种管理】 以推进个人所得税、增值税、资源税和环境保护税等税制改革为契机，不断规范税收征管流程，确保各税种管理到位。推进房地产税收一体化管理，作为全市试点，上线运行房地产税收一体化管理平台，实现对房地产行业的有效控管。全年补缴入库增值税408.68万元，企业所得税547.6万元。完成企业所得税汇算清缴，贯彻“分类管理、优化服务、核实税基、完善汇缴、强化评估、防范避税”的工作规则，2017年度企业应纳所得税额7.4亿元，应补税额1.33亿元。强化出口退税管理，提高出口退税审批效率，加强预警监控和调查评估，办理出口退税15.49亿元。落实个人所得税改革，统筹部署改革前准备工作，通过开展政策操作培训、系列宣传活动，确保改革落地生效。实施环境保护税开征工作，开展系列实地调研、税源摸底工作，分批召开环保税精准培训辅导班，提供申报计算全程服务，确保首个开征年过渡。加强国际税收管理，强化财产与行为税管理。

审　计

【审计成果】 全年实施审计项目14个，通过审计发现管理使用不规范金额34776万元，提交审计报告15份，提出并被接纳合理化建议52条。

【重大政策跟踪审计】 对产业梯度转移、降低制造业企业成本支持实体经济发展若干政策措施落实、推进“放管服”改革、落实减税降费政策措施、加强基层医疗卫生服务能力建设、落实《广东省进一步扩大对外开放积极利用外资若干政策措施》、高新技术企业培育资金等7大方面重大政策措施落实情况进行跟踪审计，抽审政府单位（部门）32个次，提交审计报告4份，发现问题8个，提出审计建议18条。

【预算审计】 对区本级2017年度预算执行和其他财政收支情况进行审计，查出管理不规范资金总额为34192.54万元，提出审计建议3条。加强部门预算执行审计，对区工商联、区食品药品监督管理局的2017年度预算执行情况和区资产经营管理有限公司2017年度资产负债损益情况进行审计，查出管理不规范资金461.66万元 ，提出审计建议6条。

【经济责任审计】 对区食品药品监督管理局局长谢党恩、区工商业联合会党组书记吴殿晖和区司法局局长龙标3名负责人进行经济责任审计，查出管理不规范金额27万元，提出审计建议9条。

【项目资金情况审计】 先后开展对区社会保险基金预算和区企业职工基本养老保险财务收支结余情况的审计，对基层医疗卫生服务能力、黑臭水体综合整治和高新技术企业培育资金等项目的审计调查，通过持续关注能够改善民生水平的资金投入和民生工程，促进惠民政策的有效落实，提高专项资金的使用效益，完善基金运行机制和管理制度，保证基金运行安全、有效。

城乡建设

CHENG XIANG JIAN SHE

基本建设

【城市品质提升建设】 65项城市品质提升工程项目完成年度投资46.64亿元，年度投资完成率115.6%。开展的城央绿廊4千米的启动段高标准建设，成为全市城市品质提升标杆性工程。江南路实现人行道、跑步道、骑行道和绿道“四道贯通”，江海一路、桥南大道和白水带大道改造提升工程、江南农贸市场升级改造、江南路沿江建筑外立面改造提升工程如期完工，加快推进釜山公园改造、江南文化广场改造和白水带体育公园扩建工程。

【重点项目建设】 全年任务49项包括重点建设项目35项、重点工作14项。牵头重点项目数占全区总数30%，重点项目年度计划总投资14亿元，累计完成15.5亿元，占比110%。江海一路、桥南大道、新中大道、江翠路、白水带大道五条道路“白改黑”改造竣工通车。江海区步行与自行车交通系统示范项目一期完成，推进城央绿廊各项建设任务，麻园河、龙溪河及马鬃沙河黑臭水体治理进入施工阶段。

【平安工地建设】 全年发放施工许可证246项，工程造价58亿元，建筑面积263万平方米，办理工程竣工验收备案158项，建筑面积226.9万平方米，收取人防易地建设费135万元。全区在建工程357项，建筑面积432万平方米。落实“安全生产月”活动要求，制订《2018年江门市江海区建筑施工“安全生产月”和“安全生产万里行”活动方案》，派员参加区安委会组织的安全生产宣传咨询日活动，解答群众关心的建筑施工安全生产有关问题；在江门孔雀城一期住宅工程项目举行2018年江海区建筑工程“质量现场观摩”活动；在江海区华生电机产业城工地召开江海区建筑工地用工实名制观摩活动，学习建筑施工用工实名制和文明施工管理先进经验。推行建设领域工人工资分账管理制度，年内全区68个在建工程项目落实工人工资分账管理制度。会同属地街道、区维稳办和区社事局等部门协调解决工地劳资纠纷和工人工资拖欠问题。

【建筑工程质量安全】 开展建筑工程质量大检查行动，检查工程项目53个，发出整改通知书53份，排查质量隐患160条并跟踪落实整改。依法对辖区内在建工程所用钢筋、水泥和建筑用砂等建筑材料进行不定期抽验，全年抽检建筑原材料92组，抽检结果全部合格。开展建筑工程安全生产大检查行动，检查在建工地376个，排查安全隐患915条，发出安全整改通知书170份，局部停工通知25份，全面停工通知书3份，扣分通知书57份，对存在隐患要求定人、定时、定措施落实整改。督促企业对安全生产检查和隐患治理工作实行台账管理，完善记录台账。

【建筑节能管理】 加强绿色建筑全过程监管，将绿色建筑要求纳入初步设计审查、施工图设计审查、施工监管和竣工验收等环节进行同步监管，实现绿色建筑技术措施同步设计、同步施工、同步竣工验收“三同步”，确保绿色建筑工程质量。提交恒大御景半岛花园1至10号住宅楼项目19万平方米评审绿色建筑一星标识。做好《工业建筑节能设计统一标准》落实工作，严格按照建筑节能设计标准进行施工图审查，全年项目备案214个，建筑节能审查通过率100%。严把建筑节能施工、验收和建筑节能材料检测关，全区新建建筑竣工验收阶段节能强制性标准执行率100%。对中环广场、江海区政府大院和高新工业园公司等7个单位进行建筑能耗信息调查，对滘头小学1、2号教学楼开展能耗审计，完成全区能源审计任务。推进散装水泥和预拌混凝土应用，逐步禁止在施工现场搅拌砂浆。在江海广场项目组织开展预拌砂浆推广应用现场观摩会，施工、监理、生产厂家和在建项目负责人230人参加。开展对生产企业制度建设和执行、资质条件、原材料质量、生产质量管理、试验管理的综合检查，开展以原材料质量为主的随机抽查，年度内进行检验48批次，抽检结果全部合格。把推广应用新型墙体材料、禁止使用实心黏土砖等内容纳入到工程项目的设计、施工图设计文件审查、施工监理监督以及竣工验收备案等各个环节。

【落实保障性住房】 继续实行以公租房为供给主体的可持续、能循环的新型住房保障制度，全年受理城市中等偏下收入住房困难家庭申请110户，其中外来务工人员家庭47户、环卫工人家庭2户；新增实物配租118户；发放补贴100户，发放金额3.19万元。以企业投资、政府补贴形式建设公共租赁住房，历年共建成公共租赁住房1095套全部安排使用，使用率100%。完成全区棚户区住房17套改造任务。

【房地产市场监管】 全区完成开发投资62.9亿元，增长49.2%；新开工面积141.96万平方米，增长120.3%;销售面积59.7万平方米，下降22.9%；销售金额57.38亿元，下降9.2%；住宅销售均价每平方米10080元。全年受理政府服务热线、电话来访等途径的各种涉及房地产领域投诉事项467宗，办结467宗，办结率100%。全区新批商品房那个预售项目63项，办理预售变更、延期等配套服务事项128宗。审批房地产开发企业资质13宗，新增房地产企业6家。办理审批预售款495宗，涉及49.82亿元。5月1日起，承接新建商品房合同备案事宜。

【物业管理】 全年完成对海逸星宸、江悦花园等10个新增楼盘小区的物业管理区域备案和物业服务合同备案。组织全区物业服务企业召开“江海区物业管理领域扫黑除恶专项整治会议”，加强物业小区扫黑除恶宣传力度，深入排摸涉黑涉恶和行业乱象线索。加强物业管理小区成立业主委员会的指导，年内指导江海玉圭园、翠湖湾、南泉花园等7个小区成立或换届业主委员会。

【勘察设计质量监管】 强化勘察设计质量监管，全面落实工程质量终身责任制，贯彻执行建筑工程勘察设计单位项目负责人质量安全责任规定，规范勘察设计项目负责人授权书、承诺书备案和建筑物标牌以及质量信息档案制度，全区“两书一牌”覆盖率100%。严格执行施工图审查制度，规范施工图审查程序和行为，所有工程建设坚持“先勘察、后设计、再施工”原则，对重大设计变更，变更设计文件送施工图审查机构审查以后提交施工单位施工。全年完成施工图设计审查项目145项，面积204万平方米；对违反法律、法规和工程建设强制性标准问题严格把关，审查出违反强制性条文38条并跟踪落实整改。加强建设工程初步设计审查管理，组织专家对云沁路（南山路一柏凌路）、东海路（金瓯路一礼睦路）和江门高新创智城南一2地块项目建筑规划设计二期等14个项目进行初步设计审查并要求施工图审查机构对照审查。

【交通大会战】 全年全区交通大会战项目

21项，完成桥南大道、新中大道、江翠路、江海一路道路沥青化改造项目，五邑路扩建、江门高新区码头首期、礼乐路、一行路、釜山人行天桥、船厂一路、江门河岸道路二期、礼东路、船厂跨江桥梁、麻园路、东海路扩宽、连海路扩建、白水带大道沥青改造、交叉口改造和立体过街设施建设等项目基本按照进度实施，配合市直相关部门推进南山路、滨江快线、交通大数据平台建设、公交站场建设等项目。

【全区公交一体化建设】 结合全市公共汽车线路的调整部署，会同市交通局和市公汽公司对江海区公交线路进行研究和调整，投入60万元，进一步优化全区公交线路设置。至此，服务全区的公交线路44条，营运车辆202台。加强共享单车有序管理，结合全市共享单车发展计划安排，编制《江海区共享单车停放秩序专项整治实施方案》，开展全区共享单车停放秩序整治，设置区内主次干道（人行道）和社区自行车停放点400个。

城市管理

【百日违建攻坚行动】 根据省、市开展违法建设百日攻坚行动治违工作要求，围绕“攻克难点、突出重点、打造亮点”原则，通过河道“五清”（清污、清漂、清淤、清障、清违）、三清三拆三整治（清乱堆放、清杂物垃圾、清渠塘河淤泥漂障物；拆危房废畜牲栏露天厕所、拆违建、拆违规广告；整治垃圾、污水和“三线”（电力、通信和广电管线）、违法建设查处等专项行动，累计完成各类违法建筑物、构筑物及堆积物治理16万平方米。

【城市扬尘防控处理】 全面贯彻市、区关于环境质量改善工作任务部署，对在建工地开展扬尘、建筑垃圾查处工作，累计检查工地项目48个，进行检查次数390次，立案查处14宗。按照环保攻坚工作要求，对辖区重要主次干道开展洒水降尘作业，控制道路扬尘。

【创文三线整治】 结合创文迎检要求，加强全区主次干道和社区“三线”整治，以通信运营商片区承包模式开展全区“三线”整治工作，年内投入施工人员2950人次，完成路由整治15500米、分线盒整治1830个；新放光纤电缆6562米、钢绞线2365米；重新立杆66支和管线落地3850米，全区28个社区“三线”整治点基本完成整治工作。

【市容环境卫生管理】 做好日常巡查督办。督促协调各街道落实日常环卫保洁职责，加强卫生死角整改。结合创文工作，完成连海路、江海路、礼义路、五邑路、新中大道、江翠路和各农贸市场周边区域卫生黑点的整治。全区日产日清生活垃圾315吨，每天清扫保洁面积818万平方米。推进环卫设施的升级改造工作，完成江南街道麻园河边银泉垃圾中转站和外海街道中东垃圾中转站的建设并启用，垃圾收集网络基本实现全区覆盖。督促落实门前“三包”（包卫生、包绿化、包秩序）工作，安装责任人告示牌7008块，基本覆盖全区重要主次干道、主要商业场所和厂企。根据全区户外广告专项整治方案，加强对私设乱设、违法设置、影响城市景观等户外广告进行全面清理，拆除各类违规户外广告300余块。

【城市管理综合执法】 结合创文迎检工作部署，参与全区联合执法行动，持续开展各类市容秩序整治，集中治理占道经营、流动摊档、出店经营、私拉乱挂、临时乱搭乱建、车辆乱停放等问题。联合执法工作进入常态化管理，持续改善全区市容环境和城市秩序。

【市政公用设施管理】 全年投入2000万元，开展市政道路、下水道和路灯等市政设施49项工程。年内完成道路、下水道以及路灯等市政设施170项工程。包括完成金瓯路、胜利南路和江睦路等主干道沥青路面裂缝处理，江海一路、新中大道等道路下水道清淤，金瓯路、东宁路等路段个别路灯防漏电整改和白水带牌坊灯饰亮化等项目工程；开展活力路排水明沟覆盖工程、江海区公共服务设施导向标志升级、五邑路扩宽路灯专用变压器拆装、清兰路市政照明排水设施专用变压器安装等项目工程。完成维修路面80000平方米，安装及维修路灯灯饰2300盏，修复人行道17000平方米，清疏下水道63千米。

【园林绿化管理】 根据城市品质提升工作要求，先后开展春节氛围营造、主要道路整治和景观提升工程、高速公路出入口绿化景观提升以及绿化日常管养维护等行动，全区城市绿化投入800万元。年内金瓯路、南山路等换种和补种树木1300余棵，胜利南路延长线、江睦北路、东海路延长线等绿化围蔽种植灌木9000余棵，东海路、胜利南路、金瓯路、规划五路等绿化景观升级改造6000平方米。全年时花种植面积5000平方米。

【公园城市建设】 加强白水带森林公园（龙头公园）建设和管理，完成景区10座公共厕所、麦园坑景观建设工程、牛山消防通道工程、大华山观景台、飞鹅山平台等升级改造工程，进一步完善风景区配套设施。继续推动村居公园建设，完成计划新建改建村（居）公园8个，提前两年完成“村居公园”工作任务62个。加强陈少白广场景观升级，完成广场示范性公厕建设和绿化景观升级改造。推动区内道路绿廊建设，打造建设城央绿廊4千米。完成金辉路（东宁路－南山路）、云沁东路、信义路、府西小区道路绿化升级工程。

【燃气安全管理】 会同相关政府职能部门开展联合执法行动8次，对外海街道中华大道、江南街道松庆里等非法经营黑气窝点8个实施打击，没收各类钢瓶119个，依法拘留涉事人员2名。开展安全生产月宣传检查，进一步加强燃气安全宣传教育工作。指导喜威燃气企业公司和安然公司开展燃气安全知识宣传，发放各类安全常识小册子6000余份。

【污水处理设施建设】 全力推进污水处理设施建设工作，提高污水收集和处理率。全区新建污水管网7千米，完成文昌沙水质净化处理厂20万吨规模提标改造工程。高新综合污水处理厂二期扩建、文昌沙工程水质净化处理厂提标、五邑路污水管网等项目工程加快施工进度。

2018年江海区房地产开发企业情况表

表11

企业名称	法定代表人	项目名称	项目地址
江门市汎港凯旋房地产开发有限公司	冯淡开	江海凯旋堡小区	江南路11号地段A1、A2地块
江门市嘉瀚房地产开发有限公司	谢秀慧	江海02地块项目和江海区12地块项目	江海区府西小区地段小学西侧地块
江门市晟辉房地产开发有限公司	吕江涛	海伦心苑	江海区海伦湾
江门市闽富投资有限公司	梁志明	宏都华庭	江海区府西小区地段
江门市濠江房地产开发有限公司	林楚辉	君汇熙庭	江海区永康路29号
江门市展高置业有限公司	陈莉怡	合景·天峻小区	江南街道沙洛围（东海路与明泰二路交界西北侧）
江门市汇嘉置业投资有限公司	李文志	汇嘉·钜典小区	江南街道新围仔地段
江门市津逸发展有限公司	陈权满	海逸星辰花园	外海街道沙津横头股围地段
江门市志合置业开发有限公司	司徒均权	宏都新城	高新区45号地段
江门市达利华管理顾问有限公司	陈富明	星悦湾	高新区2号地
江门市达骏投资有限公司	施华峰	一汇天地广场、天睿居	江海区府西小区地段五邑路与科讯路交界东南侧B地块、五邑路与科讯路交界东南侧A地块
江门市泰力房地产开发有限公司	孔繁权	朗晴新天地园	礼乐街道文昌沙89号地块一A1
江门市丰联实业投资有限公司	杨志沛	君豪国际小区	江海区府西小区地段地块四

国土资源管理

【江海区位置、范围和面积】 江海区位于江门市东北部，东与中山市隔河相望、西南面与新会区相接、北面与蓬江区隔江相望。江海区面积109.16平方公里，占江门市总面积1.15%。

【高标准基本农田建设】 江海区2015年度礼乐街道英北村高标准基本农田建设项目建设规模1000亩，总投资294万元，年内9月通过竣工验收；江海区2016年度礼乐街道敬和村等高标准基本农田建设项目建设规模800亩，投资184万元， 年内7月通过初步验收；江海区2017年度礼乐街道英南村等高标准基本农田建设项目建设规模2000亩，总投资305万元， 年内12月11日完成招标。江海区2018年度礼乐街道东仁村等高标准基本农田建设项目建设规模3000亩，投资455.5万元，是年底完成立项。

【水田垦造工作】 全区垦造水田任务769亩，

实际开展垦造水田项目1025.04亩，其中礼乐街道丰盛村补充耕地提质改造项目39.06亩， 4月24日完成主体工程， 12月26日耕地质量等别评价成果通过广东省自然资源厅审查，项目为江门市首个验收的项目试点，为全市提供垦造水田验收经验。礼乐街道东红村现有耕地提质改造项目525.58亩，投资2980.71万元，12月28日完成初步验收工作；礼乐街道威西村现有耕地提质改造项目460.40亩，投资2735.40万元，12月25日完成主体工程。

【用地转用】 全年分为7个批次组织安排江门幼儿师范学校、优美科二期、江睦路、礼睦路、新征地留用地、直冲留用地、江南商品楼、土储地、东南住宅用地、南山路和码头用地等用地转用手续，使用新增建设用地指标1216.2678亩，签订拆迁补偿协议书153份。

【重点项目建设】 南山路（江海路一五邑路）全长2.94千米、宽60米，其中大隧道长449米、小隧道长175米，投资8.08亿元。年度计划投资1.1亿元，年内累计完成投资额1.29亿元，投资完成率117%。江门高新区2、3、4号地块开发项目总投资额19亿元，2018年投资任务2亿元，年内累计完成投资额2.3404亿元，投资完成率117%。

【土地转让核准】 全年全区受理建设用地使用权转让审核业务9份，用地使用面积85.4亩。

【农村宅基地管理】 全区审核出具《村民建住宅用地批准书》45份，其中新建34份、拆旧建新11份、注销收回宅基地使用权申请25份。

【用地批后监管】 全区批后监管工作开工巡查和竣工巡查任务162宗，其中开工巡查71宗、竣工巡查91宗，主要分布外海、礼乐街道，年内完成开工巡查65宗、竣工巡查86宗。

【用地预审】 全年全区审核出具用地预审文件13份，预审用地面积446.274亩。

【节约集约用地】 落实耕地占补平衡，全区4批次占用耕地213.45亩，实际补充耕地213.45亩，其中占用水田156.91亩、实际补充水田156.91亩。推行江门高新区高标准厂房和工业大厦用地供给，争取使用省返还的用地计划指标。江门高新区范围内的工业用地供地时规划容积率设计全部大于或等于2.0，经江门市政府确认地块用地容积率超过2.0并提出申请，所使用的用地计划指标上报省自然资源主管部门予以返还。年内出台《关于印发实施〈江门高新区（江海区）盘活利用工业企业低效用地和闲置土地的实施方案〉的通知》，开展低效工业用地摸底调查，盘活低效工业用地，提高土地节约集约利用效益。严格执行工业项目准入条件，提升用地效益，根据《江门市人民政府关于进一步提升节约集约用地水平的实施意见》，新增工业项目在供地前进行投资强度和单位土地税收产出论证，进入江门高新区的工业项目，投资强度不低于每亩300万元、单位土地面积产出税收不低于每年每亩25万元，不达到以上标准的不予供应新增建设用地。

【第三次全国土地调查】 根据国土资源部和省、市统一工作部署，成立江门高新（江海区）第三次全国国土调查领导小组，制订《江门市江海区城镇村庄内部土地利用现状调查工作方案》《江门市江海区第三次全国土地调查工作实施方案》，做好第三次全国土地调查资料的收集；通过门户网站投放宣传片及宣传标语，在街道、村（社区）张贴宣传画等，开展第三次全国土地调查宣传工作；对广东省国土资源厅下发的第三次全国土地调查界线进行核实并反馈广东省地图院，年内通过公开招投标工作，落实作业队伍和监理单位。

【农村地籍调查】 根据国土资源部和省、市统一工作部署，全区农村地籍简易调查外业成果年内1月通过验收；同年7月起，江海区农村地籍调查数据库通过广东省国土资源测绘院复检和省质检中心预建库检查，内业成果通过由市专家组验收并通过省测绘院和省国土资源技术中心检查。全部完成地形图修补测绘面积16.17平方千米、监理单位质量检查和地籍调查解析法工作。

【土地执法监察】 重视违法违规用地查处整治，明确查处整治目标，制订查处整治措施，落实各有关部门和属地街道责任，督促各街道依时完成违法违规用地整治工作任务，对检查发现的21宗、81亩违法用地，全部立案查处并结案，没收建筑物3600平方米，拆除违法建筑6820平方米；完善用地手续处置4.6亩， 复耕复绿71亩。违法用地立案率、查处率和结案率均为100%。卫片（利用卫星遥感监测等技术手段制作的叠加监测信息及有关要素后形成的专题影像图片）执法工作接受江门市政府的检查验收。

【地质灾害防治】 受台风“艾云尼”“贝碧嘉””强降雨影响，全区多处发生突发性滑坡和崩塌地质灾害，经排查新增地质灾害隐患点13处，至此全区共有地质灾害隐患点18处。落实地质灾害应急抢险资金，外海、江南街道逐一落实应急防治措施，年内对所有隐患点开展整治，18个地质灾害隐患点全面动工治理。开展白水带风景区地质环境受损情况调查、修复方案编制。

【土地储备工作】 为加强全区土地收储工作、加快土地储备工作管理，承接上级事权下放工作，2017年6月20日成立江门市江海区土地储备中心，为区政府直属一类事业单位，事业编制5名。年内增加中心员额类合同制人员5名，招录事业编制人员和政府购买服务人员各2名。制订2018年入库储备土地收储计划，计划入库储备土地1037.92亩。年内完成土地储备项目6个，面积1078.62亩，包括江门一中南侧地块、五邑路北侧周屋围地块、江门高新区18号地优美科项目地块、会港大道以北与东海路交会处德昌二期项目地块、外海街道东南村三里地块和江门高新区2号地中国石化集团资产经营管理有限公司广东石油分公司地块，完成率104%。

规划管理

【业务办理】 全年办理各类案件4450件，核发“两证一书”（建设用地规划许可证、建设工程规划许可证和规划选址意见书）324个，核收城市基础设施配套费15811.37万元，增加46%；报建面积261万平方米，其中商业建筑5万平方米，工业建筑106万平方米，住宅建筑150万平方米；发出违法通知书66件。

【城市品质提升工作】 按照市、区关于城市品质提升工作安排，启动《江门高新区（江海区）城央绿廊城市设计、启动区详细规划及示范段实施方案设计》并通过验收，启动段江南路路面改造及其“三道贯通”工程动工建设；胜利大桥至活力路沿江建筑立面改造基本完成；釜山人行天桥工程完成验线工作，釜山公园升级改造工程出具选址意见。配合城市品质提升和城央绿廊项目，编制《江门高新区（江海区）滨江城市品质提升行动规划》《江门市高新区（江海区）五邑路城市品质提升规划》《江海区港澳码头周边地区城市设计》，进一步完善区域路网及配套。

【加快有关规划用地审批】 完成府西小区内最后一块土地出让规划条件，府西小区地段内的居住用地、商业用地及公建配套项目完成规划审批工作，整体开发框架成型。按照《江门市城乡规划局投资项目承诺制改革实施方案》，受理一批如江海污水处理厂二期等重要民生项目。围绕产业招商，完成江门高新区43号地云沁路周边三块工业用地、连海路东侧成品油零售体系“十二五”规划9号点加油站项目地块和高新区综合污水处理厂二期等建设用地规划条件的核发。核发正大康地、奇德新材料项目的规划条件，核准江海综合站—中电（江门）分布式能源站天然气管道项目等重点工业项目核准规划总平面，核发广东华辉煌光电科技有限公司工业园项目建设工程规划许可证。协助优美科总平面批复以后的深化设计并批复厂房、办公楼等项目配套的建设工程规划许可和建筑方案。完成华生电机（德昌）项目总平面批复以后的建筑方案审批。

【推进基础设施配套】 重点推进产业新城内东海路、江睦路、南山路和龙湖路等城市主要交通干道建设，完善主城区路网的2号地规划一路、规划14路、3号地规划二路、东升路和人工河等项目建设。推进中电（江门）2×60兆瓦级天然气能源站项目实施，核发项目规划用地许可证，审核分布式能源站配套热力管网路径方案。配合江海供电局区内电网建设计划，核发110千伏连海变电站、武东变电站项目选址，核准110千伏科苑站新出10千伏科苑甲线、110千伏桥头站等电网设施的市政设计方案。配合完善区内供水管网，核准东海路（五邑路－礼睦路）DN1200给水管、江睦路（中江高速－新港路）DN1000给水管、礼睦路DN800给水管等供水主管的市政设计方案。核发3号地人工河、礼东电排站、南口电排站、闪滘电排站建设工程和麻园河、龙溪河、马鬃沙河黑臭水体整治工程选址意见书。

【乡村振兴行动】 根据省、市有关乡村振兴行动工作要求，推进村庄规划编制工作并做好与“三清三拆三整治”整治规划衔接。完成礼乐街道向东村、向民村、丰盛村、武东村天福里等村庄规划初步方案。

【控规工作】 控规编制职能下放以后，根据全区经济发展需求，制订控规编制年度计划，启动新编2个地段控规和修编2个已批控规，新编控规包括江门高新区13号地控制性详细规划和南泉地段控制性详细规划。

【规划执法】 配合完成住建部2017年第一期图斑核查工作，对江海区图斑违法建设进行现场核查，对违法建设作出认定并移交执法部门处理。根据市、区工作安排，专项整治江海区内城际轨道沿线乱搭乱建行为，对城际轨道沿线全长13千米的违法建筑物进行认定，发出42处违法认定函到区城管部门。配合开展河湖管理范围内乱搭乱建乱堆专项整治行动，对全区范围内乱搭乱建乱堆行为实行联合执法，包括企业127家，发出127处违法认定函到区城管部门。协调处理翠湖湾小区因市政道路未按要求开通而未能规划验收、珑山居小区的车位尺寸及活动场所与规划图不一致等问题。

环境保护

【锅炉专项整治】 按照《江门市人民政府关于扩大江门市区高污染燃料禁燃区的通告》，全面开展燃煤锅炉淘汰改造，新增入禁燃区范围区的9台高污染燃料锅（窑）炉全部按照要求停止燃用高污染燃料。开展生物质燃料锅炉专项整治，完成全区26台生物质锅炉的问题整治。

【重型柴油车专项整治】 组织开展重型柴油车专项整治行动，联合交警部门对重型柴油车进行尾气检测专项整治行动，查处在用车辆尾气超标排放行为，检测重型柴油车70辆、泥头车21辆、环卫车20辆和客运车6辆，所有检测车辆均符合尾气排放标准。

【重点企业限户限排】 督促企业落实限产减产措施，重点检查火电、玻璃、工业锅炉和挥发性有机物企业，对北街电厂、信义玻璃、大冶摩托、申强塑料等企业落实降低生产负荷30%和50%等措施进行重点核查；对21家加油站、重点餐饮店进行巡查，检查其油气回收装置和油烟净化设施，确保设施正常运行，对没有按照要求落实应急响应的企业责令整改并加强后续监管。

【散乱污企业整治】 落实《江门高新区（江海区）“小散乱污”企业专项整治工作方案》，组织有关部门，依法查处“小散乱污”企业各类违法行为，采取关、停、取缔、搬迁入园、升级改造和加强监管等措施，推进“小散乱污”企业专项整治，第一批纳入关停取缔类85家企业、纳入整治提升类1家企业；第二批纳入关停取缔类58家企业、纳入整治提升类4家企业；第三批纳入关停取缔类的70家企业均全部完成整治工作。按照全市工作部署，通过排查并形成《“散乱污”工业企业（场所）综合整治清单》，其中纳入关停取缔类企业141家、整合搬迁类企业9家、升级改造类企业140家。

【环评服务】 严格执行环保法律法规规定和国家政策，按照《建设项目环境影响评价分类管理名录》及其修改单要求，把好环保准入关，建立负面清单、编制办事指南、完善网上办事大厅业务流程工作，简化审批流程、实施标准化审批和通过短信平台发送办理结果通知等提供高效的环评审批服务。全年办理建设项目环评审批96项，其中市级权限审批项目7个、县级权限环保审批项目89个；报告表项目91个、报告书项目5个，网上备案登记表项目270项。

【水污染防治】 落实“河长制”，深入推进工业源治理，推行“河长制”和中央环境督察问题整改工作，对辖区范围内的电镀、印染和制革行业进行专项检查，要求重点行业加强对治污设施的运行管理，并落实定期监测机制，以确保污染物稳定达标排放。

【土壤污染防治】 推进土壤污染状况详查工作，组织重点企业22家提交重点行业企业地块调查相关资料，并协助完成重点企业用地现场调查，落实企业责任，其中组织高健环境科技有限公司与区政府签订土壤污染防治责任书并向社会公开。

【重金属污染防治】 做好全口径涉重金属重点行业企业清单排查，根据涉重企业清查工作要求，结合全区实际情况，上报全口径涉重重点行业企业10家，其中线路板8家、皮革1家，已关闭1家；加强农业部门和农业企业沟通，通过确定镉等重金属超标点位区域，开展涉镉等重金属重点行业企业排查。

【大气污染防控】 按照《江门高新区（江海区）不利气象条件下大气污染防控联动工作机制》，对重点控制区内的重点企业实施限产限排，全年启动不利气象条件大气污染防控应对14次，应对天数103天，其中Ⅳ级应对37天、Ⅲ级应对59天、Ⅱ级应对7天。

【环保督察配合工作】 按期完成中央环境保护督察“回头看”反馈问题整改任务，收到中央第五环保督察组转办件15批次18件，其中来电3件、来信15件，包括重点案件4件、交办案件18件，均已全部办结。应对省环保督察工作，完成省环保督察交办的环保案件51件，其中来电件42件、来信9件，包括重点案件5件，均已全部办结。

【固体废物排查整治】 贯彻落实中央提出的“加强固体废弃物和垃圾处置”部署和省、市坚决打击固体废物尤其是危险废物非法转移倾倒专题会议精神，全面开展固体废物排查整治专项行动和固废企业行动，进一步落实环保监管责任，建立“属地管理、分级负责、全面覆盖、责任到人”网络化环境监管体系。履行属地责任，联合相关部门重点排查危废经营单位、线路板制造、化工和工业园区，排查危险废物产生企业399次、危废经营单位11次、学校6家，涉及固废问题立案处罚4家。开展固废警示教育会议14场次，涉及企业577家次。

【第二次全国污染源普查】 制发《江门市江海区第二次全国污染源普查工作方案》，成立江门市江海区第二次全国污染源普查工作领导小组，组织普查入户调查培训5次，分批对全区3个街道36个村委会、26个社区居委会的负责人、普查员、指导员和2300家普查对象进行普查入户调查工作培训。完成全区污染源普查对象的清查摸底工作，确定纳入普查的工业企业2185家、治理设施4家、规模化畜禽养殖场69家、入河排污口400家和移动源23家。年底前完成入户调查及数据录入。

【信访处理】 全年接处投诉2830宗，其中水污染投诉124宗，大气污染投诉1584宗，噪声类投诉995宗，其他含咨询类、三产类117 宗。根据群众投诉强烈的环境问题，对相关企业下达整改要求，依法对存在环境违法行为的企业进行立案查处，全年检查企业1300余家次，立案处罚46宗，其中涉罪移送案件1宗。

【创建活动】 开展创建国家生态文明建设示范区工作，编制《江门高新区（江海区）国家生态文明建设示范区规划（2018－2025年）》。推进生态建设年活动的开展，年内完成外海街道七东、前进村，礼乐街道新华、武东、乌纱、向前、英南、镇龙、跨龙村9条生态村的创建工作，至此全区共有市级生态示范村21条。

【专项督查】 做好省大气和水污染防治专项督查工作，配合省大气和水污染防治专项督查组的环保检查工作，对省专项督查组提出的问题，落实整改工作，包括省专项督查组检查区内企业183家次，立案查处企业37家，责令改正或者限期改正92宗；查封扣押2 宗，移送行政拘留2宗，取缔关停企业6家，有关反馈问题清单全部办结。

供电管理

【主要指标完成情况】 全年实现连续安全运行10268天。全年客户年平均停电时间0.66小时，下降45.9%；综合电压合格率100%；供电量累计27.12亿千瓦时，增长6.43%；售电量累计26.81亿千瓦时，增长7.19%；综合线损率1.15%，降低0.71个百分点；多经企业业扩工程市场占有率62.68%。

【推进精益管理】 年内，礼乐完成配电运维中心建设，推动中压业务集约化管理落地，专业指标提升显著，配网计划停电执行率98.70%，中压线路故障率实现1.53次/百公里·年；在外海携手多经企业探索打造综合能源服务中心，推动管制业务与竞争性业务合署办公和协同发展。实施精益项目30个，多平台加强成果的转化与推广，相关成果获中电建QC发布一等奖1项、省供电公司QC发布三等奖1项和江门供电局荣誉5项。

【加强应急管理保障】 开展防风防汛暨大面积停电等专项演练6次，提高应急装备和人员应急技能水平。理顺各级防风防汛期间各部门岗位职责，落实防风防汛期间人员轮值制。成功抵御“山竹”等超强台风袭击，2天内实现全区复电。开展配网专项、全面隐患排查及城乡供用电安全隐患专项排查，发现并整改隐患519项，配合政府排查并整改隐患105项，隐患整改完成率100%。

【智能电网示范区试点】 完成年度智能电网示范区规划滚动修编，制订2018—2022年规划项目库，整合形成项目群81个，投资5.9亿元，补齐自动化滞后短板，典型接线率100%，中压线路环网率100%，中压线路可转供率98.3%，馈线自动化覆盖率81.3%。利用“云大物移智”等先进技术完成江海区智能电网示范区项目立项，为江门供电局整体电网智能化积累经验。发挥电网建设协调工作机制，完成110千伏胜利输变电工程等4项工程前期工作并取得发改部门核准；取得110千伏广兴输变电工程等2项工程选址意见书及线路路径规划意见批复。

教育·文化·体育·卫生

JIAO YU · WEI HUI · TI YU · WEI SHENG

教 育

【全面完成“三二一”工程】 全区“三二一”工程目标任务“3+1”，在建成“交钥匙”工程天鹅湾小学的基础上，年内9月新建实验小学、朗晴小学、景贤小学等公办小学3所并如期开学，提前超额完成目标任务，受到市委、市政府的肯定。4所学校投入使用以后，增加学位6000多个，新增教育用地5万多平方米，新增校舍建筑面积4万多平方米，提前2年完成“十三五”规划新建学校的目标任务。

【推进学校升级改造工程】 投入2000多万元的中路小学、礼乐中心小学教学楼如期竣工并投入使用。启动中路小学、江南小学、礼贤小学等教学楼和礼乐中学学生宿舍楼建设并做好前期工作。投入500多万元，完成麻园中学、礼乐中心小学运动场改造工程并投入使用。推进厕所革命工程项目，投入100万元进行改造并完成。

【打造优质品牌学校】 推进优质品牌学校建设，加强与景贤中学合作办好景贤小学，借助景贤中学的品牌基础、师资力量及办学经验，打造出一所市区标杆、示范性学校，为全区创建高端优质品牌学校走出的一条“名校带新校”的新路子。以“三二一”工程学校建设为契机，做好全区教育发展的各项宣传，编制地方乡土教材《江海教育》丛书，专题宣传高效课堂改革成果。活跃校园文化氛围，用“以奖代补”形式推进文明校园“六好”（领导班子建设好、思想道德教育好、活动场地建设好、教师队伍建设好、校园文化建设好、校园环境建设好）、“四化”（绿化、美化、净化、文化）建设，评选出华兴小学等7所“六好”校园、校园“四化”建设先进单位。

【统筹各类教育协调发展】 与江门幼儿师范学校签订战略合作协议，全面提升学前教育师资水平，提高学前教育软实力。统筹规划学前教育，发展普惠性民办幼儿园，加快礼乐街道公办幼儿园建设，年内认定普惠性民办幼儿园18所。完成对辖区内幼儿园、托儿所、民办学校、培训中心的年度检查。发挥社区学院和青少年宫优势互补作用，形成“人人皆学、时时能学、处处可学”的学习型社会新格局。

【学校信息化建设】 加强各学校网站、微博、微信公众号等新媒体管理，规范学校各种信息发布程序，确保教育窗口宣传的规范性。持续推进各校设施设备更新换代，投入1760多万元进行设施设备配置，开展智慧校园、局域网建设等。新建江门市第十一中学、景贤小学、新民小学、麻一佑启学校等云录播室4个，开展线上“同课异构”试点工作，建立天鹅湾小学IPAD班。电子书吧、电子班牌陆续在新建小学中展开，全面提升学校信息应用水平。

【追求义务教育均等化】 推进阳光招生工作，完善联席会议制度，科学配置学位和资源，在确保满足全区学籍学位的前提下，采取公平、公正、公开的招生措施，妥善解决外来工子女入读公办学校问题。秋季学期，全区招收一年级新生5000多人，其中公办小学新生3500人，连续5年外来工子女入读公办学校占50%以上。“三二一”工程学校的实验小学、朗晴小学和景贤小学，按时按质建成并投入使用，有效缓解公办学位紧缺的问题。

【提升教育教学水平】 以改革开放40周年为契机，不断提高书香节、科技节、体育节、艺术节等“四大节”的活动质量，开展校园足球联赛、政协杯象棋赛、书法美术比赛等活动，组织参加各级各类比赛中获区级奖励700多人次、获市级以上奖励520多人次。成功举办教师节师生文艺会演。通过创建平安校园落实一岗双责（一个岗位，安全工作和业务工作责任）制度，开展安全宣传教育活动和安全隐患排查，杜绝安全事故的发生。推进教育提质工程，全面实施《高新区（江海区）加快教育质量提升三年行动计划》，做好2018年全国义务教育阶段学生质量监测工作，全面准确评估学校教育教学水平。加强家校联盟、校企联盟建设，全区中小学100%建立家校联盟、100%成立家长义工护校队、100%建立校企联盟。

【教学教研】 全年全区高考本科上线393人，上线率43.2%，增长75人，增长23.6%。江海区教育局获评“江门市2018年教育质量管理一等奖”，外海中学获评“江门市2018年教育质量先进学校一等奖”，礼乐中学获评“江门市2018年教育质量先进学校二等奖”，5个科组获评“教育质量先进备课组”，10人获评“教育质量先进个人”。中考升入江门一中的学生人数101人，增长6人，为历年最高。江海区教育局获评“江门市2018年初中阶段协同教育质量管理二等奖”。全区教育系统集体及个人共获奖1482人次，其中省级以上382人次、市级369人次，在市级以上课题研究及论文发表191人次。

【优化教师队伍】 加强教师继续教育培训，组织教师参加不同层次不同类别的继续教育培训，全年参加各级各类培训1300多人次。推进“三名”工程，创建区级“名师工作室”，全区共有省级名教师工作室2个、市级名教师工作室1个、市级名班主任工作室1个、区级名教师工作室10个、区级名班主任工作室2个，参与名师工作室教学教研活动人数500多人，发挥省、市、区名师工作室的示范引领和辐射作用。开展教师支教交流工作，区域内每年专任教师交流人数不少于专任教师总数的5%，派出援疆教师3人、广西支教教师3人、梅州支教教师1人。根据振兴高等教育的国家政策，面向社会公开招聘985工程、211工程和双一流（世界一流大学和一流学科）院校高素质人才66人。

文 化

□ 文化事业

【文化事业发展】 推进江海区博物馆和图书馆公共文化设施建设，全区62个行政村（社区）综合文化服务中心全面达标。江海区文化馆免费开放力度加大，惠及8000多人次。举办“党的十九大精神”文艺宣传、“广场大明星”竞演、“2018年侨都龙狮文化节”“葡萄音乐节”“第七届文化艺术节”等文化活动，开展公益电影展映400多场。继续推进“十分钟文化圈”建设，在广场大明星常态化举行的基础上增设“阅动人生”图书馆文化沙龙活动，全年开展文化惠民活动120场次，在江门演艺中心举办演出250场。

【文艺精品创作】 组织创作侨都民俗文化特色情景音画《侨都记忆》，江海区文化馆爱舞团节目《醒狮耀岭南》获央视邀请参与综艺频道《舞蹈世界》“舞蹈全民星”录制，江海区文艺精品首次登上央视舞台。群众文艺团队或个人共获省级奖项7个，其中区文化馆推荐选手王莹在风雅颂第四届广东省朗诵大赛总决赛中获得金奖，江海区广场舞队在广东省第九届老年人体育健身大会的首场自选套路赛事中获得金牌一等奖，《烽火侨乡》《清正廉明梦正圆》文艺节目在广东省第九届群众戏剧曲艺花会比赛中获得1银1铜的成绩。

【群众体育活动】 新建成10万平方米的龙溪湖社区体育公园，至此全区文体广场增至64个。组织举办多项体育活动，包括2018年江海区国庆风筝节和8大类体育比赛，“体彩杯”趣味运动会举办60场。竞技体育在各项赛事中获得7个一等奖、6个二等奖、2个三等奖，取得5金3银6铜共14枚奖牌。体彩业务增长率全市最高，销量全市第二，销售量突破1.2亿元。

□ 档案

【业务指导】 开展档案行政执法检查，深入礼乐、江南街道和区财政局、区委政法委、区社事局、区卫计局等部门开展文件材料归档专项检查。对区教育局、区社保局和区纪委等部门开展档案执法检查工作，履行档案监督指导职能，提高机关文件材料归档质量。加强对农村土地确权登记颁证工作文件资料归档的监督、指导和检查，档案归档工作全面完成，归档承包农户资料15000多份，承包户资料归档率97.50%，全区农村土地承包经营权确权登记颁证工作通过检查验收。指导新设立全宗和全宗有变化的单位及时制定或修订档案分类方案及文书档案保管期限表，完成对区经促局、区社保局、团区委、区产城办等全宗单位的档案分类方案及保管期限表审核工作，收集16个全宗单位的全宗卷资料（含组织沿革、全宗介绍、大事记、文书档案保管期限表等），累计接收全宗卷39个，占进馆全宗数的75%。

【档案接收】 加强民生档案接收，制订《关于做好民生档案移交进馆工作的通知》，指导各街道和区直各单位做好公证、婚姻、信访等民生档案移交进馆工作。馆藏民生档案58256卷、15129件，折算共59769卷，占馆藏总量的51.58%，达到工作过半的目标。推进江门高新区档案整理工作。已完成高新区档案资料文书整理工作，整理文书档案5029件，共375盒、规划建设档案796盒、专门档案889盒、荣誉实物档案86件。做好党委、政府文书档案和照片档案收集整理工作。收集区委、区政府及本局2018年活动照片1458张，整理归档150张。开展档案征集工作，征集区直部门出版的杂志、报纸、图书11件。全年接收档案9184卷、13604件，折算10544卷。

【信息化建设】 馆藏档案全文数字化，完成纸质档案数字化3892卷、15158件，折算279389页。累计完成档案数字化49443卷、111026件，折算累计3624888页。推进数字档案馆建设。建设“收、管、存、用”功能齐全的档案管理系统，实现电子文件在线接收。参与市级数字档案馆（室）信息系统统一建设（含政务外网数字档案室、局域网数字档案馆），推进落实项目建设资金和基础软硬件设施。开展高新区档案数字化分类整理、数据录入和扫描工作。做好江海区档案信息网的日常管理及维护。做好江海区档案信息网的栏目集约化工作并及时更新数据。

【开放利用】 编撰档案资政参考2期，上报档案工作信息5期。其中《保护和传承外海生恭鲤鱼民间技艺》在《江门日报》刊登；《亟待重新修葺外海陈少白故居》为区领导提供资政参考。开展红色基因档案摸查，搜集区内现存红色资源，形成《江海区红色档案资源情况报告》，并联合区委宣传部举办新时代红色文化图片展。续编档案馆指南。启动《江门市江海区档案馆全宗指南》（2012－2018）编写工作。撰写《关于把握好档案鉴定工作的探讨》《浅谈中小学校档案管理的问题及对策》并向《中国档案报》投稿。联合蓬江区档案局和市直有关部门，在东湖广场举办以“档案见证改革开放”为主题的“6·9”国际档案日宣传活动，向市民免费派发家庭档案盒300多个，宣传介绍家庭档案的整理与分类方法。全年接待社会各界来馆来电档案利用者473人次，查阅档案537卷、193件，复印档案资料3155页。

□ 地方志

【年鉴年报】 完成年鉴和年报资料收集工作，下发《关于报送2017年度江海年鉴稿和年报资料的通知》，根据《江海年鉴2018》组稿大纲收集年鉴资料；按照地方志资料年报撰稿要求，完成概况、大事记、专题、人物、文献、图片6个方面的年报内容接收工作。编写内容为2017年江海区各项事业发展情况地方综合年鉴《江海年鉴2018》，增加和更新年度特色的条目内容，优化送审排印流程，达到一年一鉴、公开出版的要求。

【自然村落普查】 推进自然村落历史人文普查，按照市地志办的村落普查工作任务时间表，编制自然村落图片拍照清单，组织各街道补充和重拍自然村落特色图片，对其内容的全面性、真实性、完整性进行初审和复审以后，根据市地志办对江海卷稿件提出的专家审稿意见，对稿件内容的规范性和记述准确性再次进行更正修改、查缺补漏并送交出版社审核。

【网站集约化建设】 根据省地志办网站集约化的要求，及时关停江海区地情网，在原网站首页显著位置悬挂迁移公告信息，同时注销在全国公安机关互联网站安全服务平台的认证，由技术支撑公司导出地情网栏目数据，迁移整合到江海区政务信息网的“高新之窗”栏目并继续做好网页更新工作。

体 育

【体育事业】 2018年，全区拥有5000平方米的全民健身广场12个，其中含篮球场、乒乓球或羽毛球场、健身路径、文体舞台等设施；1000平方米的文体小广场52个。至此，全区文体广场总数64个，包括2018年增加龙溪湖全民健身广场10万平方米、礼乐街道英北村改建全民健身广场5000平方米。全区公共体育场所总面积69.88万平方米，人均体育面积2.57平方米。其中足球场23个（内含十一人制足球场3个、七人制足球场5个、五人制足球场15个）；公共场所乒乓球台125张；体育场地30个（内含健身步道25个、体育公园5个、篮球场110个、健身路径121个、网球场地3个、排球场地6个、游泳场所5个、羽毛球场地44个）；体育馆1个。社会体育指导员1187人，每千人拥有社会体育指导员比例4.38。城乡居民达到国民体质测定标准的人数占比68.2%。

【体育创新工作】 “五一”小长假期间，在江门演艺中心举办为期3天的高新区（江海区）第二届龙狮武术节，龙狮节突出“赛、展、演、游”四大特色，包括参赛队伍数量增至16支并扩展至珠中江地区、增加小学组醒狮赛，武术比赛为各式传统南北拳术、长短器械、对练和集体项目比赛；结合活动主题，现场摆放纱龙、醒狮实物、图片及相关龙狮物品供市民参观；举办龙狮晚会，皮影戏、广场大明星、舞台剧等演出，设置美食档摊、3D食品打印，以及观众互动体验环节。国庆节期间，在龙溪湖公园举办2018年高新区（江海区）国庆风筝节，设置特色风筝放飞、非遗风筝、夜光风筝展览、风筝特技表演，开展青少年跆拳道考级、青少年DIY风筝创意设计大赛、舞蹈展演、花色篮球展演等活动。举行全区第五届校园足球赛，并首次增加女子培训与比赛，并派员参加2018年江门市青少年锦标赛重点项目之一的市“中国体育彩票杯”青少年（中小学生）足球锦标赛。江海区银泉小学代表队获得青少年丙组男子比赛第二名，江海区足协代表队获得青少年丙组女子比赛第三名。

【对外参赛活动】 年内，代表江门市参加广东省第四届社会体育指导员健身技能展示大赛，在全省21个地市中荣获一等奖3个、二等奖4个、三等奖2个。参加2018年广东省健身广场舞联赛总决赛获一等奖。江海区“板鞋竞速”男子竞赛项目入选广东省第六届少数民族传统体育运动会，6名男子少数民族运动员在全省24支强队中获得4X100混合接力第七名。在江门市第十九届体育节“庆七一”“体育彩票杯”健身气功站点联赛暨健身气功慈善赛上，获集体项目一等奖4个、二等奖2个。在江门市体育锦标赛，跆拳道、体操、田径等项目上，获得5金13银18铜。

【群众体育】 年内，建成10万平方米的龙溪湖社区体育公园，配套足球场、篮球馆（场）绿色跑道、文体汇、健身路径等。对全区露天体育健身器材进行排查、维修和更新，投入经费20多万元，对外海、礼乐、江南三个街道维修维护器材160多件，更新更换40多件。在去年率先在全市建成“十五分钟健身圈”基础上，完善“健身圈”建设。为社区、村居购置50张乒乓球台和62套广场移动音响。群众体育品牌活动“体彩杯”趣味运动会深入社区、村，全年举办60场，新增“体彩杯”广场大明星活动，并继续开展民间私伙局、功夫少年、电竞表演等群众活动。在白水带体育公园每月开展“对外开放日”活动，由区足球社会体育指导员现场免费指导，有效推进全民健身。在江南社区体育公园足球场每周对青少年进行免费义务教学，推广足球运动。暑假期间举办“体彩杯”文体夏令营，免费为学生提供文化、科技、体育、艺术等多门类培训。春节期间，开展2018年江海区迎春趣味游园会。全年推出送健康下厂企，为职工检测身体形态、身体机能、身体素质等并出具《国民体质综合锻炼指导报告》，开展国民体质监测1300人。“全民健身活动日”期间举行全区生态体育节，轮滑、跆拳道、电竞等项目比赛，吸引江门三区四市及周边城市的1700多名跆拳道爱好者参赛。轮滑、电竞、跆拳道等三大项目列入年内江门首届市民运动会的运动项目，开幕式上区跆拳道表演被评为最具影响力的节目。此外，举办2018年高新区（江海区）运动会、政企篮球赛、青少年及机关羽毛球赛等比赛。承办多项省级赛事，包括2018年“体育彩票杯”广东省国民体质监测万里行（江门站）闭幕式舞台设计和文体展演；广东省“红星杯”卡丁车挑战赛（江门站）；负责第六届中国侨都健走马拉松大赛江海赛场文体活动安排和开幕式会场的节目表演。

卫 生

【加强医联体建设】 与市级医院建立紧密型医联体合作以来，基本实现“六统一”（统一法定代表人、统一资产管理、统一业务管理、统一人事管理、统一财务管理、统一药械管理），管理和技术衔接，稳步推进医疗卫生事业。为改善医疗卫生服务环境，年内把建筑面积5000平方米的新建大楼（原江海区青少年宫大楼）以租赁方式交付区人民医院（江门市中心医院江海分院）改建医疗业务用房使用；投入700多万元新建礼乐街道社区卫生服务中心，投入1000万元推进区中西医结合医院（江门市五邑中医院江海分院）医疗服务环境升级改造。为推进医联体建设，加大医疗单位的自主权，区委出台《医联体机构编制及人事管理意见》，对人事管理进一步放权，明确分院负责人管理权限属总院，分院人员各项人事管理以总院为主，协助取消基层医疗单位收支两条线制度。市中心医院投入启动资金对区人民医院设备进行更新，市五邑中医院争取完成设备配套到区中西医结合医院，全年总院下派专业技术、管理人才1976人次；在分院派出点执业医师52人，会诊111次；对分院进行专科查房带教150次，专科培训和指导20次；分院派员到总院进修55人次。市中心医院选拔5位专家聘任分院专科主任，加大康复科、骨科、心血管内科等专科建设；市五邑中医院派出3名专家进驻分院担任科室主任，完成急救中心建设，并将康复科、骨伤科作为重点中医特色专科建设。

【基层医疗卫生服务】 区人民医院完成国家标准化代谢性疾病管理中心建设和住院大楼外墙翻新，添置救护车、电脑熏蒸治疗床、臭氧治疗仪等医疗设备，购置3台中高端彩超机、肺功能机和气管镜等；区中西医结合医院购买CT已经进入招标阶段，新配置超声波诊断仪已投入使用；礼乐街道社区卫生服务中心标准化建设完成基建工程；32个村级卫生站规范化建设任务全面完成。推进基层体制改革，出台《高新区（江海区）加强基层医疗卫生服务能力建设实施方案》并贯彻《江门市基层医疗卫生机构人事薪酬管理的指导意见》要求。推出便民利民惠民措施，进一步优化诊疗服务流程，落实《医疗质量管理办法》，加强医疗安全管理和风险防范。全面强化医疗废物管理，开展全区医疗卫生机构医疗废物管理专项检查和通报，严格按照有关规定落实医疗废物管理和处置。

【区域信息化平台试点】 江海区为江门市医疗单位信息化平台建设首个试点单位，在全市率先开展区域信息平台建设，全区各医疗单位完成硬件配备，部分单位上线工作。

【公立医院综合改革】 在医联体建设的基础上，进一步加大公立医院自主权，规范完善医院管理制度，加快建立现代医院管理制度，推进公立医院人事薪酬制度改革，全区公立医院全面实施药品零差率销售，全年药品费用减少7.79%。有效控制医疗费用不合理增长，全区医疗费用增幅1.6%，保持在省、市下达指标范围内。继续推进医保支付方式改革，实施按病种分值付费。

【推进基本公共卫生服务项目】 在2016年度国家基本公共卫生服务项目市级绩效评估末位的情况下，根据存在问题和评估要求，加强指导督促和落实责任追究等整改措施，年内在全区以总分91.35分排名第二位并代表江门市接受省级绩效考核的单位之一，为全市评为全省第五名的考核成绩作出努力。

【爱国卫生运动】 全力做好登革热疫情防控，8月24日江海区出现全市首例登革热病例以来，通过开展全区性爱国卫生运动，落实医疗救治措施，有效遏制疫情扩散蔓延。全年累计确诊病例83例，怀疑病例106例，疫情逐渐下降。加强其他重点传染病防控和慢性病防治工作，成立防治重大疾病工作联席会议制度，做好禽流感、寨卡、诺如等传染病的防控工作。全年全区无甲类传染病发生，乙类传染病例发生790 例，下降14.59%；丙类传染病病例发生978例，下降0.81%。 开展2018年“共建清洁家园，共享健康春节”春季爱国卫生大行动、第30个爱国卫生月专项宣传活动和夏秋季以防蚊灭蚊为重点的爱卫大行动，推进礼乐街道国家卫生镇创建和外海街道省卫生镇复审工作。年内外海街道通过了市爱卫办组织的鼠类控制效果评估并分别接受省评估组对礼乐街道创国家卫生镇的考核评估和复查。

【传承发展中医药】 江南街道社区服务中心和外海街道社区卫生服务中心通过业务用房改造、设备购置、人员培训等方式，完成中医诊疗室、中医理疗室等综合中医治疗室建设，着力构建中医特色明显的“治未病”预防保健服务网络体系，进一步提升基层中医药服务能力。

【家庭医生签约服务】 制定特殊人群服务包，对计划生育特殊家庭、残疾人和贫困人口等特殊家庭制定了不同的签约方案并开展签约服务。建设家庭医生签约服务区，辖区各社区卫生服务中心均建立家庭医生服务区并通过市考核。全区建立家庭医生式服务团队26 个，签约132620 人，签约率 50.12 %；全区重点人群签约32118 人，签约率 51.64 %。

【妇幼保健】 完善出生缺陷干预工作流程，成立出生缺陷干预中心，全年全区新生儿疾病筛查率100%，达到目标值。开展地贫防控项目，区人民医院和区中西医结合医院为江海区地贫防控项目定点服务机构，全区两间助产机构住院分娩产妇254人，进行孕期血常规检测593人，夫妇地贫初筛率100%，初筛阳性夫妇复筛（血红蛋白）率100%。加强艾滋病、 梅毒和乙肝母婴阻断工作，年内未发现有艾滋病、梅毒感染孕产妇及其所生婴儿。继续全面实施免费孕检，全区免费孕前优生健康检查完成613对，完成全年任务量的81.73%。

【卫生监督执法和审批】 加强对辖区内医疗机构、公共场所、生活饮用水等卫生行政审批和日常监督工作，落实“双随机一公开”（随机抽取检查对象、随机选派执法检查人员，抽查情况及查出结果及时向社会公开）联合抽查行动。结合扫黑除恶专项行动，开展打击非法行医专项整治行动8次，取缔非法行医点8个。受理公共场所卫生许可153件，验收建设项目53件，医师执业许可类别72件，医疗机构设置审批6间，医疗机构执业许可类别（核发、变更、校验等）证60件，放射诊疗许可4件，均在法定的时限内办结；作出行政处罚决定6宗。

【全区医疗卫生机构概况】 全年全区共有各级各类医疗机构99间，其中综合医院2家、中西医结合医院1家、社区卫生服务机构6家；门诊部10家，诊所、医务室等80家。各级、各类医疗卫生机构卫生技术人员940人，其中执业（助理）医师373人，注册护士411人，药师66人，平均每千人口卫技人员数3.24人。住院编制床位525张，实际开放床位537张，实际开放床位每千人口床位1.85张。

【人口数据质量监控】 加强对街道数据质量监控，及时掌握重点指标情况，完善全员人口数据库， 2017年度广东全员人口信息系统数据质量评估结果通报，江海区在全省121个县区中排名第三，在四市三区中排名第一。

【流动人口卫生计生基本公共服务均等化示范区创建】 面向流动人口开展家庭医生签约、老年人免费健康体检等服务，提供与户籍居民同等待遇的办事办证服务，实现流动人口“一条龙”服务、“一站式”管理。依托村居开展流动人口子女“430”学堂、“一米阳光”等流动人口身心健康活动。实现流动人口与户籍人口享有同等优质的卫生计生基本公共服务待遇。年内，江海区被省卫生健康委评为省级流动人口卫生计生基本公共服务均等化示范区。

【健康促进行动】 全面创建健康促进示范单位，在全区范围内普及健康素养知识。年内，区人民医院、中西医结合医院、礼乐新民小学、外海中心小学、区卫生计生局、外海街道办事处、江门荣信电路板有限公司、生和堂有限公司、礼乐街道中福社区、江南街道富横社区10个单位被授予广东省健康促进示范单位称号。深化农民健康促进行动成果，外海街道成功申报亿万农民健康促进行动示范区工作并在省行动办公室的工作督导中得到肯定。启动创建省级健康促进县（区）工作，制订建设工作方案并举办启动仪式，年底完成全区健康素养监测工作。

社会事务

SHE HUI SHI WU

优抚安置救济和社会福利

【城镇扶贫工作】 继续对 34户城镇贫困户进行帮扶，重点对10户仍未脱贫的家庭以开展“助学、助医、助残、危房改造、培训与推荐就业（创业）”为主要内容的城镇扶贫工作。全区各单位落实“四个到位”（领导到位、责任到位、资金到位、措施到位）工作措施，明确3个街道城镇扶贫的主体责任和34名结对领导的挂扶责任，实行扶贫责任 “一肩挑”。进一步加大扶贫资金的投入，根据城镇扶贫工作的需要，落实区、街道财政各50%的扶贫专项预算资金，把帮扶资金重点倾斜到“想干敢干”的贫困家庭，对城镇贫困户帮扶实行“一户一策”的措施，通过努力，10户城镇精准扶贫家庭年内实现脱贫。

【提高低保补助标准】 2018年1月1日起，提高低保标准，城镇、农村低保标准，均由700元提高至800元，其中城镇人均补差水平不低于600元、农村人均补差水平不低于400元。全年全区共有城乡低保对象269户420人，支出低保资金614.24万元。各级民政、财政部门做好低保资金配套落实工作，实现应保尽保。

【基层治理】 推进农村社区治理实验区试点建设，与华中师范大学全国民政政策理论研究基地合作，开展课题研究，制订《高新区（江海区）推进农村社区治理三年行动计划（2018—2020）》，开展第一阶段（2018.6—2019.6）建设工作，选定12个村（社区）作为工作试点并根据试点情况进行分类指导。在外海街道沙津横社区、礼乐街道英南村、江南街道江翠社区等试点探索实施党员责任岗制度，村（居）民议事会制度和村规民约积分管理制度等，动员群众参与公益事务。

【救灾救济】 加快推进“全国综合减灾示范社区”创建工作，指导外海街道彩虹社区、礼乐街道中福社区和江南街道建联社区开展创建全国综合减灾示范社区的申报工作，组织开展防灾救灾日活动，开展防灾宣传，向基层印发防灾减灾知识宣传手册，定期更新、张贴防灾减灾宣传海报。年内，组织今年创建全国减灾防灾示范社区的社区及相关人员参加在五邑大学举办的全市防灾减灾宣传活动启动仪式暨校园应急救灾大规模演练。

【五保供养】 继续推进特困供养对象工作，根据《关于江门市提高特困供养人员基本生活标准的公告》要求，城乡特困人员基本生活标准按照不低于全区城乡最低生活保障标准的1.6倍确定，统一提高至每人每年15360元。全年全区发放特困供养资金108万元，受惠特困供养对象76人，其中分散供养47人、集中供养29人。

【医疗救助】 在全市率先对江门市发布的医疗救助和临时救助2个暂行办法进行修订。6月22日，高新区管委会、区政府印发《江门高新区（江海区）城乡困难群体医疗救助实施办法的通知》并于7月5日实施。有关规定明确政策范围内医疗费用救助比例，最低生活保障家庭成员不低于80%，特困供养人员按照100%的比例给予救助，医疗救助封顶线年最高限额10万元；低收入家庭成员、因病致贫家庭重病患者和县级以上人民政府规定的其他特殊困难人员医疗救助比例不低于70%，年最高限额不低于8万元；对建档立卡重点帮扶对象实施100%兜底医疗保障，自付费用和个人自费费用全额报销。2018年全区医疗救助573人次，支出174.24万元。修订《江门高新区（江海区）城乡居民临时救助实施办法》，进一步发挥社会救助托底线、救急难的作用，解决城乡困难群众突发性、紧迫性、临时性基本生活困难，全年临时救助救助141人次，支出50万元。

【城乡居民最低生活保障】 2018年1月1日起，提高低保标准，城镇、农村低保标准均由700元提高至800元，其中城镇人均补差水平不低于600元；农村人均补差水平不低于400元，支出低保资金614.24万元。各级民政、财政部门做好落实工作，对全区城乡低保对象269户420人，实现应保尽保。

【老龄工作】 今年全区发放高龄老人政府津贴186.52万元，办理老人优待证、长者卡3102人。继续开展“银龄安康行动”，今年已为全区31746位60周岁及以上的户籍老年人统一购买每人每年10元意外伤害保险。

【殡葬管理】 制订《高新区（江海区）2018年清明节期间群众祭祀活动安全保障工作方案》，在各村、社区和白水带风景区入口处悬挂宣传横幅，开展“文明祭扫、森林防火”宣传，会同区住建和水务局组织日常巡查和清理风景区内新坟，及时制止乱埋乱葬乱祭扫行为，杜绝山火发生的可能性。落实24小时值班制度，对白水带风景区等重点区域进行监控，发现问题及时解决。

【慈善公益事业】 举办2018年慈善公益活动启动仪式， 26个企业单位和社会爱心人士现场捐赠支票，接收认捐善款1682万元。创新慈善公益项目，首次举办慈善公益定向项目评选大赛，评定出等5个慈善公益定向项目，覆盖困难老人、困境儿童、残疾人等群体。发动江门奇绩美容美发连锁店、江门市裕景食品有限公司成立爱心帮扶基金参与慈善公益工作。加强区、街、村（社区）三级慈善体系建设，全区70%的村（社区）建设慈善联谊会。

【社会组织登记管理】 7月17日，全市首个基层社会组织联合会在礼乐街道成立，会员单位40家，覆盖慈善公益、社会服务、文体教育和行业服务等领域，构建“党建联合、阵地联合、业务联合、专业联合”四大平台，着力解决社会组织“党建难、管理难、指导难”的问题。

【婚姻登记】 全年全区办理结婚登记1176对，离婚登记455对，补领婚姻证243宗。

【养老服务体系建设】 开展对江海区首家开放式居家养老院德寿颐养居、江海区瑞健颐养院的养老服务质量整治、安全生产检查，督促各养老机构完善基础设施。瑞健颐养院成为江海区唯一一家3星级养老机构。

【地名普查成果转化】 开展地名普查成果转化工作，形成地名成果表1500张，普查成果图8张，地名标志登记表100张，跨界自然地理实体地名4条。印发《江海区大地恩情 乡缘讲堂——“地名文化进校园”专项活动实施方案》，组建一批本土专家学者建立地名文化专家队伍，通过制作“江海地名故事”短视频、新媒体平台宣传地名文化知识等方式，让地名文化进社区、入校园。

【退役士兵安置】 全年接收退役士兵38人，其中转业士官2名并针对性地做好安置工作，年内完成安置工作任务。发放退役士兵自主就业一次性经济补助金。开展退役士兵免费职业技能培训，全区14人参加培训，安置率100%。

【军人群体稳定工作】 根据广东省民政厅《关于开展全省民政系统重点信访工作专项督查的通知》要求，做好退役军人群体稳定工作，坚持“依法治理，疏堵结合”原则化解涉军人员的涉访、涉诉问题，做好政策解释、宣传引导、情感交流和沟通联系，加强与公安、综治和信访维稳等部门协调配合，共同做好涉军人员进京到省上访有效预防和信访矛盾化解工作。全年受理群众来信和12345政府服务热线18件，来访43批次，办结率100%。

【双拥工作】 春节和“八一”建军节期间，深入驻军单位和军烈属、伤残军人、优抚困难对象家庭进行走访慰问，送上慰问金和慰问品。根据江门市民政局、江门市财政局《转发广东省民政厅广东省财政厅关于调整部分优抚对象等人员抚恤和生活补助标准的通知》《江门市民政局江门市财政局关于调整江门市优抚对象抚恤补助标准自然增长机制的通知》要求，完成全区部分优抚对象等人员抚恤和生活补助标准的提标，发放优抚补助资金440万元。开展“关爱功臣送医送药”活动，与广东省第二荣军医疗巡回医疗队协调会同市民政局组成医疗队，通过在江海区瑞健颐养院设点的方式，为全区70多名烈士遗属、因公牺牲军人遗属、残疾军人、在乡复员军人和带病回乡退伍军人进行内外科、心电图检测、血压等项目体检和义诊。组织区直机关干部、工人和街道军烈属、老战士、农民代表50人参加江门市委、市政府和江门军分区在江门市区英雄山烈士陵园举行的“9·30”烈士公祭活动。完成部分参战参核退役人员基本养老保险和医疗保险补贴审核发放工作。根据省委办、省府办《关于建立和完善我省复退军人服务体系的意见》和市委办、市府办《关于建立我市复退军人服务体系的实施方案》，做好复退军人服务体系建设，充实完善江海区复退军人服务中心配套办公设备和活动器材；江海区复退军人服务中心联合江海区晨光社会工作综合服务中心开展“不忘初心，牢记使命暨我和老兵爷爷的红色之旅”活动。按照《国务院办公厅关于做好退役军人和其他优抚对象信息采集工作的通知》和退役军人事务部印发的相关工作方案和实施细则，开展全区退役军人和其他优抚对象信息采集工作，举办信息采集工作培训班，年内完成信息采集工作任务。

劳动和社会保障

【劳动执法检查】 全年开展企业日常巡查716余次，引导企业新签劳动合同233份，督促企业为219名劳动者参保。结合各类用工时机开展农民工工资支付情况专项检查，做好迎接国务院和省、市工资支付考核工作等3次专项行动，发放教育宣传资料和问卷、调查表。通过开展劳动保障监察执法检查活动，宣传了劳动法律法规，查处违法违规行为，维护劳动者的合法权益。

【劳资纠纷源头治理】 开展农民工工资支付情况专项检查，完成国务院、省和市三级工资支付考核工作要求，对劳动密集型企业及建筑施工项目进行排查，建立协调联动机制，加强与区解决拖欠异地务工人员工资问题联席会议成员单位的沟通，建立多元化劳资纠纷解决机制。出台《高新区（江海区）保障农民工工资支付工作考核办法》，要求2017—2020年期间，每年由区解决拖欠异地务工人员联席会议成员单位对各街道开展保障农民工工资支付工作考核，构建属地管理、分级负责、谁主管谁负责的治欠保支工作长效治理机制。

【劳动调解】 根据省人社厅《关于进一步加强劳动人事争议调解仲裁完善多元处理机制的实施意见》，加强与区工商联、区总工会和企业工会的沟通，建立基层调解、人民调解、工会调解、协会调解和商会调解等的大调解格局。年内，江门市照明电器行业协会的人民调解委员会和劳动争议调解委员会成立，与协会协商建立信息互通、委托调解、业务培训等工作机制。组建劳动争议调解专责小组，拟定劳动争议人民调解流程，做到专案专办，提升劳动争议仲裁调解率。进一步加强与各级劳动争议人民调解组织之间、相关业务部门之间的信息交流和合作。

【劳动仲裁】 全面推行仲裁“要素式”办案模式，构建立案前调解、开庭前调解、开庭调解、开庭后调解“四位一体”的调解体系，深化仲裁职能细化分工，推进规范管理，定期召开工作例会，及时分析阶段性劳动人事争议案件的情况，对疑难复杂案件集体会诊，定期总结分析办案经验，简化办案流程，提高结案率。全年全区劳动争议案件立案936宗，涉及人数936人，结案889宗；结合上年积案计算，结案率95.5%。

【就业培训和职业技能培训】 创新技能人才培养方式，推动技能人才创新发展，加大企业自主人才评价开展力度，与巾帼职业培训学校签订免费技能培训协议，鼓励城乡劳动者参加免费技能培训或自费技能培训。建立广东南方职业学院创业孵化基地，认定广东特慧专猎人力资源服务公司、江门市任仕通人力资源服务公司为全区人力资源服务机构、广东南方职业学院为全区首家创业培训定点机构。6月，广东南方职业学院开展第一期SYB大学生创业培训班，共有84名大学生参加并通过考核。

【就业创业和再就业工作】 全年全区城镇新增就业人数5892人，城镇失业人员再就业5093人，就业困难人员实现就业438人，促进创业305人，城镇登记失业率2.38%，低于3.2%的控制率；为城乡劳动者办理就业创业证740本，为63名台港澳人员办理台港澳人员就业证。促进再就业认定就业困难人员13人，其中大龄就业困难人员6人、低保人员1人、全征地农民1人、戒毒康复人员5人。全年发放就业补助资金782.74万元， 享受补贴3213人次。

【专业技术人才管理】 全年办理辖区内专业技术人员初次认定109人，其中中级4人、初级105人，通过率100%；工程类职称评审受理申报材料162份，其中初级53份，52人取得初级职称，通过率98.11%；中级申报材料98份，83人取得中级职称，通过率84.69%；高级申报材料11份， 5人取得高级职称并进行公示。全年参评一级职称38人，26人通过，通过率68.42%；参评二级职称12人，9人通过，参评三级职称6人，5人通过，初级通过率77.78%；参评高级职称73人，40人通过，通过率54.79%。卫生系统申报高级职称10人，取得副高级职称资格9人；申报会计高级职称2人，取得副高级职称资格1人。专业人才继续教育公需科培训由委托江门市三所高校开展培训，改为施教机构备案并自行开展公需科目培训，培训方式由面授变为开通远程继续教育网络平台完成学习，全区申报2384人，申报记录数9512条，合计申报学时267206小时。

【人事档案管理和人事代理服务】 《江门市流动人员人事档案管理工作手册》从2017年1月1日起实施，2018年1月1日起停止收取档案保管相关费用。区人才中心现存档案9933份，年内新增流动人员人事档案1299份，调出档案72份，审核工龄12人，办理退休3人，查阅档案38人次。

【人才引进】 全年新增硕士49人、博士24人、高级职称专业技术人才65人、高技能人才699人。受理高层次人才评定认定申报材料30人次，其中二级人才11人、三级人才10人；12名高层次人才享受租房补贴。江门市优巨新材料有限公司王贤文、江门市阪桥电子材料有限公司周中涛入选科技部科技创新创业人才，广东普加福光电科技有限公司在第七届中国创新创业大赛中获广东赛区新材料行业三等奖，广东万木新材料科技有限公司博士袁有学的“高性能LED用环氧树脂的合成及相应封装材料的制备和产业化”、江门锐深智能科技有限公司教授陈清亮的智能化文本挖掘技术的研究与应用项目入选2018年江门市留学归国人员创新创业项目，分别获得优秀项目和启动项目的资助；江门市长优实业有限公司博士李征征获得在站博士后在站期间优秀科研成果奖励；江门市地尔汉宇电器股份有限公司（汉宇集团股份有限公司）博士曹桂军、励福（江门）环保科技股份有限公司博士朱振华、江门市科恒实业股份有限公司博士吴建华入选江门市创新领军人才；江门市辉隆塑料机械有限公司许锦才入选江门市创业领军人才。新建广东省创新实践基地7家，全区总数12家，新建广东省博士工作站4家，申报创建江门高新区博士后科研工作站，首期下设江门市地尔汉宇电器股份有限公司、广东奇德新材料股份有限公司等4个分站；全年新引进在站博士后17人。出台《推进人才强区战略三年行动计划（2018—2020）》，《“高新工匠”培育实施方案（2018—2020）》，举办高层次人才沙龙、人才政策宣讲、就业创业大讲堂等系列人才交流对接活动。

【人力资源市场管理】 全年职业介绍发布招聘信息3618条，提供岗位12700个，职业指导、介绍5017人，推荐16558人次。举办专场招聘会5场、“南粤春暖”大型招聘会2场、高校毕业生服务月专场招聘会2场；举办2018年就业精准扶贫专场招聘会，累计招聘企业1007家、岗位17453个，进场人数7860人，初步达成意向1911人。做好扶贫车间带动就业工作，年内新增4家就业扶贫车间，吸纳就业7人。全区共有6间扶贫车间，扶贫工作坊1间，就业安置基地1间，带动贫困人口就业11人。开展用工监测，每月对企业开展用工调查，了解企业用工情况，及时为企业登记发布招工信息；每月对20家企业、每季对45家企业实行就业失业动态监测，做好监测数据的审核、分析和上报工作。

【人才交流管理和人才技术服务】 为做好2018年高校毕业生报到接收工作，从2017年5月起停用“江门市高校毕业生网上报到系统”改用“广东省高校毕业生网上报到系统”。全年共接收应届毕业生894人，其中就业816人，就业率91.3%。新增高校毕业生就业见习基地1家，提供岗位61、招聘214人。至此，全区共有就业见习基地16家。

社会保险

【社会保险重点工作】 不断扩大社会保险覆盖面，采取多样化的宣传方式，到企业、到村居、到招聘会和到普法宣传活动等现场派发宣传资料，解读最新政策，通过微信、QQ群和电话等媒体渠道，扩散政策热点，营造参保氛围；加强与企业的沟通联系，提高企业和劳动者对各类社会保险的知晓率。出台相关工作方案，贯彻落实省、市关于机关事业单位养老保险制度改革的工作要求，引导各街道各有关单位做好养老保险和职业年金的征缴和补缴工作。

【征地农民养老保障】 继续做好征地农民养老保障资金计提工作，全区2018年审核计提养老保障费用征地项目3宗，计提纳入养老保障范围被征地农民3046人、计提被征地农民养老保障资金4166.928万元。继续做好全征地农民养老保障工作，至2018年末全区共有全征地农村经济集体组织31个，纳入全征地农民养老保障范围45380人，其中14858人享受参保补贴，522人领取全征地农民市基层养老金。

【社会化退休管理】 全区纳入社区管理的企业退休人员共有28846人，占企业退休人员总数的93.5%，增长1.76%。全年企业离退休人员养老金社会化发放率100%。江海区社会保障卡常住人口发卡数24.9万张，常住人口发卡率92.9%。

【社会保险征收】 根据《转发关于公布2018年度社会保险年度企业职工基本养老保险缴费基数、缴费费率和缴费工资上下限的通知》，2018年7月1日至2019年6月30日期间，全区企业职工基本养老保险缴费工资上限20004元，下限3100元，缴费比例仍为21%，其中用人单位缴费比例13%，个人缴费比例8%。根据《关于公布2018社保年度我市社会保险缴费基数和缴费费率有关问题的通知》，2018年7月1日至2019年6月30日，全区用人单位应当按照本单位职工职工总额为基数缴纳工伤保险费，缴费费率按照《江门市人力资源和社会保障局 江门市财政局 江门市地方税务局关于印发江门市工伤保险费率浮动管理办法的通知》规定执行，其中江门市五类至八类行业基准费率分别下调至各用人单位职工工资总额的1.0%、1.2%、1.3%、1.4%的阶段性降费政策继续执行；全区用人单位应当以参加失业保险的职工的缴费工资之和、职工以本人工资为基数缴纳失业保险缴费，缴费费率按《关于实行失业保险用人单位浮动费率的通知》规定执行。

【机关养老改革】 按照国家、省、市的有关文件要求，全区按照公务员法管理的单位、参照公务员法管理的单位、行政类和公益一、二类事业单位及其编制内的工作人员，纳入改革范围，按照月缴纳机关事业单位养老保险和职业年金3229人，每月征收机关事业单位养老保险和职业年金分别为701万元、301万元。

【养老保险】 全区参加城镇职工基本养老保险21.15万人，基金收入91580万元，支出78012万元。其中参加企业职工养老保险17.64万人，缴费人数10.63万人，基金收入91420万元，支出78012万元。在领养老金

30437人，月人均养老金1992.49元。根据《广东省人力资源和社会保障厅 广东省财政厅关于2018年调整退休人员基本养老金的通知》，江海区参加养老金调整的企业退休人员29179人，调整后江海区平均养老金2012.06元，人均增加126元；江海区2018年6月30前（含当日）年满75周岁及以上的企业退休人员共4503人，每人一次性发放1200元；年满70周岁不满75周岁的企业退休人员3556人，每人一次性发放600元。

【医疗保险】 2018年1月1日起，江门市实施《江门市基本医疗保险管理办法》，对医疗保险参保人的住院报销等内容作出规定。其中为促进按需就近就医，着力解决医疗卫生资源配置不均衡、基层医疗卫生服务能力弱的问题，推动分级诊疗，建立医保住院市内转诊制度。全区参加城镇职工基本医疗保险14.71万人，基金收入42587万元，支出38271万元。其中享受城镇职工基本医疗保险住院待遇20834人次，发放待遇37719万元(含大病支出）。参加城乡居民基本医疗保险7.74万人，基金收入6269万元，支出6165万元。其中享受城乡基本医疗保险住院待遇10175人次，发放待遇6021万元（含大病支出）。

【失业保险】 全区参加失业保险9.87万人，基金收入1896万元，支出1725万元，累计发放1653万元，全年领取失业保险金人数1824人，领取失业保险金8928人次。

【工伤保险】 全区参加工伤保险11.88万人，基金收入2416万元，支出2373万元，享受工伤保险待遇802人次。按照《转发广东省人力资源和社会保障厅关于2018年度调整我省工伤伤残津贴的通知》要求调整工伤保险伤残津贴。按照《关于2018年一次性工亡补助金核定基数的通知》要求，调整一次性工亡补助金。

【生育保险】 全区参加生育保险10.03万人，基金收入1742万元，享受生育门诊待遇17160人次，享受生育住院待遇1949人次，享受生育津贴待遇1985人次，支出2755万元。按照《江门市人力资源和社会保障局关于江门市职工生育保险医疗费用结算管理办法》规定，加强和规范职工生育保险医疗费用结算管理，按照“定额管理、月度结算、年度清算”办法，对参保职工在定点医疗机构发生符合生育保险规定的生育医疗费用进行结算。按照《江门市人力资源和社会保障局关于江门市职工生育保险定点医疗机构协议管理办法》规定，加强和规范职工生育保险定点医疗机构协议管理。

【城乡居民社会养老保险】 全区城乡居民参加社会养老保险4.43万人。江海区城乡居民参保补助和基础养老金(含一次性丧葬抚恤金)支出14.88万人次2796.59万元。根据《关于建立江门高新区（江海区）2017－2020年度城乡居民基本养老保险基础养老金最低标准的通知》《关于2018年提高全省城乡居民基本养老保险基础养老金最低标准的通知》要求，2018年1月1日起，全区城乡居保基础养老金每人每月从145元提高到每人每月173元。

【异地就医结算】 推进跨省异地就医结算系统建设，年内全区二级甲等医院江海区人民医院成功上线跨省异地就医结算平台并通过跨省异地就医结算平台进行结算处理。

【社保基金管理】 严格执行基金财务管理制度，实行收支两条线管理，规范基金支出操作流程。按照有关财务制度分设账簿，专项核算，做到专款专用，不与其他社保基金相互挤占和挪用。提高对社会保险基金的监管能力，提高资金使用效率，确保社会保险基金安全运行，加强基金宏观监控，防范风险，保证各项基金的正常支付和社会化发放。

外事侨务

【侨梦苑建设】 在《江海侨刊》中加设侨梦苑专栏，向与江海区有联系的华侨华人免费赠寄，利用港澳招商推介会、海外侨团到访等机会赠阅，加大宣传力度，扩大对外影响力。利用“侨梦苑”微信公众号、世青会微信公众号等新媒体平台发布侨梦苑信息、为侨服务政策以及园区规划建设等资讯，累计编发为侨服务、侨梦苑动态等信息509篇，印刷出版《江海侨刊》3期。会同江门市外侨组成学习小组赴广州市增城区和汕头市“侨梦苑”参观、交流。江海区18位嘉宾参加在美国洛杉矶市第六届世界江门青年大会。加强与高层次人才、侨商侨领的沟通交流。全年接待粤港澳大湾区青年工商联、香港民建联访问团、国务院侨办主任许又声、香港特区政府财政司司长陈茂波、澳门礼乐同乡会、江港青年交流促进会和澳门记者联会等考察团体34批644人次。联合区科技局、启迪之星（江门）、启迪之星（香港）举办“点燃科技引擎，成就侨创梦想”项目交流和创业创新对接活动。

【台资企业服务】 全年收到涉台信访5件并协调处理完成。协助区内企业办理公务赴台手续4批8人次。区政府召开全区台资企业座谈会，区内15家台企负责人参加，区台办联同公安出入境管理部门向参会人员介绍办理港澳台居住证的有关手续问题。

【因公出国和赴港澳台人员管理】 按照上级部门工作要求，加强全区因公出国（境）管理工作，制止公款出国旅游，严格执行计划报批制度，严把审核审批关，执行因公出国（境）团组任务经费审核制度，有效控制因公出国人数与出国经费。全年办理赴港澳证件155批203人次，协助区内企业办理公务赴台手续4批8人次，办理外国入境邀请函申请41批62人次、APEC商务旅行卡2批2人次。

【侨务信访】 全年接待华侨华人来访4批11人次，电话咨询1件，收到信访件1件，均全部办结。

民族宗教

【民族工作管理】 健全服务少数民族的工作机制，把少数民族流动人口纳入街道、村（居）流动人口服务体系，设立少数民族服务专门窗口。会同组织、教育、计生等政府职能部门和各街道开展城市散居少数民族情况调查，全区常住少数民族人口4730人，户籍人口586人，少数民族成分36个。开展清真食品调研，全区经营清真食品的餐饮店12家，阿伊涮羊肉串店1家，少数民族从业人员43人。利用春节、中秋节和少数民族传统节日走访慰问少数民族代表人士和困难群众。落实民族政策，为少数民族群众办实事、解难事，接待少数民族群众咨询28人次，办理民族成分变更2人次，协调教育局帮助少数民族马录栋、马太尔布等人解决其子女读书问题。借助“法律进村居”活动和新媒体平台宣传民族政策法规，以村（居）、学校等为基本单元，推动以“民族历史文化”为主题的形式多样的民族团结宣传教育活动。

【重大宗教活动监管】 加强与公安、消防、安监、食药监、交警和城管等有关部门的沟通联系和协作，严格落实大型宗教活动的审批，协助茶庵寺、雪峰寺等宗教场所如期举办“水陆法会”“放生”等宗教活动，加强对活动安全工作的监督指导，完善宗教场所各类活动方案和应急预案，保障宗教活动平安顺利进行。

【民族团结进步创建活动】 按照省、市创建工作要求，把进学校、街道、企业作为民族团结创建活动重点，确定在广东奇德新材料股份有限公司、礼乐街道、礼乐街道新民小学、江海区天鹅湾小学等单位开展创建活动。制订开展民族团结进步创建活动实施方案，派员参加江门市民宗局组织的各类培训活动，指导创建点把民族工作融入到平时工作，结合开展以“民族历史文化宣传教育”为主题的民族团结进步宣传月活动，利用授予民族团结进步创建示范单位牌匾的机会，组织创建单位到示范点观摩并召开座谈会，交流创建经验和做法。

【组队参加广东省省少数民族传统运动会】 根据《江门市组团参加广东省第六届少数民族传统体育运动会工作方案》，制订《高新区（江海区）组队参加广东省第六届少数民族传统体育运会江门市代表团板鞋竞速项目工作方案》，成立高新区（江海区）参加广东省第六届少数民族传统体育运动会江门市代表团“板鞋竞速”项目督导小组，会同区文化广电体育局对全区中学校少数民族学生进行排查，挑选外海中学陆金威等6名广东省户籍的少数民族运动员，确定项目领队和教练员，按照板鞋竞速项目训练计划组织训练。在省少数民族传统体育运动会上，江海区板鞋竞速项目取得较好成绩。

【宗教场所规范管理】 全区有宗教活动场所6处，备案宗教教职人员33人。开展以“学习”为主题的和谐寺观教堂创建活动，做好宗教活动场所统一社会信用代码赋码工作，全区6个宗教活动场所全部完成宗教活动场所登记证换证工作。做好宗教教职人员认定备案工作，33名教职人员完成备案并取得广东省教职人员证书。严格审批大型宗教活动和乱建大型露天宗教造像，没有出现乱建违法情况。加强佛教去商业化等治理，对市人大代表建议中关于雪峰寺停车场等设施应与麻二村资源共享、综合利用的问题作出不予支持的答复。严禁借宗教招商引资，禁止违法违规设立功德箱，引导教职人员遵规守戒，抵制商业逐利和奢靡之风。坚持宗教的中国化方向，全面开展“国旗、宪法和法律法规、社会主义核心价值观、中华优秀传统文化”进宗教活动场所，提升宗教工作规范化、制度化、法治化水平。

说明：1.教别栏，简称佛、道、伊、天、基

江海区宗教活动场所情况表

表12

场所名称	教别	场所类别	登记机关及时间	负责人	教职人数	教徒人数	建筑面积（平方米）	占地面积（平方米）	地址
江门市雪峰寺	佛	寺院	江门市民宗局 2007.4.20	释明生	2	300	21000	66666	白水带风景名胜区
外海茶庵寺	佛	寺院	江海区民宗局 2011.2.1	释登觉	14	500	7847	92766	外海街道茶庵公园
外海法华庵	佛	寺院	江海区民宗局 2006.5.19	释严光	3	100	886	10867	外海街道莞草塘46号
外海清莲庵	佛	固定处所	江海区民宗局 2006.5.19	释安慧	2	80	300	150	外海街道沙津横塘边坊直街13号
外海基督教堂	基	教堂	江海区民宗局 2006.5.19	李炳光	2	250	182	203	外海街道直冲平安里涌边街1号
礼乐基督教堂	基	教堂	江海区民宗局 2006.5.19	梁务超	2	250	612	1338	礼乐街道英北民乐里162号

2. 场所类别栏，指寺院、宫观、清真寺、教堂或固定处所

3. 批准登记机关及时间栏，指2005年3月1日《宗教事务条例》施行以后设立的场所

4. 教徒人数栏，指在该场所经常参加宗教活动的教徒人数

街道

JIE DAO

外海

【简述】 外海街道地处江门市江海区东部，既是江门高新区、江海区发展重镇，也是江门市的“东大门”和“桥头堡”，连接珠三角核心区与江门主城区的重要节点。位置优越，交通便利。陆路方面，江中等4条高速公路贯穿全境，广珠轻轨江门支线在外海街道设置江海站。水路方面，是西江和江门河交汇点，外运码头、江门市港澳客运港口江门港设在外海街道西江河边。四通八达的交通网络，得天独厚的地理位置，使外海成为珠三角西部重要的交通枢纽。辖区面积47.1平方千米，有户籍人口5万人，流动人口6万人。辖村、社区21个。

【街道及村经济发展】 街道全年实现地区生产总值120.5亿元，增长8.6 %；规模以上工业增加值81.5亿元，增长12.5%；区域地方库收入8.8亿元，增长20.92%；经济税收财政收入8.8亿元，连续2年超过20%以上；固定资产投资84.8亿元；增长15%；社会消费品零售总额17.4亿元，增长12.4%；全年一般公共预算支出（含补助）完成2.6亿元，增长16%。街道总投资额9.73亿元的19项重点项目累计完成投资8.43亿元。引导村级集体经济逐步向商贸业发展，村级收入2.6亿元，其中麻一、东南村收入超过3000万元，清兰、南山、东升村收入增幅较大。原有闲置厂房面积1.95万平方米，年内盘活面积1.9万平方米，盘活率97%。通过农村集体“三资”交易平台完成交易332宗，合同金额4470.5万元，溢价率13%。

【环境整治】 全年投入1亿多元，加强辖区城市硬软件建设，修复社区主次干道和坑洼道路、打造示范道路、南方职院出入口道路、优化西江边及江边楼盘公路灯饰。新建社区公园5个。推进南山路、五邑路、连海路、江睦路等道路拆迁扩建项目。新增车位2400多个，升级改造农贸市场7个。建成并投入使用村级垃圾中转站15座，落实污水管网铺设工程和三线整治工作。清理各项垃圾、牛皮癣、户外违规贴挂、违建等整治行动2万多次，清理垃圾量5000多吨，开展商贩经营治理行动2万多次。新建和改造23座公厕。开展“爱家园”清洁行动30多次，开展各类整治行动215宗次，清理卫生死角1950多处，清运垃圾、杂物、杂草1100多车，垃圾量2100余吨。安装果皮箱30套，密闭式垃圾桶200个；对辖区“三乱”广告进行清理，清洗“牛皮癣”58379平方米、657263张。加大“四害”消杀和防控登革热工作，蝇类、鼠类控制通过市级C级考核，通过亿万农民健康省级督导和省卫生镇街复审。

【“河长制”工作】 街道辖区有河涌27条，总长62千米；湖泊1个，面积17万平方米；以上河涌均纳入河长制工作范围。成立河长制工作机构，各级领导成员分别担任辖区28条河流的街道级河长，20个村、居设立村居级河长和河道警长并成立“河长办”，建立街、村二级河长体系，共设立街道级河长13名、村级河长20名、警长21名、民间河长20名、河道专管员20名、民间志愿者84名，全方位建立“河长+警长+民间河长+专管员+志愿者”的治水管水模式。制订“河长制”实施方案和 “一河一策”方案、督查巡查制度、“民间河长”管理办法等，确保每条河做到河长职责、治理目标、工作举措“三明确”，加强联动，农业部门加强禽畜养殖户、农耕、渔政、森林、土地巡查和防护工作；城建环保部门排查企业废污水排放；水利部门开展河岸及水面垃圾清理，以清淤、护岸、引灌等方式净化河道，推进黑臭水体整治。全年开展巡河200多人次，排查污水口219个，清理河岸垃圾300多吨，拆除河岸露天垃圾池6个，清拆违章搭建和畜禽养殖污染源30多处。成立环保巡查队，部门联动整治“小散乱污”企业，关停取缔、整合搬迁和升级改造55家，打击违法建设行为，发出违建整改通知69份；关闭和搬迁禁养区养殖场66户，全面落实猪只清零。

【重点项目建设】 街道总投资额9.73亿元的19项重点项目累计完成投资8.43亿元，完成年度建设8项，分别为地尔汉宇、正亮电子、南方职院、实验小学、江新联围、现代照明、直冲工业园、直冲康复中心）；预计完成3项，分别为金溪实业、汇美电子、西江外滩；未能完成有珑山居项目。

【社会治安管理】 全年受理群众来信来访案件56件，按时办结率100%；受理12345政府服务热线1147件，调处矛盾纠纷189宗并全部办结。打击各类涉黑涉恶违法犯罪，全面排查涉黑涉恶案件线索，对涉稳、抗法事件组织专班重新梳理，排查违法线索38条，办结32条；刑拘75人，逮捕55人。推进“中心＋网格化+信息化”“平安铁路线”“雪亮工程”建设，搭建维稳信息“数据库”平台，全力解决劳资纠纷、征地拆迁纠纷。推进安全生产、消防安全隐患排查整治及食品药品安全工作，全面启动安全生产巡查APP系统应用。

【征地拆迁收地工作】 辖区的优美科二期、正大康地、奇德电子、国基项目等项目完成填土，南山路征地拆迁完成；江门一中附属初中、江睦路、一行路项目开展收地；江睦路（云沁路-高新路）扩建项目推进收地拆迁工作并完成收地90亩；推进连海路（五邑路—金瓯路）扩建项目征地拆迁工作；连海路、3号地人工河、东升路的项目已进场施工。五邑路外海大桥南北匝道工程和广中江高速公路南方职院桥下麦园公园现正建设中，职院出入口道路工程继续进行拆迁；西江外滩生态湿地工程一千米段动工。14个工作小组和1个厂房工作组加快推进五邑路扩建工程及民房拆迁协议签订工作，厂房部分签订拆迁补偿协议完成率92%；民房签订协议52间；征地部分签订协议3.942亩、交地200亩。

【农村社区治理】 为配合全区创建全国农村社区治理实验区工作，推进街道农村社区治理工作，成立工作领导小组，制订涵盖党建工作、乡村振兴、城市品质提升、经济发展、社会治理和廉政建设等6项工作任务清单，联系专家、学者探索治理方向，做好信息报送和宣传教育工作，年内选取麻三村、直冲村、沙津横社区和金溪社区作为试点村居，全面开始工作，至此，麻三村打造出城乡结合部治理特色、直冲村以党建以引领三治融和打造“村级样本”、沙津横社区夯实党建基础打造温馨如家社区中心、金溪社区打造出精致有序的幸福家园。

【“三清理三拆除三整治”工作】 为实施乡村振兴战略的决策部署，推动街道乡村振兴战略取得重大进展，年内全面推进“三清三拆三整治”环境整治工作，成立工作机构，制订工作方案，明确整治时限，把责任落实到各单位和17个村居，做好实地调查摸底登记工作，建立“三清理”“三拆除”“三整治”工作台账，实现“一村一册一台账”。街道、各村（社区）班子现场跟踪指导，落实巡查整治汇报制度，形成定期巡查、及时整治、每月汇报的工作机制；统一设立“三清三拆三整治红黑榜”进行考核，向基层整改单位施压。全年“三清理”916处，清理村巷道及生产工具、建筑材料乱堆乱放554宗，清理房前屋后和村巷道杂草杂物、积存垃圾1536宗、7826.41吨；清理沟渠、池塘、溪河的淤泥、漂浮物和障碍物125宗、5766 立方米；“三拆除”244处、6233立方米，拆除辖区乱搭乱建、违法建筑和违法设置商业广告、招牌和设施。拆除中央粮库附近、东宁村海沁沙河边、沙津横村二凌岭河桥梁和前进村轻轨桥底的违章建筑等；“三整治”165处，其中整治生活垃圾44处，整治水体污染51宗，整治垃圾乱扔乱放461宗，整治污水乱排乱倒79宗，整治“三线”（电力线、电视线、通信线）乱搭乱接79宗、长度9236米。

【教育】 全年投入5000多万元，强化教育卫生文体资源，其中外海实验小学如期开学、中路小学新教学楼、麻园中学运动场竣工使用；结合街道中小学教学管理实际情况，巩固“创强”成果，推动外海教育均衡优质发展，通过教育强街复评，举办初中高中教学成果交流会，表彰在2017年中获得优异教学成果的单位和个人，颁发教学成果奖金1485000元，举办一系列形式多样的文体活动。

【文化体育】 为做好传统文化的传承和保护工作，编印《人文外海》宣传小册子；举办2018年江海区小学生“开笔礼”暨五邑传统优秀家训诵读活动；开展“小朱明洞”“龙溪第一泉”等不可移动文物的保护和开发工作调研。开展各类文体活动，在五大祠广场举办南狮表演赛、曲艺、武术专场晚会5场，春节期间分别举办“贺岁杯”男子篮球赛、“贺岁杯”乒乓球赛；开展十分钟文化圈活动，举办广场大明星活动10场，周末大舞台活动4场，图书馆文化沙龙活动4场。年内继续完善和增设辖区体育设备，完成24小时自助图书新增及维修健身器材57件、室外乒乓球台9张、篮球架3副。

【村级慈善联谊会】 2012年4月6日登记成立外海慈善会，通过多种形式募集慈善资金，累计募集800多万元，定向捐款400多万元。辖区21个村居均成立慈善联谊会，在已经成立村社区慈善联谊会11个的基础上，年内增加8个。七年来，共支出120多万元为260名、户特困群众和因病返贫家庭度过生活难关；支出48余万元为240多人次提供助学帮扶，并发动各村居、企业通过定向捐款的形式给学校开展捐资助学和奖教奖学；每年为困难群众和孤寡老人送上慰问，举办重阳敬老活动、健康讲座等。

【村社区简介】 麻一村 位于江海区中心地域，背靠白水带风景区，南接江门市高新技术开发区和江海区人民政府行政中心，东面距离西江2千米。辖区面积406.668亩，有14条自然村，常住人口11288人，其中户籍人口4469人，外来人口6819人。有农贸市场1个、灯光运动场2个、露天剧场1个、文化活动室，学校和幼儿园各1所、卫生所1个、公园5个。区内工商企业40家落户。2018年，村集体经济收入3034万元，人均分红2820元。

麻二村 街道位于以南，东接麻一村，南接五邑路、中心路和江门高新区，西连麻三村，北接白水带风景区。全村占地面积3.37平方千米，其中村庄占地面积33.0827公顷、山林29.411公顷。有户籍人口926户、2706人，流动人口3169人。辖下村民小组4个，由上街里、石塘里、正埠里、高地里、安和里、中心里、安怡里组成。麻二村居麻园中心，因盛产麻，乡民善纺织，而将居住地取名麻园。麻园一向以林、李、马、梁、周姓为辖治，1949年以后曾划分为5个社，20世纪60年代初麻二社和中环社部分划为麻二大队。姓氏以马、汤、陈、刘、柳姓居多。下辖村民小组4个。村内有电网、水网、路网、通讯网、市场、灯光运动场、老人活动中心、学校、幼儿园、卫生所、公园等基础设施，村经济收入以物业出租为主。2018年，村集体经济年收入2300万元。

麻三村　位于街道西南，距街道办事处5千米，东接麻二村，外滘公路经过麻三村，江翠路贯通全村。由古巷里、社前里、安定里、文石里、湾底里、元山里、环溪里、仓前里8个自然村组成，　下辖村民小组10个，占地面积3.6平方千米。有户籍人口1050户、3785人。村内有银泉小学，老人活动室4间，长者饭堂1间，幼儿园2所，文化室1间，卫生站2所，公园6个，游泳池1个，客运车站1个，篮球场4个，大型农贸市场2个。每年农历九月初九重阳节，全村举办重阳敬老聚餐活动；农历新年在游泳场内举办全民徒手捉鱼大赛和篮球比赛。2013年，获得广东省卫生村和标兵文明村称号。2018年，村集体经济年收入4100多万元，人均分红6600元。

南山村　位于街道中部偏西，北面毗邻白水带风景区，东南临江门高新区；村南紧邻城际轻轨，五邑快速干道贯通村中，南山路贯穿村西北直通广中江高速，东面有江海路经过。村下辖村民小组5个。总面积1.6平方千米，常住人口1830人。2004年全村已经没有耕地。村经济以发展工业、出租工业用地、建厂和商铺经营为主，村级工业有酿酒、纸品、家具、led灯具等。建有南岗新村，乡村道路水泥化，装有路灯150盏。有文化室、幼儿园、老人活动室各1间。村内南山小学2002年并入麻一小学。村内有南山祖祠1座、昭武将军庙(昭武庙)2座、碑刻“心池”、光风艇津遗址和非物质文化遗产太虚拳宗师伍雪波故居等历史遗迹。村内组建龙狮武术队、舞蹈队、篮球队等。南山村先后被评为江门市宜居村、生态村。2018年，村集体经济年收入1600万元。

东南村　位于街道东南方，距街道办事处0.7千米，北接东升村，西与金溪、南山村接壤，有外滘公路、五邑公路经过东南村。村内有下街涌、大沥河流经。由波罗苑、常兴社、桥上里、桥下里、南安里、南华里、云祥里、云林里、唐家环、雄文里、书声里、三里、常兴村等13个自然村里组成，辖有常一、常二、常三、常四、常五、桥安、桥上、南华、三里、云林、雄文、红星等村民小组12个。辖区2.6平方千米。户籍人口4103人。有耕地352亩、鱼塘1580亩，主种蔬菜、水果、花卉，兼养塘鱼。村级工业企业有胶花丝、海棉、塑料、制衣、纸箱、电子、灯饰、五金、玻璃制品等。建有常兴新村，村内有广东南方职业学院1所、东南小学1所、东南幼儿园1所、老人活动室1间，图书室、文化室、卫生站各1间。小公园5座、全村道路水泥化，装有路灯298盏。民主革命先驱陈少白故居位于南华里。今存外海龙溪第一泉、华光庙和梅间伍公祠。2018年，成立东南慈善联谊会。2014年，获得广东名村称号。2018年，村集体经济年收入3297万元。

石鹤利社区　位于街道北部，距街道办事处1.5千米。北临西江，南接金溪村，东与清兰、四大社区和直冲村相邻。江海路在经过村中。由石涌里、鹤湾里、利亨里3个自然村里组成，辖居民小组1个。辖区面积0.8平方千米。有居民848人。村级工业企业有五金、塑料、饮料、灯饰、针织、汽车维修和房地产开发等，村级经济来源主要靠物业出租为主，工业区内有企业52家。社区内有幼儿园、文化室、老人活动室、公共厕所各1间，小公园2个，党建广场1个。社区内道路水泥化部分铺设沥青，装有路灯80盏。2016年，被评为广东省宜居社区。2018年，被评为广东省卫生村。2018年，村集体经济收入310万元。

四大社区　位于街道北部，距街道办事处0.3千米，北与清兰社区、东与沙津横社区、南与直冲村、西与石鹤利社区相连，靠近外海市场，区内有中华路、大康路和杏林路，区内有下街通流经。由太康里、仁和里、建福里、仁厚里、板樟门、南畔岭、新丰里、围美里、回龙里、泗龙里、乌衣巷、杏林路、中华路、杏林下路等14个自然村里组成，辖下居民小组4个。面积1.5平方千米，有户籍人口200户、619人。四大工业园有企业80余家。村级企业有电子、电池、织造、泡沫等并出租厂房。是年，区内新铺设围美大道、南畔岭大道，整治地下水道700米，装路灯100余盏。社区内有四大老人文体活动中心、昱泽幼儿园、博文托儿所、中心小学。社区先后获得江门市文明社区和外海街道信息大道光纤示范社区等称号。2018年，村集体经济年收入447万元。

沙津横社区　位于街道东北部边沿，距街道办事处1千米，西江从东北流经。社区中有中华大道，西北、西南分别与清兰、四大社区和直冲村接壤，东有蓬江纸厂。由松园里、北临里、南临里、中临里、窑塘里、石嘴坊、塘边坊、一岭、二岭、横沥等10个自然村里组成，辖下有居民小组10个。占地2.5平方千米，常住人口3927人，流动人口1593人。村级企业有50多家，包括五金、制衣、纺织、皮具、漂洗、电器、印刷等行业。社区内有小学1所，幼儿园、图书室、文化室、老人活动室和卫生站各1间，并有小公园5个，街巷道水泥硬底化，装有路灯130盏。今存懒云陈公祠、潘氏祖祠和六榕台古迹。社区综合大楼改造成为党群服务中心，并有同善社工服务中心公益机构进驻，成为社区、社会组织和社工联动的的社会服务综合平台，是省级居家养老服务示范中心。社区先后获得广东省宜居社区、全国综合减灾示范社区、江门市卫生村等称号。2018年，村集体经济年收入1000万元，人均年收入1950元。

清兰社区　位于外海街道东北偏北，距街道办事处0.8千米。西江从区北流经，社区中有中华大道，北有外海发电厂，西与石鹤利社区相连，南接壤四大社区，东与沙津横社区连接。由缯湾里、上湾里、北华里、阳山里、更铺里、更兴里、青龙庄等7个自然村里组成，辖下有居民小组4个。面积0.8平方千米。有户籍人口315户、1072人。社区有工业园一个，企业有灯饰配件厂、印刷厂、电子厂、床垫厂、煤场等并出租厂房。社区内设有图书室、文化室、老人活动室各1间，小公园2个。社区内的沙清小学于1989年改名为陈伯坛小学。今存有五逢陈公祠。街巷道路水泥硬底化，装有路灯，下水道改为暗渠。2018年，村集体年经济收入465万元。

金溪社区　位于外海街道西部，距街道办事处2.6千米，北临西江，南与南山村相连，西南靠后门山，江海路从社区中经过。由中仓里、东仓里、西仓里和金溪新村组成。辖区面积1.53平方千米，常住人口343户、1014人，外来流动人口3777多人。社区办企业有江门市金溪制氧厂和江海区江星化工厂。另有制氧、化工、五金制造、汽修等行业。设有幼儿园、老人活动中心、文化室、卫生站各1间，篮球场1个，羽毛球场2个，小公园5个。实现道路水泥硬底化，装有路灯100余盏，95%的楼房为近年新建。今存有关山陈公祠、五常陈公祠。2018年，村集体经济年收入1713万元。

直冲村　位于街道腹部，东连沙津横社区，北接中华大道，南邻中路片，西与东升村、四大社区相连，毗邻江门港澳各运码头，靠近外海大桥。辖区面积5平方千米，村内有下街涌、直冲河道。由东华里、永安里、龙安里、上楼前、东安里、平安里、荔枝围、西安里、西园里、仁美里、工业大道、深堂、游心亭、松茂里、大塘里、洗布里、前进路、石龟里、上街、下街中路、下街、曲尺、蕉地、沙地等24个里组成，下辖村民小组19个。有居民1874户、 5457人。辖区内有幼儿园1个、老人活动中心5个、卫生服务中心1个、小公园2个。近年来，增设"一场（党建广场）一桥（龙溪桥）一站（新时代文明实践站）一馆（龙溪羽毛球馆）四长廊（四条文化宣传长廊）"。今存有平壬陈公祠、可南陈公祠、蒸育陈公祠、瑶琳陈公祠和敬禾堂、遯（遁）舟祖祠。全村实现道路硬底化。村集体经济收益主要是通过"众筹融资、集约用地、筑巢引凤"的方式，盘活利用留用地建厂房进行招商招租。直冲村先后获得江门市第六批妇女儿童之家示范点和江门市第六批儿童友好示范社区（村）称号。2018年，村集体经济年收入4838万元。

东升村　位于街道北部，距街道办事处0.3千米。北接四大社区，南与东南村相连，西与金溪社区接壤，江海路在村边经过，有下街涌在村中经过。由东升街、升堂里、大园坊、上下过浅等4个自然村里组成，下辖村民小组8个。有户籍人口户数472户、1989人，2017年11月30日为全征地村。村内有幼儿园、卫生站、老人活动室各1间， 原有小学1所，2002年8月并入外海中心小学。道路水泥硬底化，装有路灯113盏，主要路口装有视频监控摄像头33个。现存有东滨陈公祠、南滨陈公祠、艾亭陈公祠和洪圣大王庙，原有陈巧真君庙曾作牛栏使用，现已拆除。2004年，乡人购一民房在东升街下路重建真君庙。重建东升村活动楼，通过招商引资引入临街商铺8间，经营包括娱乐、饮食、休闲和工艺加工等。2018年，村集体经济年收入680万元。

东宁村　位于街道东面，距街道办事处2千米，东临西江，北接直冲村，南与七东村接壤，外睦公路在村边经过并有中路河流经，由东宁社、老莺围、犁头咀、塞沥基、大放鸡、牛路石塘等6个自然村里组成，辖下村民小组7个。常住人口有1550多人。2017年实现全征地，有合计自留土地100亩、工业厂房3000余平方米。村级企业有工艺制品、塑料、海棉和油脂、小型餐饮服务业等。比邻前进、七东、七西等3个村，龙溪河之隔有中路小学。95%的民房为近年新建和改建的，全村道路实施水泥道路硬底化，并逐步完善辖区停车位规划，装有路灯300余盏。村内有卫生站、标准公厕、标准篮球场各1个，全村实现污水接入公共污水处理系统进行集中处理。

七东村　位于街道东部，距街道办事处3千米，北接东宁、南接七西。有外睦公路经村并有中路河流经。由七东直巷、海沁沙上、海沁沙下、桃江、七十亩东5个自然村里组成，辖下村民小组7个。面积1平方千米。有户籍人口500户、1750人。村级企业有五金制品、印花、海棉、家电、人造皮和灯饰等。与七西、前进、东宁3村合办1所中路小学。村内有幼儿园、卫生站各1间，老人活动室4间，街巷道路实施水泥硬底化，装有路灯600盏，新建、改建民宅320间。

七西村　位于街道东部，距街道办事处3千米，北与七东村相连，西与前进村隔河相望，东临西江，外睦公路在村沿经过，村内有中路河。由七西直巷、七十亩西、四十亩、旗尾等4个自然村里组成，辖下村民小组4个。面积1平方千米。有户籍人口395户、1459人，村级企业有塑料、电器、化工喷塑、玻璃工业等。农业为鱼塘和耕地。与东宁、前进、七东3个村合办1所中路小学。80%的民宅为近年新建。村内道路实施水泥硬底化，装有路灯200余盏。有幼儿托管中心、小公园、篮球场各1个。设有文化室、老人活动室、卫生站各1间。年内在盈丰新村建立文化体育活动公园，设有篮球场、羽毛球场、乒乓球场、儿童公园、体育活动设施、公共卫生间，其中建成篮球场、公共卫生间。2018年，村集体经济年收入489万元。

前进村　位于街道东部，距街道办事处2千米，北接东南村，东与七东、七西两村隔河相望。由塘冲堑、塘冲围、龙眼基、兰花围、沙罗滩、前进村等6个自然村里组成，辖下村民小组7个。面积2平方千米。户籍人口656户、2134人。2017年实现全征地，村级发展主要通过招商引资和出租厂房、土地。有6号地工业园和横海南工业园，主要厂企有五金制品、化工、家具等。村内建有中路市场和前进商贸城，全村道路实现水泥硬底化，装有路灯120盏。与七东、七西、东宁3个村合办中路小学1所。有篮球场2个、老人幸福院和居家养老服务中心、幼儿园、文化室各1间，卫生站1间。年内建成居家养老服务中心。2018年，村集体经济年收入600万元。

中东村　位于街道南部，距街道办事处6千米。东临西江，北与七西接壤。有外睦公路从村中经过，村内河涌纵横。1953年归属新会县第四区中路乡。由新南、住船、二冲、黄字、上石、中石、下石等自然村7个组成，辖下村民小组7个。面积1.8平方千米。居住人口8600人，其中户籍人口2545人。2014年实行全征地，从农业转向多种经济结构。对中东村内巷道、下水道进行改造，兴建文化体育广场，广场内设有篮球场、羽毛球场并安装多套健身器材及乒乓球台。2011年，成立中东龙舟协会，组织运动员开展各项龙舟运动。2015年，成立中东慈善联谊会，开展各项扶贫助困活动。年内建成江海区实验小学并投入使用。全村道路水泥化，装有路灯，90%的民房为近年新建。2018年，村集体经济年收入950万元，人均年收入3000元。

墟镇社区　成立于1970年1月，办公地点下街9号金居大厦首层。辖区面积4平方千米。有居民3164户、人口8339人。社区人口居住较为分散，遍布于外海街道各村、居，管辖范围包括中华大道（江门幼师至中国银行）、赤岭新村、昔园新村、利亨新村、翡翠华府、帕佳图观园、富景山庄、海滢雅苑等，面积2平方千米。

银泉社区　2009年12月成立，由银泉花园A、B、C、D、E、翠湖湾6个商住小区组成，位居江海区中心地段，面积1平方千米，绿化率40%。社区户数3306户，户籍人口3000多人，常住人口9000多人。辖区有商铺266间，其中有江海区创业扶持4H站1间和托幼机构3间。

永康社区　成立2013年10月，位于江海区金瓯路189号。辖区面积12平方千米，管辖范围东起龙溪路，南至礼乐自然分界河，西达永康路，北至五邑路，辖区内有：江海碧桂园、君汇熙庭、高新小区、新城雅苑、汇源新苑等住宅小区，有居民3200户、14000人，其中户籍人口2200人。社区设有公共服务站。

彩虹社区　成立于2013年5月，管辖范围东起西江沿岸，南至外海街道与新会区睦洲镇自然分界河，西达龙溪路，北至海逸华庭北侧。辖区住宅小区有海逸华庭、海伦湾、财富海景、奕聪花园、金海苑以及海伦心苑、海逸星宸、龙溪新城等。管辖范围为高新区清兰路、金瓯路、明辉路、江睦路、科苑路、科苑西路、科苑东路、浩瀚工业园、北苑路、LED产业园、彩虹路、高新东路、高新区34号地、中东云沁路、东睦路、创业路和连海路等属地厂企，新向阳海逸华庭国际幼儿园、新向阳奕聪花园国际幼儿园、英贝尔幼儿园和中港英文学校等。社区公共服务站在海伦湾7幢107铺位。社区户籍人口2950人，非户籍常住人口7940人。在册工商企业1149多家、“三小”场所800多家。2018年1月5日，成立彩虹慈善联谊会。

礼　乐

【简述】　礼乐街道位于高新区(江海区)西南面，东邻高新技术开发区和高新（江海）区综合服务中心，西接新会区，北跨江礼大桥通江门市蓬江区，南接新会区睦洲镇、三江镇，辖区面积50.4平方千米。下辖24个村和4个社区，包括英南、跨龙、雄乡、雄光、五四、东仁、东红、镇龙、英北、敬和、威西、威东、武东、乌纱、新创、新丰、新兴、新华、新民、向前、向荣、向民、向东、丰盛村委会；墟镇、文苑、文昌沙、中福社区居委会。办事处设在礼乐街道乐新街11号。2018年，辖区人口8.5万人，其中户籍人口6.8万人。街道先后获评全国和省群众体育先进单位、广东省教育强镇（街）、广东省卫生镇（街）、江门市发展镇（街）经济先进单位、招商引资先进单位和人口与计划生育先进单位、江门乡村旅游示范镇。

【街道及村经济发展】　街道实现地区生产总值32亿元，增长8.4%；规模以上工业增加值13.8亿元，增长35%；地方公共财政预算收入1.95亿元，增长42.78%；固定资产投资30.13亿元，增长20%；社会消费品总额20.1亿元，下降4.7%。街道三产比例为15:40:45，第二产业比重不断增加，经济结构进一步优化。长优三期、阪桥电子、春燕纺织、精美特机电、玛尔斯厨业、御澳食品等6个工业项目实际投资6.3亿元，投资完成率149.3%。

【基础设施建设】　五邑路扩建并进行新礼大桥、新民大桥的梁桩基础施工；礼乐路进行绿化迁移；东海路改线工程完成征收地工作;礼东路路基施工，工业路扩建工程通车，西一河、礼东涌清淤工程已经完成。“三旧”（旧城镇、旧厂房、旧村庄）改造及房地产项目的联合高峰汇一期开盘销售；星湖湾完成主体工程建设；文华豪庭二期办理施工许可证，完成基坑支护和基础工程建设。

【重点项目建设】　街道总投资额10.98亿元的19项重点项目累计完成投资14.16亿元，完成年度投资计划的129%，列入市重点范围的项目有精美特项目、玛尔斯厨电项目、阪桥电子材料项目、春燕纺织研发中心项目、长优（三期）项目、礼东路、礼乐路、江门纸厂“三旧”改造工程、广东联合化纤染织“三旧”改造工程、朗晴小学，年度投资7.13亿元，累计完成投资9.52亿元，投资完成率134%。

【教育】 街道有公办学校10所，其中完全中学1所、初中2所、小学7所，民办学校4所、幼（托）儿园17间；公办学校在校学生8715人，民办学校在校学生5803人；公办在职教师481人。礼乐中学入本科线188人，其中上优先投档分数线4人，本科上线率44.44%

【文化体育】 街道24条村和4个社区的综合文化服务中心通过验收。新民村、英南村、五四村、威西村、新华村和墟镇、文苑社区通过2018年江门市文明单位复评， 中福社区通过2018年江门市文明单位评选，威东村通过2018年江门市文明村评选。礼乐街道24小时自助图书馆启动运作。街道举办第14届LBA篮球赛，历时3个多月，参赛队伍近20支；举办中小学生三人篮球赛，春节期间举办村际篮球赛，并依托礼乐篮球协会举办寒暑假青少年篮球培训班。

【卫生】 定期开展爱国卫生、环境整治行动， 落实病媒生物防治工作，完善卫生规章制度，开展“门前三包”（包卫生、包绿化、包秩序）等方面检查评比工作。全年共组织各部门、单位、村、社区开展爱国卫生行动18次，病媒生物防制专题业务培训2次。投入8万多元，增设“四防”（防鼠、防蟑螂、防蚊、防臭）装置、果皮箱、垃圾桶、老鼠屋等环卫硬件设施，购买灭鼠药4200斤、灭蚊药23500斤，清理积水、鼠洞等病媒孳生地576处，药物消杀病媒生物面积37280平方米。落实清扫保洁机制，清扫卫生死角及无主垃圾废弃物965处，清理清运垃圾576吨，清疏淤塞下水道67648米。

【社会治安管理】 加强综合治理，深入开展扫黑除恶工作，建立线索摸排机制严厉打击突出违法犯罪活动，综治信访维稳中心受理12345政府热线1480件，全部办理解决；通过司法和人民调解受理的各类纠纷207起，调解成功207起，成功率100%。辖区各派出所以“飓风2018”专项打击整治工作为抓手，精心谋划，迅速行动，全面摸排，重点打击涉枪爆、盗抢骗、涉黄赌等各类突出违法犯罪活动。街道公安机关治安警情378宗，下降4%，其中抢劫类案件发案1宗，下降96.5%， 辖区未发生“民转刑”案件。

【人居环境专项整治】 街道全域开展人居环境整治，组织发动群众整治环境脏乱差，部署开展“三清理”“（清理乱堆放材料、垃圾、沟渠淤泥杂物）“三拆除”“（拆除危房露天厕所、违章建筑、违规广告）“三整治”（整治垃圾、污水、店里电视通信三线）农村环境整治，并选取五个试点村开展美丽乡村建设。投入专项资金820万元，其中市级资金76万元、区级资金504万元、街道资金240万元，用于农村环境整治。累计完成“三清理”12799处，其中清理杂草杂物、积存垃圾22524吨和淤泥、漂浮物、障碍物10419立方米；“三拆除”861处，4.03万平方米；“三整治”761处，其中整治垃圾乱扔乱放514处；整治污水乱排乱倒196处；整治“三线”乱搭乱接51处，整治长度1.38万米。新建成二类标准公厕14个、完成升级改造14个。丰盛村人居环境整治成为江门市先进典型。

【巡河督导常态化】 严格落实街道级河长每月巡查不少于1次、村级河长每周巡查不少于1次、河道巡管员日巡查制度，保障辖区河道安全、洁净。全年，街级河长巡河检查240次，村级河长巡河检查1188次，各村针对辖区内河流整治问题个数335次，全街道巡查河流1400条次。

【河道“五清”专项整治】 全年开展河道“五清”（清污、清漂、清淤、清障、清违）专项行动，累计投入资金共2600多万元，出动4800多人次，清理违章构（建）筑物和堆积物130多宗，清拆平整面积110728.95平方米；辖区排污口合计140宗，排查登记入河排污口75个，整治入河排污口39宗；清淤河道12.8千米，河道淤泥清理量31000多立方米；水浮莲清理面积150多亩，河道垃圾清理量2090多吨；清理阻碍行洪的障碍物120多宗，清理量15800多立方米。通过“五清”专项行动，对河道清违行动对河岸管理范围内违建物、堆场的整治，全街道河流生态综合治理工作成效显著。

【平安村居网格化管理】 深入推进平安细胞创建，充分发挥平安细胞示范点的先进示范作用，着力抓好平安村(社区)、平安医院、平安校园、平安企业等重点地区、重点行业、重点领域平安细胞的创建，确保平安细胞创建实现全覆盖。继续加大创建“平安村居”网格化管理，实现综治中心+网格化+信息化管理，通过信息化手段提高综治管理效率和水平，让社会主体共同参与社会治安综合治理。

【社会组织联合会成立】 2018年7月，经江海区社会事务局批准，成立江门市江海区礼乐街道基层社会组织联合会，为江门市首家登记注册的街道级社会组织联合会，倡导以社会组织服务社会组织的枢纽型组织。有会员40家，主要分布在慈善联谊、社会服务、文体教育、行业服务和科学研究等领域。业务范围包括社会组织合作交流、组织和人才培养、政策引导、行规规范及理论研究等，并接受政府部门委托承接有关社会组织资格初审、信息档案、交流培训和联络服务等公共服务工作。

【农村社区治理】 推进全国农村社区治理实验区建设，把农村社区治理结合乡村振兴战略、美丽乡村建设等重点工作统筹推进，以创新“三社联动”体制机制为工作主线，推进“三治”（法治为核心、德治为基础、自治为主体）融合，努力创新社区治理模式，构建打造共建共治共享的社会治理新格局。年内率先推进英南村、新华村、丰盛村和向东村为试点，各试点村通过努力提升环境、硬件设施，强化自治，社区服务实施专业化、社会化。4月2日，江海区建设全国农村社区治理实验区现场会在礼乐街道英南村召开，省民政厅副厅长陈启蒙和江门市政府、市民政局有关负责人参加。

【村社区简介】 英南村　位于礼乐街道的南部，距街道办事处0.5千米，东北邻东红村，西接跨龙村、东仁村，南临南冲公路、环镇路及南环公路。辖区面积2.09平方千米，耕地面积2163亩。村民人口2164人，农业户554户，设有村民联络小组7个。有厂场企业39家，商铺8间。其中位于英南村的稌稼生态园成为江门田园风光休闲乡村旅游的典范，每年吸引游客30多万人前来采摘蔬果、体验农耕文化。建有12600平方米的文化体育广场，设置“一站式”公共服务平台、“侨都之窗”24小时自助服务终端、免费无线WIFI等，实现社区居民“家门口”服务。村集体经济年收入98万元。

跨龙村　位于礼乐街道南部，距街道办事处0.5千米，东邻英南村，西邻雄乡村，北邻雄光村、东仁村，南面田园，由护龙里、忠心里、南安里、东胜里、南胜里、西安里和龙兴里组成，全村面积1.6平方千米，有36姓，较大的有张、李、林、胡4姓。村民人口2450人，564户，下设村民小组8个。村集体经济年收入70万元。村内有河涌横贯，分为一河两岸，跨龙桥伫立在河涌上方，为单拱石桥，南北走向。红砂岩砌筑起拱，拱长13.8米，宽3.8米。跨拱5米，桥面栏板以望柱相连，建于清代乾隆二十五年（1760年）。村内建有学校一座，座落村东南角，前身为礼乐书院，新会知县文廷杰在清代道光四年（1824年）创建， 1980年，更名礼西中学，现称礼乐街道第二初级中学。

雄乡村　位于礼乐街道西南面，东邻东仁村，南接跨龙村，北接雄光村，由西贤里、西兴里、源兴里、汇龙里、南龙里和兴龙里组成，有梁、陈、谭、李、周、区、刘、廖诸姓村民聚居，大姓为梁姓。全村507户、2172人，下设村民小组8个。总面积1.5平方千米，其中耕地面积2350亩，村内主要以农业为主，种植水稻、甘蔗、水果、蔬菜，兼养塘鱼以及南美白对虾。村集体经济年收入53万元。完成西贤里旧巷改造工程、梁家围冲口至南龙里河边石堤工程和东方红文体广场工程，建成文化活动中心和农家书屋，有篮球场、乒乓球台、羽毛球场、象棋桌等活动设施。

雄光村　位于礼乐街道西南1500米、礼乐中心市场西侧，西与田围接壤，东与中心市场为邻，南接雄乡村、跨龙村；北与墟镇社区园林新村、敬和村为邻。全村宅基地面积150亩，耕地面积2045亩。村民人口2068人，487户，男性994人，女性1074人，下设村民小组6个。主要农作物有水稻、番薯、蔬菜、甘蔗、新会柑等。水产养殖主要有南美白对虾、桂花、泥鳅四大家鱼等。村内设有文化活动室、图书馆、老人活动中心、部分户外健身器械。有篮球队、龙舟队一支，幼儿园1所。村集体经济年收入591253元。

五四村　位于礼乐街道西部，东临张围河，西临江门水道，南邻雄乡村双桓围，北邻新民村。辖下村民小组6个，由礼和里、龙滘里、逢兴里、聚龙里四个里组成。全村面积1.25平方千米，绿化面积3400平方米，住户900户、人口3500人。村内有阳光学校（原为五四小学）、卫生站、老人之家5间、篮球场3个、休闲、健身绿化公园两个，村东河旁修筑长1.2千米、高3米的五四围堤，并铺设长1.2千米、宽7米的水泥路。五四村大道美化绿化较好，每年端午节，礼乐龙舟在张围河五四河段竞渡。

东红村　东临环镇路工业开发区，南接英南村，西邻东仁村，北靠英北及镇龙村。由攀桂里、叶兴东里、叶兴西里、东兴里、英东里组成。有谭、吴、周、谢、刘、邓、梁诸姓村民聚居，大姓为谭姓。全村总面积2.2平方千米，户籍人口602户、2602人。辖下村民小组9个。特色农业以果蔗、蔬菜、水稻种植为主，兼花卉种植及鱼、虾水产养殖。村集体经济年收入80万元。东红村有天字组和桃果红组两组龙舟。村内有距今已100多年历史的谭氏家塾；建于清代乾隆四十四年（1979年）的南溪桥的旦拱桥，桥长207米、宽2.5米、跨拱4.8米，花岗石砌筑起拱，桥拱上方中侧阴刻楷书“南溪桥”三字，字长、栏板与望柱连接，上落均有15级台阶。

东仁村　位于礼乐街道长兴街和新街东西两侧，其中还有庙前街（今立新街）和龙朝街。东有中心河与英北村隔河相望，西邻雄光村和雄乡村，西南邻跨龙村，南有庙前河与东红、英南隔河相望，比邻礼乐街道办事处旧址和威西村，还有两里飞地东邻镇龙村，西邻英北村。村东是东仁里，村西是芳兴里、福禄里、新城里。东仁村的姓氏有谭、陈、李、邓、黄、区、林、刘、梁等，较大的姓氏谭姓源流于南雄珠矶巷，陈姓源流于南雄珠矶巷、荷塘荔枝基，李姓源流于杜阮松园。全村总面积1900亩，耕地面积1600亩，491户，总人口2068人。特色农业以果蔗、蔬菜、鱼塘为主。工业以印刷业、食品加工，如发记腊味厂、杉竹等。村集体经济年收入71万元，人均收入13500元。

英北村　位于礼乐街道东部，东邻乌纱村，西邻墟镇，南邻东仁村，北邻威东村。由民乐里、大社里、英盛里、兴盛里等4个里组成。有23姓村民聚居，以朱，陈，李，黄居多，有人口498户、2153人，附近有礼乐中心小学，英北文体公园，公园设有篮球场、羽毛球场、乒乓球场，大小厂房11家。以种养蔬菜、甘蔗和养塘鱼为主，全村总面积195338平方米，其中耕地面积1150亩。村集体经济年收入59.6万元，人均收入13000元。

镇龙村　位于礼乐街道东南部，由九如里、镇龙里、扳龙里组成，东临江海区东环三路，南临东红村一河相隔，西临东仁村，北临英北村农田，辖区面积1515亩，其中宅地面积149亩，耕地面积1366亩，耕地位于礼乐街道东南端。设村民小组4个，常住人口262户，户籍人口1080人。村内有篮球场、休闲公园、健身公园、休息凉亭、老人活动中心、卫生公厕、卫生站等基础设施。集体经济以出租厂房、耕地、鱼塘为主。村集体经济年收入54万元。是年，被评为基层群众自治示范村居、广东省卫生村。

敬和村　位于礼乐街道中部，东至威西村，南至雄光村，西至五四村，北至新创村。由张围里、月塘里、敬和里、祈丰里、新塘里、金和里、祈新里、新和里组成。全村总面积1.98平方千米，其中耕地面积2564亩，住宅面积300亩，有房屋1850间。有村民小组9个，常住户籍人口4112人，常住人口905户。有21个姓，较大的有区、麦、张、吴4姓。主要以种养植业为主，甘蔗、柑橘、各类蔬菜瓜果等农作物分布礼东片和礼西片等地方（沙腰围、莳菇洛、第一洼等）。村集体经济年收入82万元，人均收入1万元。内建有卫生站、童乐幼儿园、平安公园和颐养居等。

威西村　位于礼乐街道中心地带，东邻威东村，西接敬和村，南与旧礼乐街道办事处接近；另有新村位于乐祥东路南北两侧，乐中市场东面，环镇公路东西走向贯穿。辖区内有接龙里、迎龙里、聚龙里、东胜里、新地里、泗源里、南昌里、永胜里、永贤里、永盛里等10个里。户籍人口2315人，农业户551户，全村总面积1.5平方千米，其中农用地面积2104亩，大部分位于第四洸至老罗围之间，主要种植蔬菜、甘蔗、香蕉、花卉树木等；鱼塘面积1000多亩，集中老罗围一带，主要养殖南美白对虾、罗氏虾及小面积四大家鱼。是年，礼东逢见栈围垦造水田收地完成。村集体经济年收入80万元。威西村走农业、加工业并举发展的路子，村内有大型腊味加工私营企业11家、大型纸业制品工场4家。村内分别新建东胜里文体公园、新地里文体公园和平安公园，公园内设置健身器材、乒乓球台、象棋台和健身路径等。

威东村　位于礼乐街道中心，东邻乌纱村，南邻英北村，西邻威西村，北邻武东村，总面积2.24平方千米，常住人口812户、3150人，其中农业户口人数674户、2840人。年内完成巴期夫项目及上市企业集聚园区的征地。全村集体经济年收入120万元。村通过上级补助和自身筹集资金，建成威东村中路里文化活动中心，并对村内的巷道及下水道进行改造升级，对威东村六小组、威东村址侧的2座公厕的升级改造。

乌纱村　位于礼乐街道中心地段，东面为武东水田，以乌纱桥冲为界，南面为镇龙村，以公路冲为界，西面为威东村，以乌纱村冲为界，北面为武东村水田，以乌纱冲为界。以曾、区、胡、付、邓姓居多，有390户、户籍人口1862人。农业以种植业和养殖业为主，甘蔗、香蕉、蔬菜、树苗分布在乌纱纳谷围、青头洲、沘浪农田地区；养殖以四大家鱼为主，分布在礼东鱼塘地区；工业发展以化工、腊味制品、五金制品、饮食等企业为主，分布在乌纱村东边围工业区、礼东工业园、乌纱咀工业区等。辖区内总面积1.6平方千米。年内建设四组小公园（园内加设多种健身器材、绿化休憩场所）、一组休闲绿化场所，升级改造乌纱村文化公园和篮球场。村集体经济年收入329万元，人年收入15500元。

武东村　位于礼乐街道礼西片北面，东邻睦洲水道，西接威东村、威西村、新创村、新华村等；南接威东村、乌纱村；北至睦洲河道。环镇公路与乐祥东路贯穿于东西与南北。辖区内有益兴里、茂隆里、东隆里、仁厚里、东和里、仁和里、仁家里、兴隆里、刘家里、天福里、广丰里。全村总面积3.2平方千米，其中耕地面积1510亩，鱼塘1100亩。全村1682户、5057人，男性2414人、女性2643人。经联社内有企业110多家，主要为化工、腊味制品、厨具、五金制品企业。有小学1所、幼儿园1所。年内村惠民工程-东乐苑（农民公寓楼）项目完成交楼入住。村集体经济年收入400万元，人均收入12000元。

新创村　位于礼乐街道西北部，地处江礼大道边，东南北三面分别与武东、威西、新丰等村相邻。全村有丰安里、建安里、沙咀里、新安里和永安里等5个里。有陈、李、区、张、黄、何、谭、黎、邓、吕、吴、梁、林、胡、杨15姓。常住人口2213人，村民总户数381户，户籍人口1802人。其中男性869人、女性933人。全村总面积1.07平方千米，农业用地面积1300亩，其中鱼塘面积475亩，花卉面积80亩，其余耕地以种植瓜菜、果蔗和薯类为主。养殖南美白对虾面积160亩，其余鱼塘面积以四大家鱼和鱼花为主。村集体经济年收入86万元。

新丰村　位于礼乐街道北面，东邻武东村，南邻新创村，西靠礼乐大道，北邻新兴村，有三福里和流沙里，三福里东邻武东村，流沙里位于江海区礼乐东部，南有珠三角环线高速，西邻胜利南路，东接东海路，北面南船滩环绕，与在建的明泰江海新城隔河相对。常住人口353户、1530人，外来流动人口500人。2018年，年满60、70、80周岁以上的老龄人可分别享受到每人每年1200、1800、2400元的生活补贴。年内在流沙里兴建一座二类标准厕所并翻新美化附近80年代比较红火的辗米厂外墙，对水闸和泵房周边河道修建安全护栏，种植绿化，并增添家风家训挂画。村级集体经济年收入400多万元。

新华村　由睦洲水道分割为二大板块，礼西片东邻武东村，南接新兴村；礼东片位于江海区政府南面。土地面积1400亩，下辖村民小组6个，常住人口2180人，户籍人口360户、1547人，农业主要以鱼类养殖为主，分布礼东片永茂围、东升围、暗洲围，礼西片工业园区以五金、电器加工、腊味加工为主，礼东片以礼睦路田园饮食街带动商业发展。2018年集体经济收入320万元。

新兴村　位于礼乐街道北部，东邻新华

村，以石敢当河冲为界，南相连新丰村，西靠江礼公路，北至礼义路，全村总面积1.1平方千米，其中耕地面积678亩，村委会在西兴里37号。村民人口366户、1678人，下设村民小组4个，外来人口326人，村民居住分布在仁让里、西兴里、纸扇里、仁兴里。主要姓氏有陈、谢、李。村集体经济来源靠土地、鱼塘出租，村民收入来源多为本地务工、个体经营、房屋出租。村集体经济年收入400万元。

新民村　地处礼乐街道北面，毗邻江门市蓬江区。村委会下辖村民联络组7个，人口4360人，农业户1067户，总面积3000多亩，其中耕地面积798亩。工商业用地619亩，公益事业用地560亩。江鹤二期高速公路和环市二路（五邑路）等贯穿村内，广珠城际轻轨礼乐站设站在村中心。村委会先后投资用于厂房、商铺建设和投资环境建设以及基础设施建设。建有工业区3个、饮食服务区、商业区1个，建成标准工业厂房55000平方米及商铺42000平方米，引进外资、民资企业和个体400多家。有村民活动中心，中心内配套健身室、图书室、娱乐室、音乐室、保健室、曲艺室等功能设备室；占地面积33亩的文化体育公园，园内有篮球场2个、羽毛球场2个、舞台和儿童沙池1个；面积7197平方米的综合市场、农贸市场；新民小学、新民幼儿园和医疗卫生站。村集体经济年收入2351万元，人均收入16510元。

向前村　位于礼乐街道礼东礼睦路中心地段，东邻向民村，南邻新创村农田、向荣村，与礼东市场接近。周围有礼睦路、礼东大桥、南环路至京珠高速等重要交通道路。礼乐主灌河贯穿全村，以西为村民居住点，以东为向前村农田。全村由大利里、瑞利里组成，村民共20姓，以梁、区、陈3姓较多。有农业户365户，村民人口1530余人，总面积1.5平方千米，其中耕地面积1100亩，以种养水稻、蔬菜、甘蔗、水果和养塘鱼为主。村内有党群服务中心，内设有会议室、娱乐室，图书室及文化娱乐健身活动设施；向前老人幸福院、篮球场、党建公园。村集体经济年收入250万元。

向荣村　位于礼乐街道东南部，东、北靠礼睦路，西接睦州水道，由天成里组成，有22姓居民在此聚耕，大姓有陈、李、吴3姓。常住人口230户、1150人，村域面积1200亩，耕地面积450亩，以种植甘蔗、瓜果蔬菜为主，工业用地面积140亩。辖区内有各类企业40家，以五金制品、塑料加工为主。建有向荣村党群服务中心、村级卫生医疗站、人口文化公园、老人之家和篮球场等公共设施。村内大路、巷道已全面实施硬底化，道路两旁栽树种花、并装上了路灯，网络、通信、电力、自来水全面覆盖。村集体经济年收入200万元，人均收入12000元。

向民村　位于江海区东南部，东与丰盛村相隔，南与向荣相近，西与向前村相邻、北与礼东青年堤外海相望。辖区下有村民小组5个，全村共有500户，户籍人口2254人，其中男性1130人、女性1124人。世居村民主要姓氏有李、陈、区姓。村总面积1.5平方千米，其中耕地面积1810亩，农业经营以种植水稻、甘蔗、蔬菜及柑、桔为主。2000年起，引进巨峰葡萄品种种植，发展至今葡萄种植面积700多亩。全村路边集体用地全面铺设水泥，主干道路两旁建有花圃。村级集体经济年收入70万元。

向东村　位于礼乐街道东南面，离街道办事处7千米、离江海区政府8千米，全村总面积3068亩，耕地面积2000亩。东至新会区睦洲镇，南至礼东大围堤，西至威西村，北至丰盛村，全村设村民小组7个， 549户、2549人。以种植桃花、菊花等花卉和蔬菜为主要农产品，以桃花村作为“一村一品”品牌。辖区内有江海博雅学校、医疗站、幸福院，有慈善联谊会、桃花协会，桃花种植耕地，企业工厂22间。先后获江门市卫生村和科技兴农先进单位等称号。村集体经济年收入147万元。

丰盛村　位于礼乐街道东部，距江海区7千米，直接礼睦路，有自然村2条，总面积0.7平方千米，总户数235户、总人口985人，有工业厂房3万平方米，企业12家，主要经营食品凉果、五金加工和汽车零配件。农业耕地850亩，主要生产无公害蔬菜、葡萄、番石榴、香蕉。公共基础设施有医疗卫生站、老人幸福院、篮球场、公园和健身器材。年内筹集资金140多万元，完成村内一河两岸500米砌石堤、重修水泥路项目。年内被评为江门市乡村振兴示范村。村民人均年收入1.5万元。

墟镇社区　位于礼乐街道中心，辖区范围东靠东仁村，南靠东红村，西靠雄光村，北靠威西村，社区面积0.302平方千米。常住人口和外来人口5454人，居民大部份主要居住在24个自然村，一部份居住在解放路、长兴街、新街、园林新村、乐陶苑、文华别墅、乐祥路、礼乐三路、礼乐二路等，社区人口分布较散。辖区有厂企68家，住宅小区3个，平房60多间，中学1所，小学2所，幼儿园3所，有乐中公园、颐晚园、康乐园、会堂广场、图书阅览室和曲艺室，并设有健身器材。

文苑社区　位于礼乐街道北部，辖区面积0.35平方千米，成立于1997年。辖区范围包括文昌花园、文锦苑二个小区域。东邻文昌沙社区，南邻新民村，西北面邻中福社区，有楼房243幢，居民户数4500户、13200人，其中户籍人数4850人，外来人口8350人。社区配套设施完善，有文昌幼儿园、蓝天幼儿园、农业银行、融和农商银行、建设银行自助点、超市、宾馆、派出所、社区卫生服务站等。社区内设有标准篮球场、法治文化公园、居民活动中心、儿童活动中心、健身广场、健身器材设施等。

文昌沙社区　位于礼乐街道北面，东邻江睦河道，西接文苑社区、新民村；南接新华村、新兴村；北至江礼桥，连接江门市蓬江区。主要管辖纸厂新村、礼乐一路、文兴苑小区、文耀苑小区、五邑路、乐平街、乐安街、文盛花园、礼义路至北头咀桥，辖区面积面积1平方千米。社区在册户数2978户，常住人口数5563人。社区办公楼面积550平方米，内设社区党群服务中心、社区公共服务、义工服务站、党群会议室、卫计服务室、调解室、民兵营、人大代表工作室、社区图书室、防灾减灾办公室、社区微型消防站、妇女儿童服务中心等。社区公园设有健身器材、健身舞台。辖区医疗设施有祥和门诊部，教育设施有朗晴小学。新建住宅小区有朗晴新天地、文华豪庭、万隆铭汇轩、联合高峰汇等。辖区有工商企业278家、农贸市场1个、个体工商户700多家。是年，被评为全国综合减灾示范社区和广东省宜居示范社区。

中福社区　成立于2015年，办公地点在帕佳图尚品楼盘13幢首层101号，江门新华纸厂对面，面积320平方米。管辖原中福（文锦苑1-28幢）、帕佳图小区、文昌中英文小区、利生车城、恒大御景半岛花园。辖区面积0.7平方千米，居民3237户、人口11300人。社区服务中心所有活动场所、基本设施全部免费向居民开放，设有党员义工服务队、居民志愿服务队、文昌中英文学校义工服务队、碧源污水处理有限公司义工服务队、中福慈善会等5支服务队伍。是年，被评全国防灾减灾示范社区。

江 南

【简述】 江南街道地处高新区江海区中心区域，城市核心区是高新区江海区政府所在地，政治、文化、交通、商贸中心，江南街道行政区域面积13.62平方千米，占全区面积1/8。常住人口83410人，其中户籍人口47486人，流动人口35924人，下辖社区居委会13个、经济联社2个和经济合作社14个。江南街道自然资源优越，呈“依山、傍水、多园”之态，东倚白水带风景名胜区，西环江门河及礼乐河，辖区内有釜山公园、白水带体育公园、渔山公园等；广珠城际轨道贯通其中，毗连江鹤、江中、广中等高速干线；东海路、胜利南路贯通南北，江海路、五邑路、金瓯路联系东西，胜利大桥、蓬江大桥、东华大桥、江门大桥、北街大桥等5座桥梁横跨高新区江海区和蓬江区，是两区往来的必经之路。辖区生活配套完善，有中学2所，小学5所，幼儿园9所，农贸市场5个，文体小广场23个。

【街道及村经济发展】 是年街道经济发展保持着稳中有进的良好态势。通过实施“优二进三”（优化第二产业，引进第三产业）战略，对科恒公司等有优质规模以上工业企业进行固本提质，对辖区重点三产载体优化培育发展，街道产业结构升级成效显著，服务业占经济总量的比重提高至60%。全年完成地区生产总值40.85亿元，增长6%；完成规模以上工业增加值17.96亿元，增长9.9%；完成社会消费品零售总额13.74亿元，增长3.5%；完成固定资产投资33.72亿元，增长18.7%；完成进出口69.24亿元，增长3.8%；完成区域地方库收入32765万元，实现正增长。

【基础设施建设】 积极落实市、区关于西江沿岸品质提升的统一工作部署，基本完成城央绿廊纵深4平方千米的示范段建设任务，其中江海一路、桥南大道和白水带大道改造提升工程、江南路沿江建筑外立面改造提升工程竣工，江南路“四道贯通”及全要素提升、白水带体育公园建设、釜山公园提升改造等工程即将竣工。投入1100万元，升级改造江南公园和江南文化广场；投入2700万元，完成4个农贸市场升级改造，新增社区周边停车位2200个，粉刷楼道1463个，完成道路坑洼修复、花圃硬底化128处。

【重点项目建设】 街道负责的年度44项街道级重点工作、重点项目、民生实事，其中，超额完成5项，完成或基本完成22项，项目完成率61.36%；由街道牵头的投资额11.51亿元的14项市、区级重点项目，累计完成投资11.32亿元，完成年度投资计划的98.35%，其中，超额完成（格林春天二期）1项，完成或基本完成10项。超额完成年度目标项目有5项，包括安诺特炊具二期、江海一路（东海路-白水带牌坊）改造、五邑路扩宽改造、格林春天二期和江南景贤小学项目。完成或基本完成年度目标任务22项，包括主要经济指标、江盛重工钢结构扩能扩产及模块化安居房、城央绿廊-江南路胜利大桥至蓬江大桥段升级改造、城央绿廊-江南路蓬江大桥至东华大桥段升级改造、城央绿廊-釜山人行天桥、城央绿廊-纸厂人行天桥（下沙—纸厂）、泰安东路、南山路（江海路-五邑路）、滘头兰花味精“三旧”改造、春燕棉纺厂“三旧”改造工程、天鹅湾小区、又一居、怡景湾、帕佳图双子星广场、明泰城、江海广场、公园建设、江翠社区公共服务站、厕所革命、黑臭水体整治工程、道路坑洼维修、停车场改造、环市工业园“三旧”改造和片区拆迁。

【教育】 推动优质教育发展，完成景贤小学一期工程建设并顺利开学；天鹅湾小学建成智慧信息化课室并被评为广东省信息化中心学校；升级改造十一中、江南小学等多间学校教学场地、设备。景贤小学位于江海区江南街道府西小区片区，规划用地面积30519.78平方米，建设用地面积21216.90平方米，办学规模48个教学班，可提供2800个学位。总投资估算8043.77万元，分两期实施，一期投入4000万元建筑面积12280平方米，包括综合大楼、1号教学楼、其他用房、塑胶运动场、足球场和室外篮球场；二期投入4035万元建筑面积约9600平方米，包括2号教学楼及体育馆。一期工程年内竣工验收并招生开学。二期工程在推进。十一中、江南小学教学楼外墙，滘北小学、江南小学、华兴小学运动场完成整改；滘头小学开展功能室升级、楼梯改造、旧教学楼线路改造等，滘北小学和江南小学多媒体电脑室进行更新换代，十一中、天鹅湾小学建立云录播室，天鹅湾小学建立智慧信息化课室、构建智慧校园“天鹅云”服务平台，被评为广东省信息化中心学校。落实校园安全属地责任和“一岗双责”制度，每月联合街道安监办、卫计办、综治办对辖区中小学、幼儿园、托幼机构开展安全综合检查。结合街道重点工作，做好自然灾害除恶打黑、火灾隐患整治等专项校园安全检查并拓展到教辅机构。开展“预防流行病、食品卫生、交通、消防、防溺水”等一系列教育活动，切实提高师生安全防范和自护自救能力。大力创建“平安校园”，强化安全应急演练和隐患排查，校园门卫安保设施及监控设备达标，确保校园安全和正常教学秩序。滘头小学被评为江门市安全文明校园。

【文化体育】 完善街道文化站和13个社区文化综合服务中心建设，持续开展群众性文化娱乐和志愿服务活动，全年开展各类活动600场次。打造“十五分钟健身圈”，按照社区需求不断增设健身设施，新装蓬苑、江翠、新中社区三组器材，组织参加各类体育运动赛事。发动居民群众680人次进行国民体质监测活动。根据创文复牌迎检要求，街道文化站迁至北湾社区，完善社区文化场地运营，根据《关于加快推进我省行政村（社区）综合性文化服务中心全覆盖建设的通知》要求，对照社区综合性文化服务中心建设标准，以“共享共建”原则，对辖区13个社区文化设施资源进行重新整理配置，落实13个社区综合性文化服务中心建设工作并重新设置规章制度，加强电子阅览、图书阅览室、室外广场舞台等设施的日常管理和运作。深入建设“十五分钟文化圈”，组织送戏下乡144场，发动各文娱团队参加全区及辖区内各文化演出活动。江门演艺中心年内举办大型演出300多场，江演时代影城正式营业，逐渐形成集聚演艺、娱乐、餐饮、教育、商业等多元业态的文化产业圈。

【卫生】 以国家卫生城市复审病媒生物考核作为契机，结合辖区内四大农贸市场升级改造，对市场内及周边的“四防装置”进行全面排查，对破损或达不到防制效果的予以更换或补装，装置老鼠屋6750多个。做好病媒生物防制四项工作，组织对各社区的环境卫生特别是卫生死角等全面的排查，清除卫生死角、疏通沟渠，加强对垃圾中转站清杀，增加清扫保洁频率，做到垃圾密封存放，日产日清。组织65岁以上老人进行1920多人免费体检。规范管理高血压病人1926人，规范管理糖尿病人638人，为实现慢病管理人数和规范管理人次达到国家基本公共卫生服务规范要求。江南社区卫生服务中心和新中卫生服务站的医务人员分成6个全科服务团队，分责任片区管理13个社区的慢性病人，每季度面对面随访一次，做好工作台帐记录。完成辖区13个社区20400户家庭的家庭医生签约服务，实现家庭医生签约服务全覆盖。

【社会治安管理】 做好信访维稳和治安综合治理工作，受理来信来访11人次，上级交办24宗，12345政府热线投诉1725宗，办结率100%；排查掌握各类矛盾纠纷82件，化解率100％。构建“大信访”“大维稳”工作格局。全年辖区有效警情940宗，刑事、治安警情同比均呈下降趋势，社会治安管理水平有所提升。全面深化细化“平安江海”创建内容，创新开展“基层创平工程”，组织开展“平安社区”“和谐企业”“平安校园”“平安家庭”系列创平工作。开展扫黑除恶专题宣传活动10场，派发宣传资料35800份。街道禁毒办联合晨光社工机构、社区开展28场禁毒宣传“六进”（进机关、社区、学校、企业、单位、市场）活动。

【三旧改造】 重点推进五邑路扩建工程、麻园河黑臭水体治理工程、辖区土地收储、南山路南海渔村段和胜利变电站等项目，五邑路扩建、南山路、江海广场西侧道路项目完成征地拆迁并移交施工单位施工；辖区土地收储项目已完成征地及农用地收地工作，完成滘头银星周屋围地块和江门一中以南部分土地拍卖工作；麻园河、胜利变电站、江海广场西侧道路等项目均按进度推进。在建“三旧”项目有江门市兰花食品有限公司（星海湾）以及广东春燕纺织有限公司（东汇城）；滘头联星工业区、五星宝敦围、新时代粘合胶企业有限公司完成报批手续，其中滘头联星工业区项目已完成项目认定审批，并已出具规划条件；五星宝敦围项目正开展地块内14亩集体用地完善历史用地手续工作；新时代粘合胶企业有限公司项目向市规划局申请规划条件。

【社区公共服务站示范点】 全年办理事项43772项，咨询52716项，其中公安窗口34559项、综合窗口3404项、人社窗口5809项。深化“一站式”服务内核，合理升级及配备各类设施设备，升级优化等候填表区，修缮自助服务区，增加身份证申办自助机，增设“绿色通道”服务窗口，街道各社区均开设33项便民事项的“侨都之窗”，为群众打造全天候就在家门口的政务服务窗口服务。增加即办计生类的一二孩和再生育登记服务事项，公安窗口对49项户政业务优化审批流程。

【三资监督】 完成农村财务监管平台建设，实行农村账务专人规范化第三方管理，强化资金监管，并进一步修订完善三资交易管理规定，是年经三资平台交易113宗，交易合同总金额6433.6万元。完成农村土地承包经营权确权登记颁证工作，为土地确权的全面验收打好基础。

【河道“五清”专项整治】 通过工作调研，研究制订《街道 “清四乱”和“五清”行动工作方案》。按时完成黑臭水体整治相关拆迁任务。全面落实河长制，投入河堤清违资金400万，开展“河道五清”专项行动，拆除22处占用堤围违章建筑物、构筑物等33644平方米，河段警长、街道城管执法部门以及各经济（联）社的巡河员加大对辖区内河流及周边的巡查力度，劝阻沿河乱搭乱建、向河道和河堤倾倒垃圾杂物等行为。街道和明星经济社两级投入40万元，先后2次对青年河开展清淤工程，清理淤泥3500立方米。配合区开展的麻园河整治工程的清淤项目并加强河道日常保洁，加快解决污染防治等突出环保问题，关停取缔“散乱污”企业39家，搬迁1家，升级改造4家。

【“三清理三拆除三整治”工作】 实施乡村振兴战略，开展村（居）“三清三拆三整治”，街道7个村改居的社区列为整治对象，包括14个股份合作经济社，按照《江门市全域推进农村人居环境整治建设生态宜居美丽乡村的总体方案》要求，制订《江南街道开展“三清三拆三整治”农村环境整治行动工作方案》并成立工作领导小组，投入专项资金275万元，出动6200多人次，组织百人以上群众开展集中整治行动30多次，出动挖掘机、铲车、清运车200多台次，工作任务完成率74.40%。其中清理村巷道乱堆放生产工具、建筑材料205处，清理房前屋后和村巷道杂草杂物、积存垃圾1549处、1446吨，清理沟渠池塘溪河淤泥、漂浮物和障碍物35处、3329立方米;拆除危旧房、废弃猪牛栏及露天厕所茅房5间55平方米，拆除乱搭乱建、违章建筑19处、19340平方米，包括城轨沿线江南段违法建筑物，拆除非法违规商业广告23块、1903平方米;整治生活垃圾71处；整治生活污水23处，整治“三线”115处13891米。投入200多万元，全面推进“厕所革命”，完成3个新建公厕和14个公厕升级改造任务。

【环境整治】 开展“爱家园”“三清理”和城市四化“美化、亮化、净化、绿化”工作，结合“创建文明城市”与“城市品质提升”，大力开展环境卫生大清扫、大清洗、大清理等综合整治活动。对农贸市场周边、各村居卫生死角，加大对重点场所的巡回保洁，清理卫生死角7600多处，建筑垃圾及乱堆杂物2500多处。做好创文复牌迎检，按照道路清洗表每日安排对照相关道路进行清洗，清洗道路4万平方米。投入100多万元，对1463个旧公共楼宇的楼梯道进行提升改造翻新粉刷。清理牛皮癣4.3万余张。投入66万元，购置100个不锈钢果皮箱和2850个垃圾桶（分类桶），全面更换残旧垃圾桶。对道路绿化带进行整理和补植，修剪树木800多棵，花圃清理、除草11000多平方米。推进违法建设百日攻坚整治行动，发出《责令限期改正通知书》210多份，拆除违建面积近3.5万平方米、违规广告牌67处1735平方米，清拆城轨沿线江南段乱搭建、乱堆放近6000平方米；共发出《责令限期改正通知书》112份，对城市主干道胜利南路北侧莲花里102号违法建设三层民房实施拆除，拆除建筑面积541.8平方米；对100多处临时乱搭建物进行清拆，拆除面积5000多平方米。推进常态化管理，全面对标落实各项创文整治，全年处理市、区督查问题5800多条，整改率98%。

【社区简介】 桥南社区　于2001年按照江海区的行政区域合并上沙居委会和桥东居委会而组建的。位于蓬江大桥的南面。管辖面积0.4平方千米，管辖范围包括桥南新村、桥东新村、江海一路双号34号至120号、江海一路单号至375号、活力路、江南二路、松庆里、华庆里、龙上里、凤鸣苑。社区常住居民2105户、人口5513人，其中户籍居民1425户、3372，非户籍680户、2141人。辖区内小学1所、厂企32间，个体私营店铺115多家。社区公共服务站设置服务受理前台、群众办事等候点、会议室，办公楼旁设有老人活动室、党员活动室、电教室、警务室、电子图书阅览室、居家养老服务中心等多功能的活动中心1个和2个文化小广场。

蓬苑社区　成立于2002年1月，社区地理位置优越，位于飞鼠山南部，社区面积0.43平方千米。管辖地段包括蓬苑、南苑里、南苑商城、江海玉圭园、江翠路（部分）、江南路（部分）、桥南大道（部分）、江海一路（部分）。辖区内有学校2所（其中小学1所，幼儿园1所），个体私营企业235家。社区住户3174户、8548人，其中户籍人数1602户、4596人，非户籍人数1572户、3958人。社区服务中心占地面积90平方米，有棋牌室、图书阅览室，多功能活动室等场所。社区公共服务站设置服务大厅、受理前台、自助服务区、群众办事等候区、会议室、档案室和多功能室，配备有侨都之窗自助终端机。社区内有党员远程网络教育站，社区义工服务站，社区警务室，社区志愿（义工）服务站，公共法律服务点，妇女维权服务站，心理咨询室，新家庭文化屋，星光老人之家等。社区开展便民服务，购买服务形式由江海区晨光社工服务中心承接，主要为辖区内三无、高龄独居老人、低保、失独家庭、单亲困难家庭、等特殊人群提供综合性社工服务。为辖区老年人、残疾人提供生活照料与保健服务、心理情绪疏导服务、文化娱乐服务、便民利民服务残疾人康复、再教、社工义工培训等的服务。

江翠社区　位于烟墩山附近，社区面积0.45平方千米，社区办公地址江翠路28号凯旋堡11幢102，管辖地段包括翠园里、翠鸣苑、凯旋堡、江海一路、江南路、中沙路、江南新村、江翠路和东海路9个片区，住户3058户、人口8365人，机关事业单位7个，其中中学1所、省级幼儿园1所，个体私营企业250家，物业小区2个。社区服务中心面积804平方米，一楼是社区办公服务大厅，二楼建有党建文化长廊、“1+2+N”展厅、江翠情怀、最美“江翠人”等宣传板块，设置党群服务室、多功能会议室、综合服务室、综合活动室、人大联络室、综合减灾物资室、综合阅览室、心理咨询和调解室等功能室。公共服务设施配套，整合社区公共服务站、家庭综合服务中心、志愿楼长服务站、残疾人综合服务中心、新时代文明实践站、文体小广场、休闲小公园、文化活动中心等总建筑面积2000平方米的公共服务资源。社区组建有腰鼓体育舞蹈协会、蓝天舞蹈队等社会团体。

新中社区　位于桥南大道西南面，占地面积0.46平方千米，绿化面积110000平方米，有面积8600平方米（包括新南广场6600平方米和新中公园2000平方米）的文化小广场。管辖新南里、新中里、太宁里、长隆里、大井里、丰宁里、新中大道1号之一、之二，新中大道3号之一、之二、之三、之四，新中大道5号之一、之二、之三、之四、之五、之六、之七（部分单号商铺）、江翠路（158、162号），有住户2269户，共有人口6743人，其中60岁以上老人584人；户籍人口1198户、3418人；非户籍人口1122户，3454人；共有楼房68幢、居民自治管理小区1个、幼儿园1所、企事业商铺90家。社区公共服务站使用面积600多平方米，设有公共服务站、邑家园服务室、党员活动室、老人活动中心、青少年活动中心、家长学校、普法加油站、志愿管家联络点、警务室、消防展示室、庇护站、文化书屋、图书阅览室、电子阅览室、新中卫生服务站、健身长廊、篮球场、羽毛球场、乒乓球场等场所，为辖区居民提供文化娱乐和服务。社区“邑家园”以9+X服务项目为核心，提供“430课堂”和开心英语角，为辖区青少年儿童免费提供课业辅导、兴趣培养和感恩教育等服务；“温馨港湾”家庭服务、“微养老”长者服务，提供专业的社会工作服务；“关爱残障”康复服务、“传递爱心”志愿管家服务，满足社会发展的需求。结合邑家园实施“9+X”服务项目的基础上，设置社区庇护站、应急救灾物资仓库等服务场所。

竹苑社区　成立于2002年1月，位于江南街道竹苑里，辖区面积0.31平方千米。下辖竹苑里、东汇城、江南新村、红门楼（部分）、中沙（部分）、挪角里和瑞龙里6个片区，社区办公地址是竹苑里43号之一，办公面积84平方米。辖区常住人口3416人，其中户籍人口2690人、流动人口726人。有幼儿园1所，“三小”（小档口、小作坊、小娱乐场所）场所92家。

中沙社区　位于江门铁桥左侧，辖区面积0.35 平方千米，下辖中沙1号～51号；红门楼2～6号之三、17～17号之五、18号、23号、26号、34号、34号之一～之三、35号、38号之一、50～54号之二；江南路18号～22号、22号之一～22号之二；下沙1号、1号之一至七（空号户）、下沙1号之八至十；仁美里1号之一1幢至3幢、仁美里1号至2号（包括仁美里1号之二、仁美里1号之三、仁美里2号之二）。社区办公地址江南路22号之二（浪琴湾2幢首层），办公面积157平方米。有居民1017户，户籍人口2875人，常住非户籍人口912人，流动人口805人，社区公共服务站面向的服务对象4592人。辖区内有幼儿园1所，托管中心3所，个体工商户143家。

仁美社区　与胜利大桥接壤，蓬江河南岸。2008年5月，红星村、仁美社区合并为仁美社区，管辖红星经济合作社，惠泽园小区、仁美里、仁美新村、裕安花园、新围新村、下沙、红门楼71、72号、星海湾。社区内有封闭管理小区3个、幼儿园1所，设有星光老年人之家、青少年活动室、党员活动室、婚育分校、图书室、文化小广场等。辖区面积0.8平方千米，总户数3033户，居住人口9243人，其中户藉人口3217人、非户籍常住人口5076人、流动人口915人。社区有厂企 45家，商铺140家。

建联社区　位于银城社区和仁美社区之间，成立于2008年5月，辖下8个居民小组，管辖有新星、建星、联星三个经济合作社，新基里、新基新村、厚朋里、厚朋里西、厚朋里东、顺天里、建星新村、顺天花园、联星花园、石嘴里等等，面积 1.3平方千米，总人口8257人，其中户籍人口3965人、流动人口4292人。辖区内有托儿所1所、厂企70家、个体110户。建联社区党群服务中心升级改造，建筑面积960平方米，设有党群会议室、党员教育室、两委办公室、康园中心、便民服务活动室、防灾减灾物资室、微型消防站、计生服务室、家长学校、心理咨询室、430学堂、科学育儿基地、新家庭文化书屋、电子阅览室、志愿者服务站、居家养老服务站等功能室，提供长者、扶贫、残疾人、青少年、生育健康、心理健康和妇女儿童等公共服务。

银城社区　2008年5月成立，位于胜利南路两旁，社区办公地址在五星新村1号首层。面积1.2平方千米，社区办公用房面积200平方米，下辖银星和五星2个经济合作社，莲花里、西京里、航世里、丰谷里、五星新村、银城花园、市心里、截水里、银星新村、莲花新村，1050户、人口3384人、常住人口1452户、4573人；流动人口126户、375人。辖区有学校1所，医院1所，幼儿园2所，托儿所3所，厂企3家，“三小”场所201家。社区设有党群活动室、图书阅览室、会议室、调解室、多功能室。

正南社区 2008年5月成立，位于东海路以东，社区面积1.2平方千米，辖有正安村、南雄村、兴南小区、君逸居、君悦居、雅南居等。有楼房67幢，平房345间。常住户口2363户，其中户籍人口4045人、常住人口4423人、流动人口550人。正南社区公共服务站面向的服务对象人数9018人，其中特殊人群包括低收入家庭47户，低保24户，残疾人77人；参战人员25人，其中伤残军人1人；退伍军人128人，现役军人6人。正南社区公共服务站设有党代表工作室、党员远程网络教育站、社区义工服务站、社区警务室、信访工作站、人民调解室、妇女之家、心理咨询室、残疾人协会、新家庭文化屋、星光老人之家和计划生育服务站等。正南社区公共服务站设有党群工作、政务服务、家庭服务、社会保障、卫生计生、综治调解、社区警务、综合业务等服务窗口，承接政府延伸到基层的103项社会管理和公共服务职能，为社区群众提供“一站式”公共服务。

永明社区 成立于2008年5月，位于东海路旁，面积约2平方千米。管辖永南里、东海花园、江海花园、南泉花园、天鹅湾、永康里（永星经济合作社）、四村里（明星经济合作社）等。社区办公地址永南里9号之三首层。社区设有图书阅览室、老年活动室、党员活动室、会议室、婚育分校、家长学校、青少年之家、心理咨询室、民兵营，社区警务站、社区卫生服务站、综治信访维稳工作站和体育文化广场等。有居民4823户，户籍人口5661人，常住非户籍人口8389人，流动人口145人。社区公共服务站面向的服务对象14195人。辖区内有学校1所，个人私营企业（个体）256家。年内社区荣获广东省民主法治村（社区）称号。

北湾社区 成立于2004年12月，辖区面积2.5平方千米。管辖仁美里 、茶山里、龙湾里、平乐里、江海三路147-155，永安居、北街水闸、电化厂、浮法玻璃厂、溶剂厂、油湾里、江海二路单号商住楼号、藕山，瑞华苑、海事局、华茵绿洲、格林春天豪庭等，社区办公地址格林春天豪庭1幢D103，办公面积1200平方米。社区设有党群会议室、党员教育室、多功能会议室、防灾减灾物资室、微型消防站、计划生育协会办公室、心理咨询室、家庭综合活动室、430学堂、科学育儿基地、新家庭文化书屋、电子阅览室、家长学校、义工服务站等功能室。有居民856户，户籍人口2936人，常住非户籍人口869人，流动人口3457人，社区公共服务站面向的服务对象10860人。辖区内有学校1所，个人私营企业（个体）489家。北湾社区公共服务站的设立，为辖区长者、扶贫、残疾人、青少年、生育健康、心理健康和妇女儿童服务。

富横社区 2004年12月成立，辖区东至双孖围堤、南至白水带风景区、西至华庆里交界、北至蓬江河畔，面积1.2平方千米。内有江门市社会福利院、江门市演艺中心、斧山公园、白水带体育公园等重要设施。辖区有居民1980户6643人，其中户籍人口860户，2640人，流动人口1120户、4003人，辖区内有住宅小区2个、幼儿园1所、厂企35家、商铺95间。社区文化娱乐活动中心配有党员终端电化教育室、图书室、电子阅览室、残疾人康复室及健身器材和兵乓球桌2张。富横社区居家养老家庭综合服务中心升级改造为富横社区邑家园家庭综合服务中心，内设社区公共服务站、党员活动室、430学堂、妇女儿童维权站、计生服务室、义工服务站、文化书屋、居家养老服务中心、残疾人康园中心、青少年心理咨询室等，整合设置社区饭堂、防灾减灾庇护中心，为辖区的长者、扶贫服务、生育、青少年、妇女儿童、残疾人、职工心理健康服务。

附录

FU LU

2018年江海国民经济和社会发展统计公报

2018年，江海坚持以习近平新时代中国特色社会主义思想为指导，全面贯彻党的十九大和十九届二中、三中全会精神，深入贯彻习近平总书记重要讲话精神，坚持稳中求进工作总基调，落实高质量发展要求，坚定不移走加快转型、绿色发展、跨越提升之路，经济持续健康发展，社会保障水平持续提高。

一、综合

年末常住人口27.16万人，年末人口密度2488人/平方公里，比上年提高34人/平方公里。年末公安户籍人口17.25万人，全年人口出生率15.7‰，死亡率6.1‰，自然增长率9.5‰。年末户籍人口的主要构成：男性占48.9%，女性占51.1%；17岁以下人口占18.4%，18-34岁人口占24.8%，35-59岁人口占38.9%，60岁以上人口占17.9%。

初步核算并经市统计局核定，2018年全区生产总值191.48亿元，比上年增长7.7%。其中，第一产业增加值4.91亿元，增长3.3%；第二产业增加值119.67亿元，增长11.5%；第三产业增加值66.90亿元，增长0.9%。在第三产业中，交通运输、仓储和邮政业下降0.8%，批发和零售业下降14.3%，住宿和餐饮业增长4.4%，金融业增长4.1%，房地产业下降3.7%，其他服务业增长7.0%。三次产业结构为2.6:62.5:34.9。人均GDP为7.10万元，增长6.3%。

图1 2014-2018年地区生产总值及其增长速度

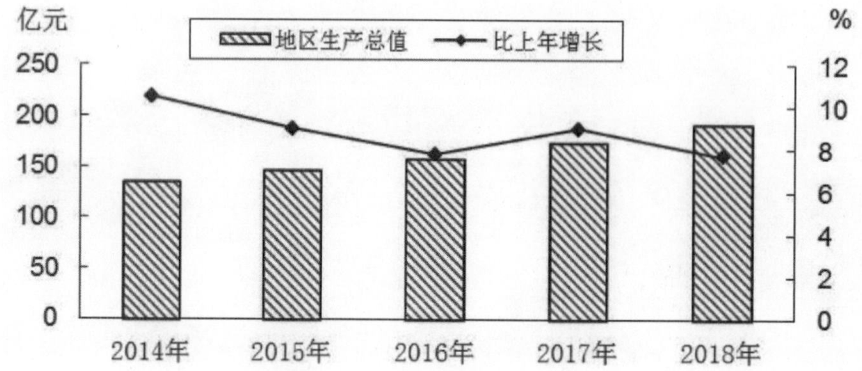

全年城镇新增就业5892人，比上年增加106人；城镇失业人员再就业5093人，就业困难人员实现就业438人。年末城镇登记失业率2.38%。全年开展劳动力技能培训1372人，新增转移就业劳动力975人。

年末私营企业8054户，注册资金155.42亿元，分别增长13.2%和25.4%；个体工商户19007户，注册资金4.54亿元，分别增长19.5%和24.2%。

全年地方一般公共预算收入13.42亿元，增长11.7%，其中税收收入12.02亿元，增长14.7%；地方一般公共预算支出17.76亿元，增长20.4%。

二、农业

全年粮食作物播种面积727亩。甘蔗种植面积7731亩，增长6.1%。蔬菜种植面积28946亩，增长1%。

全年粮食产量173吨。果蔗产量42615吨，增长6.1%。蔬菜产量41400吨，增长1.7%。

图2 2014-2018年粮食产量及其增长速度

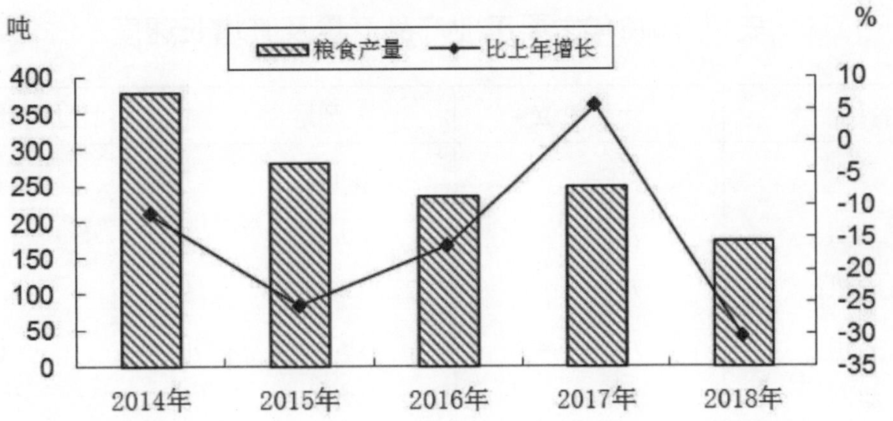

三、工业和建筑业

全年全部工业增加值比上年增长11.5%，规模以上工业增加值增长12.4%，分注册类型看，国有及国有控股企业增长98.1%，民营企业增长10.4%，外商及港澳台投资企业增长12.4%，股份制企业增长12.6%，集体企业下降38.7%；分轻重工业看，轻工业增长5.6%；重工业增长17.5%；分企业规模看，大型企业增长14.7%，中型企业增长13.3%，小型企业增长10.5%，微型企业下降22.9%。

图3 2014-2018年规模以上工业增加值增长速度

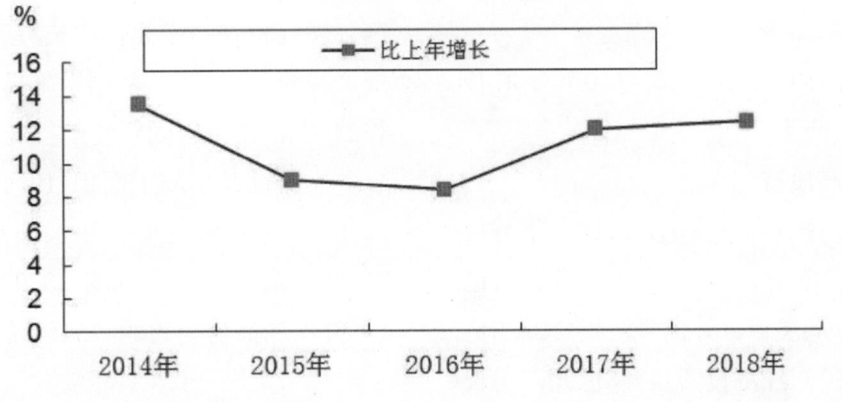

分行业看，计算机、通信及其他电子设备制造业、电气机械及器材制造业、化学原料及化学产品制造业、非金属矿物制品业、铁路船舶航空航天和其他运输设备制造业等增加值排列前五位的行业分别增长12.3%、增长21.9%、增长0.2%、下降4.2%、下降2.7%。

高技术产业增加值比上年增长20.2%，占规模以上工业增加值的比重为37.8%。其中，医药制造业增长11.3%，电子及通信设备制造业增长21.6%，计算机及办公设备制造业增长2.1%，信息化学品制造业下降12.0%。

先进制造业增加值比上年增长11.0%，占规模以上工业增加值的比重为62.2%。其中，先进装备制造业增长46.7%，高端电子信息制造业增长12.8%，石油化工产业增长0.1%。先进装备制造业中，节能环保装备增长84.6%，新能源装备增长15.0%，汽车制造业增长187.8%，重要基础件增长24.1%。

表1　2018年主要工业产品产量及其增长速度

产品名称	计量单位	产量	比上年增长（%）
纱	万吨	0.66	-14.4
房间空调器	万台	29.84	-2.8
家用洗衣机	万台	176.50	17.6
家用电风扇	万台	185.43	8.1
摩托车整车	万辆	42.57	-1.7
烧碱	万吨	8.31	0.4
平板玻璃	万重量箱	2192.78	-3.4
光电子器件	万只	506734	9.3

规模以上工业实现利润总额30.08亿元，下降14.2%。资产贡献率10.6%，资产负债率49.35%，流动资产周转次数1.95次，成本费用利润率6.34%，全员劳动生产率20.51万元/人年，产品销售率98.87%。

全年资质等级以上建筑企业10个，增长11.1%。

四、固定资产投资

全年固定资产投资148.1亿元，比上年增长18.7%。分经济类型看，国有经济投资11.1亿元，下降15.2%；港澳台、外商经济投资22.5亿元，增长6.1%；民营经济投资114.5亿元，增长26.7%。分产业看，第二产业投资41.3亿元，增长27.9%；第三产业投资106.8亿元，增长15.5%。分类别看，工业项目投资41.3亿元，增长27.9%，占全区固定资产投资的27.9%；房地产开发投资76.4亿元，增长37.8%，占全区固定资产投资的51.5%；基础设施投资25.5亿元，增长24.8%，占全区固定资产投资的17.2%。

全年商品房施工面积419.4万平方米，增长23.5%；商品房竣工面积25.6万平方米，增长31.3%；商品房销售面积58.0万平方米，下降17.6%；商品房销售额57.4亿元，下降0.3%。

图4 2014-2018年固定资产投资及其增长速度

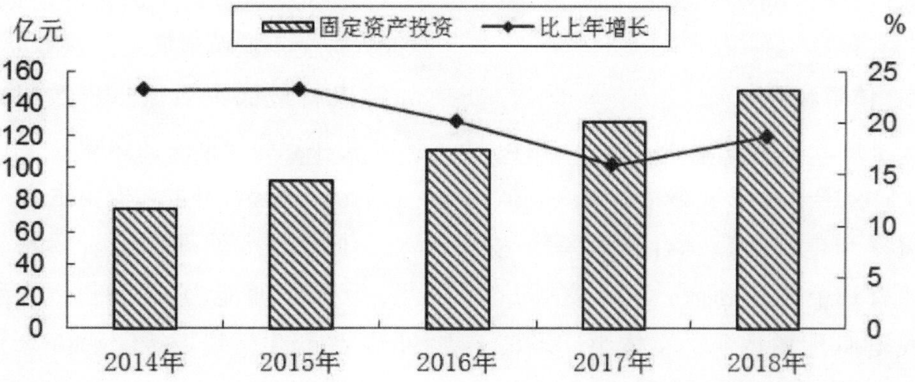

五、国内贸易

全年实现社会消费品零售总额51.05亿元，比上年增长2.4%。分行业看，批发零售业实现零售额46.58亿元，增长1.0%；住宿餐饮业实现零售额4.48亿元，增长19.9%。分商品类别看，在限额以上批发零售业零售额中，文化办公用品类下降3.3%，汽车类下降1.3%，石油及制品类增长5.4%,其他类下降1.9%。

图5 2014-2018年社会消费品零售总额及其增长速度

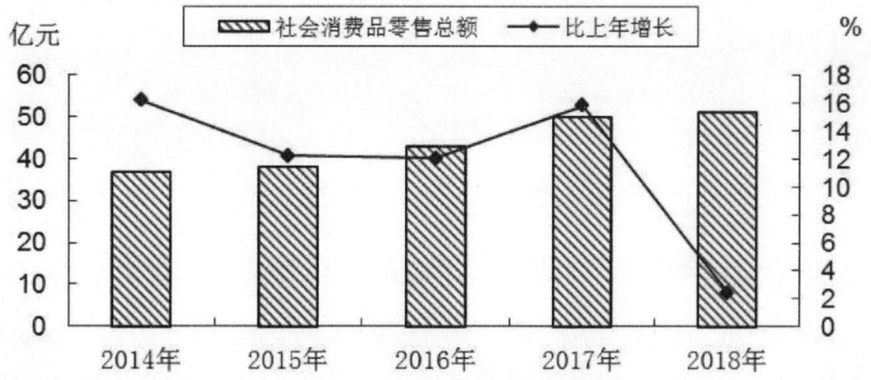

六、对外经济

全年进出口总额256.6亿元，比上年增长26.1%。其中，进口总额78.3亿元，增长30.1%；出口总额178.3亿元，增长24.4%。

全年外商直接投资1.55亿美元，增长65.7%；合同利用外资额4.01亿美元，增长114.6%。

七、教育和科学技术

全年地方一般公共预算教育支出3.51亿元，比上年增长35.3%。全区拥有幼儿园47所，小学18所，九年一贯制学校6所，中学7所。普通高中招生2355人，在校生6688人，毕业生2200人。初中招生2897人，在校生8320人，毕业生2288人。小学招生5532人，在校生26203人，毕业生3379人。幼儿园入园儿童3293人，在园幼儿8903人。小学学龄儿童入学率达100%，小学升学率100%，初中适龄少年入学率100%，初中升学率100%，高中升学率98.1%。

全年地方一般公共预算科学技术支出1.57亿元，增长14.5%。年末国家级高新技术企业273家；全年新增国家级高新技术企业99家。建立工程研究中心246家，其中省级工程研究中心68家。全年申请专利3432件，增长9.3%；专利授权量2254件，增长46.5%。发明专利授权量166件，增长29.7%。

八、文化、体育和卫生

年末全区拥有文体服务中心3个，文化馆1个，图书馆1个，图书总藏量28.5万册。广播人口综合覆盖率和电视人口综合覆盖率均达100%。全区拥有13个体育公园，64个文体广场，其中全民健身广场12个，文体小广场52个。公共体育场所总面积为51万平方米，人均公共体育场所面积为1.87平方米。

广东省健身广场舞联赛总决赛中获得青年组一等奖；广东省第九届老年人体育健身大会广场舞自选套路赛获得一等奖；《囍》获评第四届广东省中老年舞蹈展演银奖；《烽火侨乡》、《清正廉明梦正圆》分别获评广东省第九届群众戏剧曲艺花会银奖和铜奖。

年末全区共有各类卫生机构99个，其中医院3个。各类卫生技术人员940人，床位525张。医院卫生技术人员453人，其中执业（含助理）医师307人，床位485张。

九、人民生活和社会保障

全年居民人均可支配收入40620元，比上年增长9.6%。

年末全区参加城镇职工基本养老保险（含离退休）15.83万人，比上年末增长2.9%。参加城镇职工基本医疗保险14.85万人，增长5.8%。参加工伤保险11.87万人，增长12.9%。参加生育保险10.02万人，增长4.9%。参加失业保险9.84人，增长4.8%。参加城乡居民社会养老保险4.42人，下降8.9%。参加城乡居民基本医疗保险7.74万人，下降3.4%。

年末社会福利院1间，床位1000张，收寄养人数630人；儿童福利院1间，床位500张，收养人数114人。养老院2间，床位375张，收寄养人数222人。社区服务中心覆盖率100%。

年末城镇最低生活保障户数129户，人数190人，全年城镇最低生活保障金支出250.54万元；农村最低生活保障户数140户，人数230人，全年农村最低生活保障金支出363.7万元。

十、资源、环境和安全生产

年末污水处理厂3座,污水管网108.45公里,污水处理能力29吨/日,生活污水处理率95%。镇级生活垃圾转运站40座,城镇生活垃圾无害化处理率100%。

全年规模以上工业综合能源消费量64.86万吨标准煤，比上年下降3.1%。全年全社会用电量28.32亿千瓦时，增长6.0%。其中第一产业用电量0.45亿千瓦时，增长9.0%；第二产业用电量23.02亿千瓦时，增长5.0，其中工业用电量22.58亿千瓦时，增长4.9%；第三产业用电量2.21亿千瓦时，增长12.2%。城乡居民用电量2.64亿千瓦时，增长10.2%。

全区大气环境质量良好，空气质量达标天数比例为80.8%。饮用水源水质达标率为100%。城市区域环境噪声平均值为56.95分贝，优于国家区域环境噪声2类区（居住、商业、工业混杂）昼间标准；道路交通干线两侧昼间噪声质量处于较好水平，等效声级为69.75分贝，优于国家4类区（城市交通干线两侧区域）昼间标准。

全年生产安全事故共100起，比上年增长12.4%；死亡26人，下降16.1%；受伤48人，下降20.0%；经济损失109.5万元，下降77.2%。其中，工矿商贸企业伤亡事故0起，比上年减少5起；死亡0人，比上年减少5人；受伤0人，与上年持平；经济损失0万元，比上年减少354万元。消防事故49起，增长104.2%；死亡0人，受伤0人，均与上年持平；经济损失40.8万元，下降34.8%。道路交通事故51起，下降15.0%；死亡26人，与上年持平;受伤48人，下降20.0%;经济损失68.7万元，增长8.0%。亿元地区生产总值生产安全事故死亡率为0.14。

注:

1.本公报中2018年数据为初步统计数，统计图中2014-2017年数据为年报数。

2.地区生产总值、各产业、各行业增加值绝对数按现价计算，增长速度按可比价计算;地方一般公共预算收入增长速度按可比口径计算。

3.人口密度为常住人口口径。

4.农业相关历史数据根据第三次全国农业普查结果进行修订，2018年增速按可比口径计算。

5.规模以上工业统计口径为2000万元及以上;固定资产投资项目统计起点为计划总投资500万元。

6.先进制造业包括装备制造业、钢铁冶炼及加工业、石油及化学制造业。高技术制造业包括医药制造业，航空、航天器及设备制造业，电子及通信设备制造业，计算机及办公设备制造业，医疗仪器设备及仪器仪表制造业，信息化学品制造业。

7.对外贸易数据按当年的美元汇率折算为人民币。

8.我区已于2011年实现城乡居民社会养老保险全覆盖，而从2012年开始实施全征地农民养老保障政策后，已纳入全征地农民保障范围的城乡居民转参城镇职工基本养老保险。